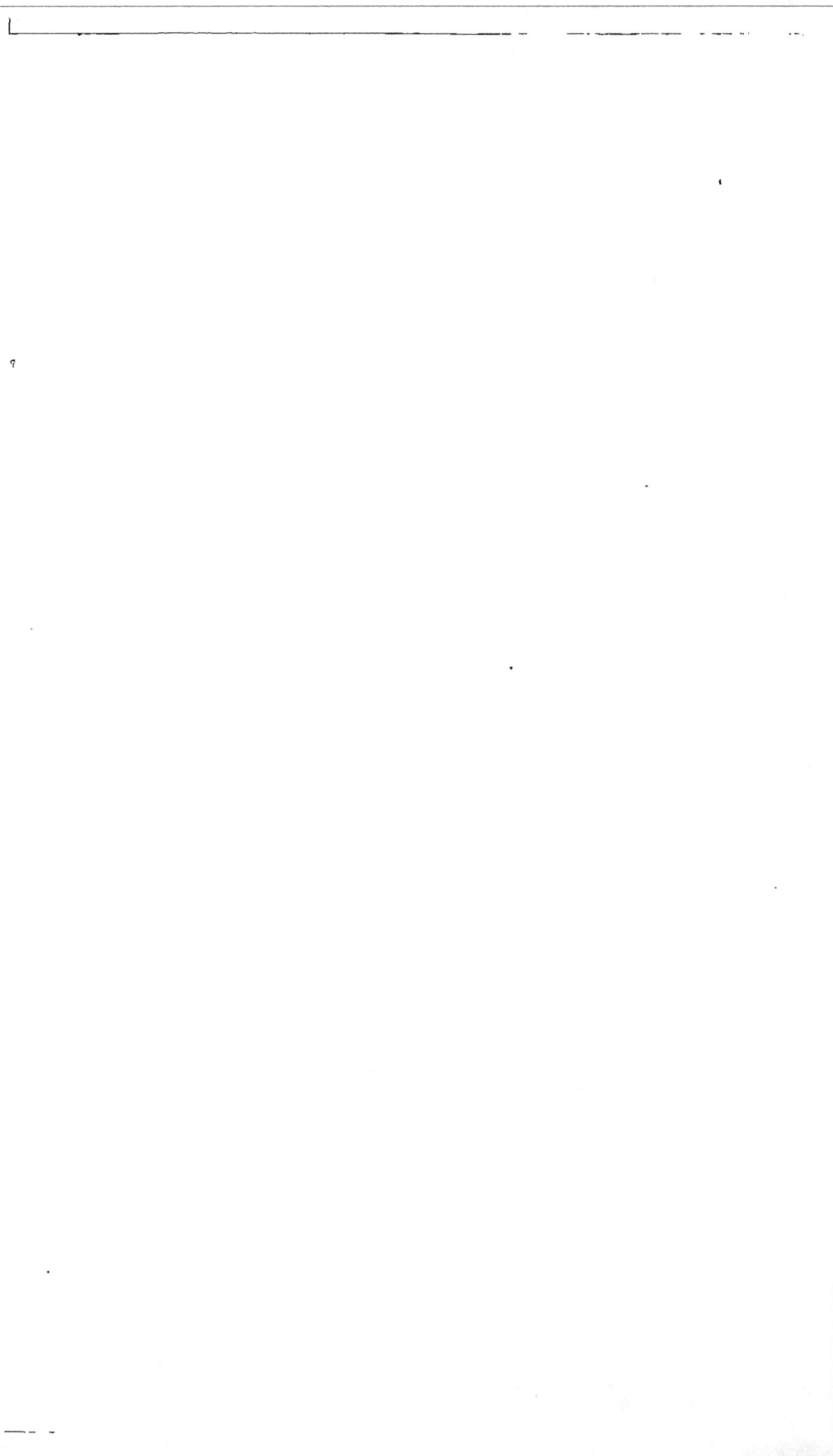

ÉTUDE

SUR LE

DROIT PÉNAL

Paris. — Typographie et lithographie Vve LACOUR, rue Soufflot, 18.

ÈTUDE

SUR LE

DROIT PÉNAL

L'ÉCHELLE DES PEINES

ET LES RÉFORMES A Y INTRODUIRE

PAR

Ferdinand JACQUES

Docteur en droit, Procureur impérial à l'Argentières.

—

EXTRAIT DE LA *REVUE PRATIQUE DE DROIT FRANÇAIS*

Nᵒˢ des 15 octobre, 1ᵉʳ et 15 novembre 1858.

—

PARIS

A. MARESCQ AINÉ, LIBRAIRE-ÉDITEUR

SUCCESSEUR de MARESCQ et DUJARDIN

17, RUE SOUFFLOT, 17

—

1858

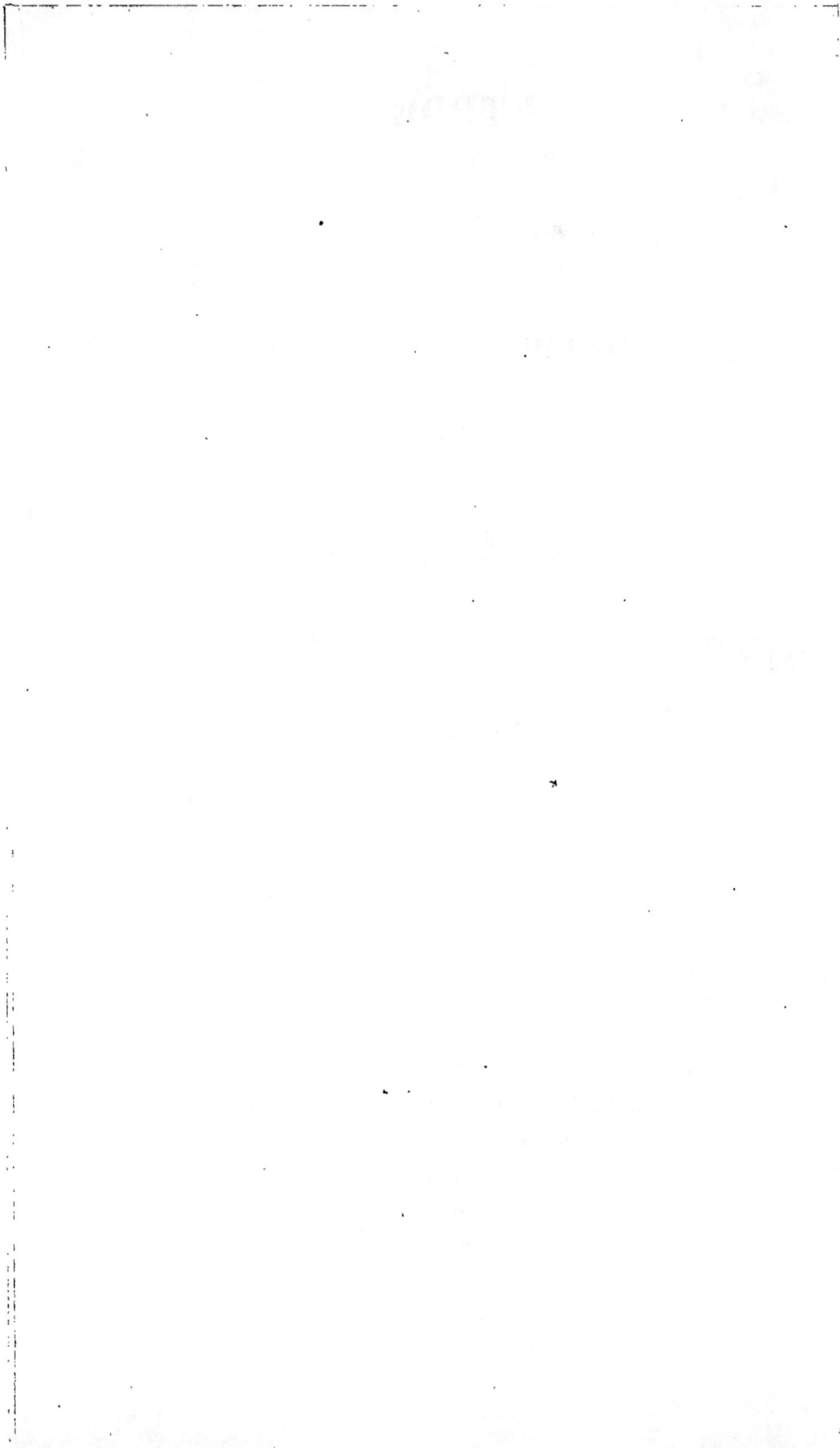

ÉTUDE

SUR LE

DROIT PÉNAL

1. Les lois pénales sont la sauvegarde de toute société plus
ou moins civilisée ; sans elles, il n'y aurait ni tranquillité, ni
sécurité. Elles établissent, au point de vue social, une ligne
de démarcation entre le licite et l'illicite, et prononcent des
châtiments nombreux et variés contre ceux qui méconnaissent ou enfreignent leurs prescriptions. Une loi dépourvue
de sanction pénale est essentiellement imparfaite, elle manque du principal élément de vitalité, outre qu'elle laisse la
société désarmée et sans protection (1).

La protection doit être en raison directe de l'intensité de
l'agression : s'il y a excès en deçà ou au-delà, la loi manque
son but et pousse au crime par l'impunité, ou se rend odieuse
par son excessive sévérité ; elle perd ainsi sa force morale,
qui doit toujours être son plus ferme appui. Un législateur
sage s'efforcera constamment d'éviter cet écueil ; mais comme
le point d'intersection est difficile à trouver, il tombera presque toujours dans un de ces extrêmes.

(1) La loi du 24 août 1848, introductive d'un nouveau mode d'affranchissement des lettres, n'avait prononcé aucune peine contre celui qui ferait usage
d'un timbre-poste ayant déjà servi. Cette lacune a été comblée par la loi du
16 octobre 1849.

Le législateur de 1810, dominé par le principe utilitaire, l'avait poussé jusqu'à l'excès. Procédant par voie d'intimidation, il infligeait des peines dont l'excessive rigueur compromettait fréquemment la répression. La peine de mort, en particulier, prononcée à chaque pas, à propos de faits essentiellement différents, attestait que le législateur n'avait pas suffisamment étudié et analysé la valeur respective des éléments divers qui concouraient à la formation d'un crime; aussi la plupart des pénalités par lui édictées étaient-elles empreintes d'une évidente exagération. L'opinion publique avait, de bonne heure, protesté contre un système si rigoureux, et successivement inspiré les réformes effectuées en 1824 et en 1832.

2. La révision de 1832 est le point de départ d'une ère nouvelle : le législateur reconnaît que les pénalités sont trop sévères, les atténue en plus d'un point, fait disparaître la peine de mort d'un bon nombre d'articles (1); mais, pressé par le temps, il sent qu'il ne peut entrer dans tous les détails, ni réviser chaque article en particulier. Il avise alors un expédient pour tempérer la trop grande sévérité déployée par le Code pénal de 1810; le jury est autorisé, en toute matière criminelle, même en cas de récidive, à déclarer qu'il existe des circonstances atténuantes en faveur de l'accusé, et l'art. 463 du Code pénal, complément naturel de l'art. 341 du Code d'instr. crim., indique dans quelle large proportion la peine peut être abaissée à la suite des circonstances atténuantes. Le législateur, qui ne voulait laisser ni doute ni incertitude sur ses intentions et les motifs qui le poussaient dans cette voie, déclare immédiatement que la sévérité du châtiment encouru sera, à elle seule, suffisante pour légitimer l'admission des circonstances atténuantes.

En proclamant un pareil principe, le législateur n'a pas vu qu'il introduisait dans la loi une contradiction manifeste. D'une part, l'art. 342 du Code d'instr. crim. prescrit au jury de ne pas se préoccuper des conséquences de son verdict, alors que le nouvel art. 463, ou son commentaire officiel, l'auto-

(1) La loi de 1832 a supprimé la peine de mort dans les articles suivants du Code pénal de 1810 : 56, § 5; 63, 86, 87, 91, 132, 139, 304, 344, 365, 381, 434.

rise à considérer une pénalité trop rigoureuse comme une cause d'atténuation. On perdrait inutilement son temps en voulant concilier des idées si contradictoires; le législateur serait sans excuse si on ne savait que, pressé d'arriver à une réforme telle quelle, il ne se préoccupait pas trop des moyens employés, et léguait à l'avenir le soin de compléter son œuvre, en faisant de notre droit pénal un tout compacte et homogène. Cette succession n'a été acceptée que sous bénéfice d'inventaire, et l'héritier use encore aujourd'hui du droit de délibérer.

Le temps n'est-il pas venu de prendre une attitude plus tranchée et d'attaquer la difficulté de front? Voilà vingt-six ans que la loi de 1832 fonctionne, et, chaque année, on est en mesure de constater les nombreuses entorses faites à la loi en vertu de l'art. 463. La statistique établit que plus des deux tiers des accusations sont transformées au moyen des circonstances atténuantes (1); et ce qui prouve que la sévérité de la loi est pour beaucoup dans les appréciations du jury, c'est que, dans le plus grand nombre des cas, la Cour s'associe à cette indulgence en abaissant la peine de deux degrés, alors qu'elle aurait pu ne l'abaisser que d'un seul. L'indulgence du jury, qui, dans quelques cas, peut lui être imputée à faiblesse, n'est donc, en général, qu'un acte de justice. — En présence de pareils résultats, peut-on encore douter de l'excessive sévérité du législateur?

3. En partant de cette donnée essentiellement raisonnable, on arrive à établir cette réforme sur une base des plus solides. Le jury, quelle que soit l'opinion qu'on ait sur son compte. reste en dehors du débat; ce n'est plus en haine de cette institution que la réforme s'opère, c'est un sentiment plus élevé qui guide le législateur; il veut distribuer d'une manière plus équitable la justice répressive. Cette réforme est du nombre de celles qui méritent de recevoir partout un accueil sympa-

---

(1) Les circonstances atténuantes ont été accordées : en 1852, à 672 sur 1,000; en 1853, à 691 sur 1,000; en 1854, à 674 sur 1,000; et en 1855, à 682 sur 1,000. Il n'y a guère qu'un tiers des condamnés vis-à-vis desquels les Cours n'épuisent pas toute la mesure de l'indulgence que leur permettait la déclaration du jury. — V. les rapports des comptes généraux de justice criminelle.

thique, elle ne froisse aucun intérêt et raffermit le jury, bien loin de l'ébranler. Si, dans un bon nombre d'affaires, le jury fonctionne convenablement, c'est qu'il s'agit de ces crimes terribles qui ont jeté l'épouvante et la consternation dans toute une contrée, et sur lesquels l'opinion publique appelle un châtiment exemplaire. Mais il est imprudent de lui soumettre des affaires de minime importance. Le jury est, avant tout, homme ; il ne sera jamais magistrat dans le sens propre du mot ; peu ou point soutenu par le sentiment du devoir, il s'abandonne à toute espèce d'impressions, et du moment qu'il peut dire *que l'affaire n'en vaut pas la peine*, et abriter sa conscience sous un prétexte si frivole, il n'hésite plus : vainement lui dira-t-on qu'il faut, avant tout, exécuter la loi ; il répondra encore : « Cela n'en vaut pas la peine ; si en pareille « circonstance vous voulez des condamnations, c'est aux tri-« bunaux correctionnels, et non pas à nous, qu'il faut vous « adresser. »

Le conseil est réellement bon, et le législateur fera sagement de le suivre lorsqu'il se mettra à l'œuvre et entreprendra une révision plus complète de notre droit criminel. Il se rappellera également que la peine doit être essentiellement divisible, qu'il faut laisser au magistrat une grande liberté dans ses appréciations, et la plus grande latitude possible entre le *minimum* et *maximum* de chaque peine. L'indulgence laisse rarement des regrets ; et, en cas de récidive, on peut être d'autant plus sévère qu'on aura été plus indulgent pour la première faute.

Passons immédiatement aux détails, et examinons successivement les différents systèmes qui ont été proposés pour arriver à une prompte réforme de notre droit criminel.

I. Examen des divers systèmes produits dans ces derniers temps pour réformer notre droit pénal.

4. D'excellents esprits, amis sincères de l'institution du jury, pensent qu'il conviendrait de ne soumettre à son appréciation que des crimes graves et quasi-capitaux, tels que les assassinats, les empoisonnements, les meurtres, les infanticides, les incendies, les vols et autres crimes punis au moins

des travaux forcés à temps. Le jury, alors bien convaincu qu'il n'aurait plus à s'occuper que d'affaires *en valant la peine*, les prendrait toutes au sérieux, les examinerait avec une plus scrupuleuse attention, apporterait enfin une plus grande maturité dans l'exercice de ses délicates fonctions.

Cette mesure se compléterait, d'une part, en déclassant un bon nombre de crimes, pour les faire rentrer dans la classe des délits, et, d'autre part, en permettant aux tribunaux correctionnels de prononcer des peines que les Cours d'assises seules ont aujourd'hui le droit d'infliger. Bien que radicale, cette réforme n'a rien d'exagéré ; son trait le plus saillant est de mettre la réclusion dans les attributions des tribunaux correctionnels. Voyons donc s'il y a, entre cette peine et l'emprisonnement correctionnel, des différences si grandes qu'elles nécessitent l'intervention de deux juridictions aussi différentes.

5. La réclusion est une peine afflictive et infamante, prononcée par les cours d'assises ; sa durée varie entre 5 et 10 ans. L'emprisonnement est purement correctionnel, son maximum ne dépasse pas le minimum de la réclusion. Parfois cependant cette différence disparaît, et exceptionnellement, c'est-à-dire en cas de récidive (1), la durée des deux peines peut être la même. Les seules différences qui subsistent alors découlent de la nature spéciale des peines : la réclusion, peine afflictive et infamante, soumet le condamné à une surveillance perpétuelle ; l'emprisonnement, au contraire, quelle que soit sa durée, reste correctionnel, et si, en cas de récidive, la surveillance devient une de ses conséquences légales, outre que sa durée est limitée au maximum de 10 ans, elle n'est pas nécessaire et inévitable. En condamnant à dix ans de prison, on peut encore admettre des circonstances atténuantes et dispenser le condamné de la surveillance ; parfois elles ne sont mentionnées dans le jugement que pour effacer cette peine accessoire, que bien des personnes, voire même des magistrats, écartent d'une manière systématique.

Au point de vue de l'exécution des peines, les résultats sont à peu près identiques. Aussitôt que l'emprisonnement correctionnel dépasse une année, il se subit dans les maisons cen-

_____

(1) V. les art. 57 et 58 du C. pénal.

trales (1), où sont également renfermés les condamnés à la
réclusion ; si, dans un cas, la loi parle de honte et d'infamie,
et dans l'autre de correction seulement, l'opinion publique
ne ratifie pas toujours ces distinctions un peu arbitraires, et
parfois même les répartit en sens inverse (2).

A part la question d'infamie, qui est plus encore du domaine de l'opinion que de la loi, les différences entre les deux
peines se tirent de la durée, habituellement double, de la
surveillance, suite perpétuelle et nécessaire dans un cas, temporaire et facultative dans l'autre.

6. Ces différences sont-elles assez caractéristiques pour justifier la séparation si profonde et si tranchée que consacre la
loi actuelle? Nous avons peine à le croire. Si cette idée prévalait et recevait l'approbation du législateur, la réclusion
prendrait dans le droit criminel la position qui lui appartient
naturellement ; placée au point d'intersection entre le grand
et le petit criminel, elle dégagerait les Cours d'assises de beaucoup d'affaires qui ne méritent pas les honneurs de cette
haute juridiction ; chaque tribunal prononcerait des peines
en harmonie avec le rang qu'il occupe dans la hiérarchie judiciaire. Les débats, devant les Cours d'assises, auraient l'importance et la solennité qui, aujourd'hui, leur font souvent
défaut ; la peine serait toujours grave, et l'emprisonnement, si
fréquemment prononcé par cette juridiction élevée, deviendrait, dans cette nouvelle organisation, une assez rare exception.

(1) V. l'ordonnance royale du 6 juin 1830. — Antérieurement, l'ordonnance du 2 avril 1817 avait décidé que tout individu condamné correctionnellement à une année de prison au moins subirait cette peine dans une maison centrale de détention. L'ordonnance de 1830 est partie d'une donnée plus
exacte, en s'attachant exclusivement aux condamnations qui servent de base
à la récidive.

(2) Les coups et blessures graves punis de peines afflictives et infamantes
(art. 309 et suivants du C. pénal) échappent en général, dans l'opinion publique, à cette flétrissure que la loi leur inflige ; résultat d'un moment de violence
ou d'égarement, les crimes de cette nature n'entachent guère la moralité, tandis qu'un bon nombre de délits correctionnels, tels que vols, filouteries, escroqueries, etc., sont, quand ils acquièrent un certain caractère de gravité,
plus rigoureusement traités. Le condamné, signalé et poursuivi par l'opinion
publique, n'échappe pas à cette infamie dont la loi criminelle lui fait grâce.

Les tribunaux correctionnels investis du droit de prononcer des condamnations d'une certaine intensité, et les faits les plus divers aboutissant à cette juridiction, rarement on se présenterait devant les Cours d'assises pur de tout antécédent judiciaire, et cette considération, souvent décisive au point de vue des circonstances atténuantes, ne jouerait plus qu'un rôle très secondaire. La combinaison de ces divers moyens produirait les meilleurs résultats; ils permettraient de dégager le rôle des Cours d'assises d'un bon nombre d'affaires sans valeur réelle, et pour lesquelles les tribunaux correctionnels offrent une plus prompte et plus sûre justice. Le jury, enfin, ne verrait plus discuter devant lui que des affaires d'une incontestable gravité.

7. A cette réforme on en oppose une autre non moins radicale, qui supprime la réclusion et la remplace par une peine correctionnelle de même durée, ne différant de l'autre que par le rang qu'elle occuperait dans l'échelle des peines et les conséquences légales qui y sont attachées. Si on osait faire un pas de plus dans cette voie, doubler le maximum de la surveillance et la laisser applicable à tous les crimes déclassés, on arriverait à reconstituer, sous un autre nom, la peine qu'on prétend supprimer. Ces deux systèmes, fondés en réalité sur la même idée, tendent évidemment au même but, l'un directement et ouvertement, l'autre par des sentiers tortueux et détournés. Dans un cas, l'emprisonnement et la réclusion subsistent comme peines distinctes; dans l'autre, on établit deux peines également correctionnelles, qui ne se distinguent que par un peu plus ou un peu moins de sévérité. Autant vaudrait-il, en supprimant la réclusion, dire que le maximum de l'emprisonnement correctionnel sera porté à dix ans. Les tribunaux, toujours libres de proportionner le châtiment au délit, conserveraient toute la latitude désirable.

8. Ce moyen terme ne peut satisfaire personne. Pour les uns, c'est une machine de guerre dirigée contre le jury, dont on restreint de plus en plus les attributions; pour les autres, c'est une transaction peu honorable, une concession par des moyens détournés, alors qu'ils ont la prétention d'être les amis et non les détracteurs du jury. Quant à ceux qui ne veulent avec lui ni paix ni trève, ils repoussent à plus forte raison ces innovations qui donneraient plus de consistance et

une base plus solide au jury. Disposés à lui faire la guerre, ils veulent ne se reposer que sur ses ruines et au lendemain de la victoire. Posée en ces termes, la lutte pourrait être longue et entraver le progrès loin de l'accélérer. Évitons donc ces discussions sans fin et établissons le débat sur son véritable terrain.

Si les faits pratiques ont quelque valeur, on ne peut pas ne pas reconnaître qu'un grand nombre d'infractions sont trop sévèrement punies, et qu'il est urgent de soustraire notre droit pénal aux reproches qu'on lui adresse avec raison depuis si longtemps. Lorsqu'une réforme est jugée nécessaire, il faut se mettre à l'œuvre. Le pire de tout est de rester dans l'inaction, de voir le mal sans chercher le remède. Quoi qu'il en soit, la réforme ne peut s'effectuer qu'aux dépens du jury; qu'on le supprime, qu'on restreigne ses attributions, ou bien qu'on se contente de lui enlever les circonstances atténuantes, pour en confier l'appréciation au corps judiciaire, le résultat est toujours le même. Examinons donc les différentes faces de la question, et voyons de quel côté il convient de faire pencher la balance.

9. Le jury, qui sera ultérieurement l'objet d'un examen plus approfondi, a été introduit dans notre législation par l'Assemblée constituante. A une époque où l'on voulait fortement réagir contre le passé et garantir l'avenir contre toute tentative rétrograde, on pensait que l'institution du jury serait d'un puissant secours; il complétait la démolition de l'ancien système judiciaire, en substituant aux procédures secrètes une publicité complète, capable de garantir les intérêts les plus divers.

L'ancienne magistrature, qui commençait à regretter le passé, n'inspirait plus une confiance pleine et entière; on voulait, dans l'administration de la justice criminelle, contrôler son action d'une manière efficace. Le jury se présentait alors comme le plus sûr et peut-être l'unique moyen d'atteindre ce but; aussi fut-il accepté avec empressement par la partie intelligente de la population. Pouvait-il en être autrement? — L'expérience du peuple anglais était là pour attester la bonté de l'institution. On l'implanta chez nous, sans s'inquiéter si elle pouvait s'adapter à notre caractère, à nos mœurs et à nos institutions; elle était pratiquée par un peuple libre;

cela suffisait pour l'imposer à une nation qui voulait le devenir.

10. Depuis cette époque, le jury ne s'est maintenu qu'à la faveur de fréquentes et profondes modifications : transformé en institution politique, il a subi le contre-coup de toutes les révolutions. Peut-on dire qu'une institution qui flotte incertaine au gré des passions, qui subit l'influence de toutes les révolutions et reçoit une forme nouvelle aussitôt qu'un nouveau régime s'établit, peut-on dire qu'une pareille institution soit le beau idéal de la justice? La véritable justice est de tous les temps et de tous les lieux ; elle repose sur une base que les passions et les vents politiques ne peuvent détruire. Pour atteindre son but, elle fera abstraction de toute préoccupation étrangère, s'enquerra exclusivement de la gravité du crime et du danger qu'il fait courir à la société ; sévère si le danger est grand, elle se montrera indulgente si la société et les principes sur lesquels elle repose ne sont que faiblement menacés. — Telles sont les bases d'une bonne et équitable justice : elle exige, pour être dignement secondée, des institutions aussi peu mobiles que les principes sur lesquels elle repose. Si ses moyens d'action sont sans stabilité, elle participera de cette même mobilité, flottera au gré des passions du moment et cessera d'être digne du nom dont on la décore.

11. Peut-on s'étonner, après cela, des attaques dont le jury a été et sera toujours l'objet? Cette justice est trop mobile, exposée à trop d'erreurs et de mécomptes, pour inspirer une sérieuse confiance ; et cependant, chose singulière, c'est la partie intelligente de la population, celle qui est plus en état de comprendre les vices et les imperfections de l'institution, qui la soutient et la défend avec plus de persistance. Quelle est la cause de cette prédilection? On prétend que si les magistrats étaient exclusivement chargés d'assurer l'exécution de la loi criminelle, ils deviendraient en peu de temps d'une sévérité excessive, et dépasseraient dans la répression le but que doit se proposer le législateur.

Le simple examen du mécanisme de nos institutions judiciaires suffit pour détruire cette objection. Les Cours d'assises sont l'image de la mobilité sur les siéges de la Cour comme sur ceux du jury : chaque session amène des figures nouvelles. Les habitudes des magistrats protestent, au surplus, contre de pareilles imputations; pénétrés du sentiment de justice et guidés par l'humanité, ils appliquent la loi pénale de manière à faire remarquer plus d'une fois leur indulgence par le jury lui-même. L'expérience de chaque jour atteste que les magistrats entrent presque constamment dans les vues du jury, en abaissant la peine de deux degrés, alors qu'ils eussent pu ne l'abaisser que d'un seul (1).

Cette sévérité, réduite à ses véritables proportions, reste comme un des traits caractéristiques de la magistrature française, qui sait départir avec une égale mesure la sévérité et l'indulgence; l'habitude de juger des coupables ne lui en fait pas voir partout. Le magistrat, quand il acquitte, remplit également un devoir, et il le fait d'autant plus volontiers, que rarement il est en mesure de proclamer l'innocence de ceux qui lui sont déférés.

12. Faut-il rappeler que le nombre des audiences consacrées à l'expédition des affaires criminelles est très limité, que la grande majorité des Cours d'assises épuisent leur rôle dans les quatre sessions ordinaires médiocrement chargées? D'autres, en petit nombre, exigent de loin en loin quelques sessions extraordinaires; pour quelques-unes, enfin, les sessions ordinaires ne suffisent guère qu'à la moitié de la tâche; chacune d'elles est invariablement complétée par une session extraordinaire. Le département de la Seine seul se trouve dans une position anormale et exceptionnelle : pour suffire à son pénible labeur, la Cour d'assises réclame le triste privilége de la permanence.

Les travaux des assises ne constituent, en réalité, qu'un

(1) Si cette objection était fondée, elle retomberait de tout son poids sur les tribunaux correctionnels. Débarrassés de toute espèce d'influence étrangère, sans autre contrôle que celui de la conscience et du bon sens, ils arrivent à faire des circonstances atténuantes un usage presque aussi fréquent que le jury. Les comptes-rendus de justice criminelle (V. les rapports) constatent que, sur 100 affaires, plus de 50 sont modifiées au moyen de l'article 463. Nous verrons plus tard que le *minimum* fort élevé de certains articles du Code pénal rend ce résultat inévitable. L'exemple des tribunaux correctionnels prouve d'une manière victorieuse combien peu la présence du jury influe sur la manière dont la loi pénale est appliquée, et combien peu est fondée l'objection basée sur l'endurcissement des magistrats.

accident dans la vie du magistrat : il n'y consacre qu'une faible partie de son temps, vingt ou vingt-cinq jours au plus dans le cours d'une année. Ce travail n'ayant rien d'attrayant pour les assesseurs, dont le rôle est assez passif, il s'établit dans chaque compagnie un roulement (1) qui divise le fardeau et le rend plus léger. Les assises les plus chargées siégeant habituellement au chef-lieu de la Cour impériale, un personnel plus nombreux ne permet pas de s'apercevoir du surcroît d'occupation. Disons donc avec assurance que toutes ces craintes sont chimériques; des faits qui occupent si peu de place dans la vie d'un homme ne sont pas de nature à influer d'une manière sensible sur son caractère. S'il s'agissait d'un tribunal criminel permanent, toujours composé des mêmes magistrats, l'objection aurait une valeur qu'il est impossible de lui reconnaître dans les termes où elle se produit.

13. Irait-on jusqu'à prétendre, en poussant l'argument dans ses conséquences extrêmes, que tous les magistrats ont le même caractère, les mêmes sentiments et la même manière de voir ? Les décisions judiciaires de chaque jour témoignent hautement du contraire. Dans le même tribunal, dans la même chambre, entre personnes habituées à vivre ensemble, les opinions les plus diverses et les plus opposées se manifestent, et souvent il est difficile de former la majorité nécessaire pour arriver à une solution.

Si un membre de la compagnie a, par ses connaissances et son aptitude pratique, acquis une certaine autorité parmi ses collègues, il finit par faire pencher la balance de son côté, en ralliant autour de lui les hésitants, toujours disposés à placer leur conscience à l'abri de son intelligence et de sa capacité. Si un pareil résultat se produit entre personnes constamment réunies dans le même but, il se produira bien plus fréquemment au sein d'une Cour de justice criminelle, composée d'éléments hétérogènes accidentellement rapprochés et peu propres à servir de base à une influence sérieuse, qui manquerait de temps pour s'édifier.

---

(1) La loi du 21 mars 1855 a proscrit ces changements à vue d'œil qui s'opéraient chaque jour dans la composition de la Cour d'assises; elle a voulu que les mêmes assesseurs fissent le service pendant le cours d'une session. Le roulement a été déplacé et non supprimé.

14. Devant les Cours d'assises, cette influence est toute trouvée ; c'est la loi elle-même qui l'établit. Le président, en vertu des pouvoirs extraordinaires qui lui sont confiés, plane et domine ; une fois convaincu, il n'a qu'à diriger le débat dans le sens de sa conviction, et il finira, s'il a le courage de son opinion, par la faire partager au jury. Un président habile, qui connaît les hommes dont la direction lui est confiée, sait bientôt à quelle influence ils sont accessibles ; la corde sensible trouvée, il la fera vibrer et obtiendra des résultats inattendus. Le jury est en général rebelle et indocile ; il souffre avec impatience toute espèce de frein ; semblable à un coursier fougueux, il ne fléchit que lorsqu'il sent l'étreinte d'une main puissante.

Qu'il rencontre chez un président cette intelligence élevée, cette volonté ferme, éclairée par le bon sens, la justice et l'impartialité ; le jury s'inclinera forcément devant son maître, subira, en murmurant peut-être, son ascendant, mais il finira par rester dans le cercle fort étroit qui lui aura été tracé et ne s'en écartera que par accident et pour faire encore, de loin en loin, acte d'indépendance (1).

Les impressions et appréciations d'un seul, quelle que soit au reste son aptitude, son intelligence et sa capacité, sont-elles aussi sûres que celles d'un certain nombre de magistrats, tous animés des mêmes intentions et également dominés par le sentiment impérieux du devoir ? Nous avons peine à le croire. On peut donc affirmer avec confiance qu'une Cour de justice criminelle bien organisée offrirait de plus sérieuses garanties à tous les graves intérêts que la justice répressive met en jeu.

15. Les masses, qui, en général, ont le sentiment du bien, se demandent pour quel motif on a divisé, en matière criminelle, des fonctions partout ailleurs confondues. Que le jury juge, alors que la Cour n'a d'autre mission que d'assurer l'exécution de ses décisions, c'est ce qui paraît singulier. La foule qui connaît la valeur de cet axiome : *A chacun son métier*, ne comprend pas la nécessité de cette division, et les

---

(1) Les hommes du métier savent que nous ne traçons pas ici un portrait de fantaisie, et que les présidents des assises qui se rapprochent le plus du type que nous indiquons, exercent une grande influence sur les décisions du jury.

jurés eux-mêmes ne la comprennent pas davantage. Ces fonctions, qu'ils remplissent transitoirement, sont pour eux un objet de préoccupation ; ils craignent de mal faire et restent souvent dans une hésitation fâcheuse pour tout le monde. Le jury sent qu'il joue un rôle d'emprunt, il aspire à quitter ses fonctions, ne désire pas les reprendre, et voudrait voir les magistrats rentrer dans l'intégrité de leurs droits.

Il n'est pas de session qui n'amène la manifestation de pareils sentiments ; si tous les jurés étaient individuellement consultés, leur réponse ne serait pas douteuse, l'immense majorité estimerait que les magistrats sont aussi bien en état de juger au criminel qu'au civil, et qu'il est opportun de leur rendre cette partie de leurs attributions dont on les a mal à propos dépouillés (1).

16. Si la partie la plus intéressée tient un pareil langage, qui aurait le droit de s'en plaindre ? Le législateur ? Mais il se trouve en présence de personnes qui déclinent une honorable mission, parce qu'elle leur impose une responsabilité au-dessus de leur force. Les accusés ? Innocents, ils ont grand intérêt à être jugés par des magistrats clairvoyants ; coupables, ils n'ont pas le droit de réclamer une juridiction qui puisse, dans un bon nombre de cas, leur assurer une impunité fâcheuse. Chacun doit être traité suivant ses œuvres ; il est difficile d'approuver une loi qui porte l'innocent à désirer d'autres juges que le coupable. Le sanctuaire de la justice exclut toute idée de faveur ; les accusés ont droit à une égale protection, et, si quelqu'un réclamait un supplément de garantie, l'innocent aurait plus que le coupable droit à nos préférences. Et cependant combien d'hommes sensés répètent journellement ce dicton quasi vulgaire : *Coupable, je désirerais être jugé par des jurés ; innocent, par des magistrats ;* mon in-

_____

(1) Combien d'hommes intelligents, après avoir pratiqué le jury et vu fonctionner l'institution, ont changé d'opinion sur son compte ! J'ai vu de très chauds partisans du jury sortir d'une session d'assises avec cette idée, que tout, dans les délibérations du jury, était abandonné au hasard, qu'un juré tenace, fût-il médiocrement intelligent, fait pencher la balance de son côté, soit en bien, soit en mal, dès qu'il veut s'en donner la peine, et qu'à l'avance on ne peut jamais compter sur rien. Ceux qui ont manié le jury, même depuis la nouvelle loi, savent qu'il y a dans tout cela une grande dose de vérité.

nocence serait mieux protégée dans un cas, et ma culpabilité moins aperçue dans l'autre.

Les magistrats, il est vrai, même quand ils ne jugent pas le fond, prêtent toujours aux accusés le concours de leurs lumières; ils refuseraient au besoin de sanctionner une condamnation évidemment injuste, et renverraient l'affaire à une prochaine session (1). Quant au coupable, une fois acquitté, tout est fini; la justice n'a qu'à sanctionner la décision, fût-elle inique; son rôle est forcé.

17. Une Cour de justice criminelle, composée de neuf magistrats au moins, appelés à juger le droit et le fait, présenterait incontestablement de plus amples garanties, une justice plus sûre et plus égale pour tout le monde. Elle résisterait davantage aux entraînements du moment, et ne resterait pas sans force et désarmée au lendemain d'un ébranlement social. Confiée à des mains fermes et énergiques, elle redoublerait de vigilance et d'activité dans les circonstances critiques, et prêterait à la société un concours d'autant plus efficace que son existence serait plus directement menacée.

La Cour de justice criminelle, pas plus que la Cour d'assises, n'implique une idée de permanence. La nouvelle organisation emprunterait à l'ancienne tout ce qui est de nature à s'y adapter. On conserverait la présidence trimestrielle, et la Cour continuerait à être composée de juges et de conseillers d'après les distinctions aujourd'hui établies : on pourrait même, dans les départements qui ne sont pas siége de la Cour impériale, introduire un nouvel élément dans la Cour de justice, en appelant un certain nombre de juges, trois ou quatre, des autres tribunaux du département. Cette combinaison produirait certainement de bons résultats. La présence d'éléments nombreux et divers donnerait à la Cour des allures plus franches et plus dégagées; on conserverait la variété, sans avoir une trop grande mobilité. Les discussions et délibérations, aussi complètes que possible, serviraient de base à des arrêts qu'on appellerait à bon droit *verdict* (2).

(1) V. l'art. 352 du C. d'inst. crim.; il a été modifié par la loi du 9 juin 1853. Cette décision peut aujourd'hui être prise à la simple majorité. L'article 352 exigeait l'unanimité.

(2) Le mot *verdict*, que l'Académie a le tort de ne pas consacrer, est com-

L'adjonction de trois ou quatre magistrats se justifierait par des considérations d'une autre nature; elle dispenserait d'augmenter outre mesure le personnel du tribunal chef-lieu judiciaire, et empêcherait que, pendant le cours des sessions, le service ne fût désorganisé.

18. Ce système, contre lequel on ne saurait élever aucune objection sérieuse, se recommande par sa grande simplicité et les facilités qu'il offre pour arriver à une réforme si désirée de la procédure criminelle. On finirait par la débarrasser de ces nombreuses et illusoires formalités, qui sont comme autant d'écueils semés à plaisir sur les pas de la justice; les garanties sérieuses subsisteraient, et la justice ne serait plus inutilement entravée par un formalisme qui n'a pas de raison d'être.

A bout de moyens, les partisans du jury opposeront sans doute une fin de non-recevoir, tirée de l'inopportunité de la mesure : ce sera leur plus fort argument. Le jury n'a pas fait son temps; il fonctionne même, en l'état, d'une manière satisfaisante, ravivé par la loi du 4 juin 1853; il a besoin de quelques années encore pour arriver au terme de sa carrière. Laissons-le donc vieillir en paix et ne le troublons pas au milieu de la confiance passagère qu'il vient d'inspirer.

S'il est prématuré de parler d'une réforme de cette nature, on peut au moins espérer que son tour viendra, tandis qu'il est difficile d'admettre que celle dont il nous reste à parler puisse avoir le même sort.

19. L'esprit, qui aime les idées simples et cherche à les présenter sous une forme saisissable, s'enquiert d'abord du principe sur lequel repose une réforme, le dégage de tout ce qui l'entoure, pour le réduire à sa plus simple expression. Si nous entrons dans cette voie, trouvons-nous quelque chose qui puisse satisfaire le bon sens et la raison? Peut-on, à l'avance, classer cette réforme, dire avec précision sur quoi elle porte? Soulève-t-elle une question de procédure ou de compétence? Si, sans s'arrêter aux artifices de langage qui parfois obscurcissent la vérité, on va au fond des choses, on voit bien vite qu'on se trouve en présence d'un expédient destiné à fa-

posé de deux mots latins, *vere dictum*. La décision du jury est censée être l'expression de la vérité : *res judicata pro veritate habetur*.

voriser la paresse législative, à côtoyer les difficultés sans les aborder, à bouleverser notre législation pénale sans avoir l'air d'y toucher.

Ces impressions ne sont pas de nature à s'effacer avec le temps; la réflexion les corrobore, et l'examen des moyens mis en avant pour atteindre le but leur donne une nouvelle force. On rétrograde sans trop s'en apercevoir, et on nous reporte à une époque où tout, dans le droit criminel, était abandonné à l'arbitraire du juge. Après avoir travaillé près d'un demi-siècle à expulser l'arbitraire du sanctuaire de la justice, le législateur l'y ferait rentrer par une voie indirecte et détournée? Chose étrange! les circonstances atténuantes auraient le singulier privilége de bouleverser les juridictions après avoir bouleversé l'échelle des peines. Le législateur ne peut abdiquer ni laisser faire son œuvre par le juge; le grand principe de la séparation des pouvoirs s'y oppose; que chacun reste dans sa sphère, remplisse la mission qui lui est confiée, et le but sera plus sûrement atteint.

20. Ce système reposant tout entier sur les circonstances atténuantes et la manière de les appliquer, pour le comprendre et l'apprécier à sa juste valeur, il est indispensable de s'arrêter quelques instants sur cette institution, qui joue un très grand rôle dans notre droit actuel et exerce une influence si décisive sur la pénalité. Les circonstances atténuantes sont pour notre droit criminel ce qu'était à Rome, pour le droit civil pur, — *l'équité prétorienne.* De tout temps, les magistrats chargés d'appliquer la loi pénale ont cherché à tempérer sa rigueur en substituant à ses appréciations abstractives et absolues des appréciations relatives puisées dans chaque affaire en particulier. Chaque infraction a sa physionomie propre, que les faits antécédents et concomitants contribuent à mettre en relief et à faire envisager sous son véritable jour. Vouloir tout réduire au même niveau, soumettre à une règle invariable et uniforme les actes les plus divers émanés de la liberté individuelle, c'est violenter la nature humaine, exposer celui qui applique la loi à la méconnaître s'il la trouve trop rigoureuse, ou à faire violence à sa conscience en infligeant un châtiment hors de proportion avec le délit.

21. Ces idées sont de tous les temps et de tous les lieux. Bien que les magistrats romains eussent, en matière de ré-

pression, une très grande latitude (1), on leur recommandait, dans l'application de la peine, de prendre en considération de nombreuses circonstances qui exerçaient une certaine influence sur la criminalité. Ils devaient spécialement, en punissant le coupable, avoir égard (2) : 1° aux motifs (*causa* qui ont porté à commettre le crime ; a-t-on cédé à un moment de colère, d'emportement, ou à un sentiment plus réfléchi ; — 2° à la position du coupable et de sa victime (*persona*) : l'âge de l'un et de l'autre (3), les rapports qui peuvent exister entre eux, leur position plus ou moins élevée dans la société, tout cela doit également entrer en ligne de compte ; — 3° au lieu du crime ou du délit (*loco*) : un vol sacrilége est plus gravement puni qu'un vol dépourvu de cette circonstance ; — 4° au temps de la perpétration du délit (*tempore*) : a-t-il été commis de jour ou de nuit ; — 5° à sa gravité intrinsèque, déterminée par les faits extérieurs et les éléments intentionnels qui donnent à un méfait une importance plus ou moins grande (*qualitate*) ; — 6° à sa gravité extrinsèque (*quantitate*), résultant des objets mêmes sur lesquels le crime s'est accompli, de leur quantité et de leur valeur : — 7° enfin aux suites (*eventu*) qu'entraînent ou peuvent entraîner les méfaits de toute nature dont la connaissance est déférée aux magistrats : ce qui n'empêchait pas qu'alors, comme aujourd'hui, la tentative ne fût, dans bien des cas, punie à l'égal du crime (4).

---

(1) La loi 7, au Digeste, *De lege Fabia* (48-15) porte ce qui suit : « Pœna « pecuniaria, statuta lege Fabia, in usu esse desiit : nam in hoc crimine de-« tecti *pro delicti modo coercentur* et plerumque in metallum damnantur. » — V. aussi **C.** theod., liv. ix, tit. 29, *De his qui latronem*, loi 2 : « Pro qualitate personæ et judicis æstimatione plectetur. »

(2) V. la loi 16 au Dig. *De pœnis* (48-19) § 1 : « Quatuor genera consideranda sunt septem modis : causa, persona, loco, tempore, qualitate, quantitate et eventu. »

(3) L'âge peut, à un autre point de vue, être considéré comme justificatif : c'est lorsque le délinquant n'est pas *doli capax*. V. Dig. *De regulis juris*, l. 111 ; — *De furtis*, l. 23. — Cod., *De pœnis*, l. 7. Et encore la loi 12 au Dig., *Ad legem Corneliam de Sicariis*.

(4) La loi 14 au Digeste, *Ad legem Corneliam de Sicariis*, porte ce qui suit : « Divus Hadrianus in hæc verba rescripsit : *In maleficiis voluntas spectatur,* « *non exitus.* » — La l. 7, au Code, même titre (9-16), ajoute : « Is qui

Il suffit, pour compléter cette énumération, d'y ajouter l'a-
veu et le repentir que les malfaiteurs savent à propos étaler
devant leurs juges, et on aura parcouru le cercle des lieux
communs dans lesquels la défense se meut toutes les fois
qu'elle veut appeler l'indulgence du juge sur la tête des coupables. Si l'expression est moderne, l'idée en elle-même est
fort ancienne, et les jurisconsultes romains, qu'on ne consulte jamais sans fruit, n'avaient eu garde de passer sous
silence les circonstances modificatives de la culpabilité.

22. Les anciens parlements, disposés à accepter tout ce qui
pouvait favoriser leurs prétentions à l'omnipotence, recueil-
lirent ces traditions et les continuèrent avec empressement.
Ils s'érigèrent de bonne heure en appréciateurs souverains
des infractions de toute nature et des châtiments qu'elles mé-
ritaient. Constamment ils substituaient à la peine édictée par
la loi celles que les impressions et inspirations du moment
semblaient conseiller. On tombait ainsi dans l'arbitraire le
plus complet : un crime commis, nul ne pouvait à l'avance
indiquer ses conséquences ou la peine réservée au coupable.

23. Cet arbitraire fâcheux et déplorable, proscrit par l'Assemblée constituante, fit place à un système tout aussi dangereux, celui des peines fixes et invariables. D'après le Code
pénal de 1791, les infractions les plus diverses étaient soumises à la même pénalité, sans qu'on s'inquiétât le moins du
monde des circonstances qui précédaient ou accompagnaient
le crime, fussent-elles de nature à le transformer complète-
ment.

En appliquant au droit criminel cette rigueur mathématique, le Code de 1791 se fourvoyait étrangement, plaçait sur
la même ligne et imposait la même responsabilité aux actes
les plus divers émanés de la liberté même. Le mobile du
crime, les circonstances plus ou moins odieuses qui l'accompagnaient, les résultats plus ou moins fâcheux qu'il produisait, tout cela restait sans influence sur la décision. Le magistrat devait faire abstraction de tout sentiment d'humanité,

« cum telo ambulavit, hominis necandi causa, sicut is qui hominem occi-
« derit, vel cujus dolo malo factum erit commissum, legis Corneliæ de Si-
« cariis pœna coercetur. » — V. aussi la loi 16, § 8, au Digeste, *De pœnis.*

s'armer d'une impassibilité stoïque et prononcer, dans tous les cas, un châtiment d'une invariabilité désespérante.

24. Il n'était ni juste ni raisonnable de renfermer les magistrats dans un cercle aussi étroit, on le comprit bien vite; et, chose singulière! c'est dans une loi sur les conseils militaires que le législateur revient à des idées plus saines et commence à réagir contre ce système rigoureux. Les commissions ou conseils militaires, investis de pouvoirs fort étendus, sont appelés à juger les infractions de toute nature commises par les militaires ou attachés à l'armée (1). Ils infligent les peines édictées par le Code pénal militaire et les lois spéciales; mais on leur réserve une latitude telle que la loi militaire perd toute sa rigueur et devient, au besoin, plus douce que la loi ordinaire. L'article 20 de cette loi est ainsi conçu : « Le con-« seil prononcera... les peines... il pourra cependant les com-« muer et même les diminuer, suivant que les cas et les cir-« constances en atténueront la gravité; mais il ne pourra « jamais les augmenter (2). »

L'expression et l'idée elle-même, encore un peu vague dans cet article, se dégage avec netteté et précision dans la loi du 27 germinal an IV, qui se sert du terme depuis consacré. et attribue aux circonstances atténuantes l'effet qu'elles ont naturellement produit depuis cette époque. Dirigée contre les détracteurs du régime républicain, cette loi prononçait des peines dont l'excessive sévérité appelait de nombreux correctifs; le législateur lui-même le comprit : aussi, après avoir posé le principe, il a ajouté immédiatement :..... « La peine de mort sera commuée en celle de la déportation si

---

(1) V. la loi du 2 complémentaire an III, art. 1 et 14 ; elle est intitulée : Loi qui établit un nouveau mode des jugements des délits militaires. — Le mot *délit* était alors synonyme d'*infraction* ; pour éviter toute espèce de confusion , nous nous sommes plus particulièrement servi de cette dernière expression.

(2) Cet article n'ayant pas été inséré dans la loi institutive des conseils de guerre (13 brumaire an V), la Cour de cassation a constamment décidé (2 mars 1833) que les tribunaux militaires ne pouvaient déclarer les circonstances atténuantes, ni en vertu de cet article, ni en vertu de l'art. 463 du C. p. inapplicable aux délits militaires. — V. Dalloz. *Nouv. Répert.*. v⁰ *Peines*, n⁰ 536 et notes.

le jury déclare qu'il y a dans le délit des circonstances atténuantes (1). »

Les circonstances atténuantes jouèrent dès lors un rôle important dans le droit criminel. Considérées comme une espèce
particulière d'excuse, on les déduisait devant le jury chargé
de vérifier et d'apprécier les faits. L'accusé présentait et dé-
veloppait son excuse atténuante; le jury, forcément consulté,
l'admettait ou la rejetait. Si l'acte d'accusation était muet sur
ce point, et que l'accusé gardât le silence, le jury n'avait pas
mission d'accorder d'office ce qu'on ne lui demandait pas. Le
principe qui veut qu'en toute matière criminelle le jury soit
appelé à délibérer sur les circonstances atténuantes ne date
que de la révision de 1832 (2).

Vers la même époque, le Code pénal de 1791 fut profondément modifié par deux lois qui élargirent les pouvoirs du juge,
en étendant de plus en plus le cercle de ses appréciations. Le
Code des délits et des peines organise sur une plus vaste
échelle un système d'excuses légales (3), permet de les proposer comme moyen d'atténuation et réduit dans de larges
proportions la peine encourue. La loi du 25 frimaire an VIII
pose un principe d'une incontestable utilité, dont le législateur, depuis lors, ne s'est plus guère écarté. Elle édicte pour
chaque infraction un *minimum* et un *maximum*, et laisse, en
général, entre ces deux extrêmes une latitude suffisante (4).

25. Le Code pénal de 1810 a largement marché dans cette

(1) V. l'art. 1 de cette loi, portant des peines contre toute espèce de provocation à la dissolution du gouvernement républicain, et tout crime attentatoire à la sûreté publique et individuelle.

(2) Comparez l'art. 341 C. d'Instr. crim., et les art. 373, 374, 375 et 376
du C. des délits et des peines; il a été décidé, sous l'empire de cette législation,
que l'ivresse pouvait être considérée comme une circonstance atténuante;
alléguée par l'accusé, elle faisait forcément l'objet d'une question dont la
solution influait grandement sur l'issue du débat. — Cass., 8 frimaire an VII.
Dall., *Nouv. Répert.*, vº *Peines*, nº 412 et notes.

(3) V. le Code du 3 brumaire an IV, art. 646. Comp. C. p. de 1791,
part. 2, tit. 2, sect. 1, art. 9; C. p. de 1832, art. 321 et suiv.

(4) Cette loi de l'an VIII, dont nous aurons l'occasion de parler bien souvent, et spécialement en traitant de la récidive, avait pour but de tempérer
la rigueur du Code pénal de 1791; elle n'est pas sans analogie avec la loi du
25 juin 1824.

voie : peines divisibles, excuses, circonstances atténuantes, il a tout consacré et étendu. Il a spécialement et directement organisé le système des circonstances atténuantes si notablement élargi depuis. L'ancien article 463, moins compréhensif que celui d'aujourd'hui, n'admettait les circonstances atténuantes qu'en police correctionnelle, et alors que le préjudice causé n'avait qu'une mince importance. Il s'exprimait en ces termes : « Dans tous les cas où la peine de l'emprison-
« nement est portée par le présent Code, si le préjudice causé
« n'excède pas 25 fr. et si les circonstances paraissent atté-
« nuantes, les tribunaux sont autorisés à réduire l'emprison-
« nement, même au-dessous de 6 jours, et l'amende même
« au-dessous de 16 francs. Ils pourront aussi prononcer sé-
« parément l'une ou l'autre de ces peines, sans qu'en aucun
« cas elles puissent être au-dessous des peines de simple
« police. »

Si le principe était bon, pourquoi ne pas lui donner une plus grande extension et l'appliquer également aux crimes ? Les organes de la loi ont répondu (1) qu'en remplaçant une peine afflictive et infamante par une peine d'un ordre inférieur ou une peine correctionnelle, on n'opérait pas une réduction, mais on substituait, dans l'échelle pénale, un châtiment à un autre, ce qui constituait une véritable commutation de peines, droit placé par l'acte constitutionnel dans les attributions du souverain. Il fallait donc, pour respecter ses prérogatives, lui réserver la faculté d'examiner si les circonstances relevées dans une cause étaient assez atténuantes pour justifier une commutation. Cette objection peu sérieuse cachait au fond une confusion déplorable entre le droit de grâce et les éléments constitutifs et modificatifs du crime. Les circonstances atténuantes sont une partie essentielle et intégrante de toute infraction. Celui qui apprécie le fait doit aussi être appelé à apprécier ses modifications ; le droit de grâce ne vient qu'après la condamnation.

26. Ces tempéraments généraux influaient médiocrement sur l'ensemble de l'œuvre et n'enlevaient au Code pénal qu'une faible partie de sa trop grande sévérité. Ce vice originel a

---

(1) Exposé des motifs du 9 février 1810. V. aussi Dall., *loc. cit.*, n° 25 et notes.

influé sur toute son existence, et aujourd'hui, malgré ses réformes successives, cette tache originelle n'est point effacée.
La loi du 25 juin 1824 tempéra sur plus d'un point sa rigueur,
modifia quelques-unes de ses incriminations, et permit d'en
modifier un plus grand nombre en donnant plus d'extension
au principe des circonstances atténuantes. Cette loi, trop oubliée
aujourd'hui, consacrait un progrès réel et marquait une nouvelle étape dans la voie de l'amélioration de nos lois criminelles. Elle n'eut qu'un tort, celui de méconnaître le véritable
caractère des circonstances atténuantes ; placées par la loi dans
les attributions de la Cour, elles perdaient leur cachet propre, semblaient se confondre avec le droit, alors qu'elles
étaient une partie intégrante du fait. Le législateur de 1832,
en répudiant cette doctrine, a rappelé le véritable principe :
« Les circonstances atténuantes, dit l'exposé des motifs, ne
« sont pas des accessoires du fait principal ; elles sont une par-
« tie essentielle du fait lui-même ; elles déterminent son plus
« ou moins haut degré d'immoralité. Ce vol est moins cri-
« minel parce que le coupable n'a pas eu pleine conscience de
« son crime, parce qu'il a été séduit, passionné, parce qu'il a
« fait des aveux, témoigné du repentir, essayé une réparation.
« Comment détacher du fait principal ces circonstances ?... » (1)
Le juge du fait doit forcément examiner tout ce qui s'y
rattache et s'y lie intimement, ne fût-ce qu'à titre d'accessoire et de dépendance essentielle ; la logique et le bon sens
s'opposent également à une pareille mutilation ; il ne faut jamais séparer ce que la raison considère à juste titre, comme
inséparable.

27. Cette loi, malgré son insuffisance, ne contribua pas
peu à mettre à nu les imperfections du Code pénal et fit plus
vivement sentir le besoin d'une réforme, établie sur des
bases larges et solides. Réclamée de toutes parts après 1830, le
législateur pensa qu'il ne pouvait la retarder plus longtemps
et se mit immédiatement à l'œuvre. Mais effrayé par la gran-
deur de l'entreprise, le nombre et l'importance des questions
qui surgissaient à chaque pas, il eut recours à un expédient
pour sortir d'embarras et éviter les débats interminables
qu'une réforme radicale pouvait susciter, au lendemain d'une

_____

(1) V. C. p. progressif, p. 349, et Dall., Répert., loc. cit., n° 519.

révolution, au milieu des troubles et des désordres qu'elle entraîne toujours.

Après avoir révisé un bon nombre d'articles de nos Codes criminels, adouci quelques pénalités sévères et diminué les trop nombreux cas dans lesquels la peine de mort était prononcée, le législateur mit à la disposition du jury un moyen pour parer à toutes les éventualités, en lui permettant d'accorder dans tous les cas, fût-ce pour excès de sévérité dans la loi, le bénéfice des circonstances atténuantes. On allait ainsi *au plus pressé*, mais par des moyens assez peu rationnels.

28. Voici au surplus les motifs qui ont déterminé le législateur ; on ne saurait mieux faire que de les reproduire ; « Le système des circonstances atténuantes, » a dit M. Dumon dans son rapport à la Chambre des députés, « *sert à éluder* de « très graves difficultés qui se présentent dans la législation « criminelle : il résoudra, dans la pratique, les plus fortes « objections contre la peine de mort, contre la théorie de la « récidive, de la complicité, de la tentative. Qu'importe, en ef- « fet, que la peine de mort soit une peine égale pour tous et « qui ne peut, par conséquent, s'appliquer avec équité à des « crimes souvent inégaux, si l'admission des circonstances « atténuantes permet d'écarter la peine de mort dans les cas « les plus favorables? Qu'importe que la récidive ne procède « pas toujours d'un progrès d'immoralité et, par conséquent, « ne mérite pas toujours une aggravation de peine, si, dans « les cas privilégiés, l'admission des circonstances atténuantes « écarte cette aggravation? Qu'importe que la complicité, si « diverse dans ses formes et dans sa criminalité, ne puisse « toujours être assimilée au crime principal, si l'admission « des circonstances atténuantes rétablit les différences que « l'assimilation générale du complice à l'auteur du crime « a négligées? Qu'importe enfin que la loi égale, dans « tous les cas, la tentative à l'exécution, quoique dans « l'opinion commune la gravité du crime se mesure en par- « tie au résultat qu'il a produit, si l'admission des circons- « tances atténuantes permet au jury de tenir compte à l'ac- « cusé du bonheur qu'il a eu de ne pouvoir commettre son « crime? Qu'on y pense bien, toutes ces questions si ardues, « si controversées, dans l'examen desquelles il serait si diffi- « cile, même approximativement, de formuler des différences

« et de marquer des degrés, peuvent se résoudre avec autant
« de facilité que de justesse par le système des circonstances
« atténuantes confiées à la droiture du jury (1). »

Le législateur, on le voit, se félicite hautement d'avoir
trouvé un moyen si ingénieux pour permettre au jury de
modifier à son gré les peines édictées par la loi. Il prévoit que
la rigueur du châtiment pourra bien être le seul motif d'atténuation ; mais il ne s'en effraie pas, il fait volontiers cette
concession, pour ne pas laisser *accréditer la doctrine dangereuse de l'omnipotence*. On faisait, tout en ne voulant pas
l'accréditer, une grande concession à cette doctrine. Pour être
logique et conséquent, il fallait aller plus loin, modifier l'article 342 du Code d'instruction criminelle, et mettre en harmonie le texte et l'esprit de la loi. Ce système qui, en dehors
de tout autre mérite, a au moins celui de la franchise, empêcherait tout malentendu entre la Cour et le jury, et autori-
serait des communications que la pratique de chaque jour
reconnaît nécessaires (2).

29. Après avoir étudié les circonstances atténuantes dans
leur origine et leur développement successif, il est facile de
comprendre le rôle qu'on leur réserve dans le système que
nous discutons. Cette doctrine nouvelle bouleverse toutes les
idées reçues jusqu'à ce jour. Elle s'éloigne également de la
loi de 1824 et du Code pénal. Ce n'est plus après un débat
public et solennel que les circonstances atténuantes sont reconnues et constatées, mais *a priori*, et avant tout débat
contradictoire, par les soins des magistrats chargés de l'instruction préjudiciaire et du règlement de la compétence. Ils
seraient autorisés à fouiller dans les replis de la procédure,

(1) V. C. p. progressif, p. 13 ; Dall., *loc. cit.*, vº *Peines*, nº 520 ; Morin
Répert., vº *Circonstances atténuantes*, nº 3.

(2) Dans une brochure sur l'organisation judiciaire, publiée en 1848, nous
disions ce qui suit : « Nous n'interdirions plus au jury de s'occuper des conséquences légales de sa décision. En fait, cette prohibition n'a jamais été
respectée et a produit plus de mal que de bien... Le jury, incertain sur les
dispositions de la Cour, acquitte l'accusé, auquel il aurait cependant désiré
appliquer une peine correctionnelle. Permettre à la Cour et au jury une
explication dans le but d'abaisser la peine de deux degrés au moyen de circonstances atténuantes, c'est assurer la répression, tandis que le système actuel conduit souvent à l'impunité, p. 35, 36. »

pour y découvrir et mettre à jour les éléments si variables
des circonstances atténuantes, les déclarer à l'avance et substituer par ce moyen la juridiction correctionnelle à celle des
assises. On reconnaît donc, en principe, qu'il y a convenance
et opportunité à exonérer le jury au profit des tribunaux
correctionnels; il n'y a de désaccord possible que sur les
moyens d'exécution.

L'article 463 du Code pénal détermine le cercle dans lequel
cette réforme doit se mouvoir. Les circonstances atténuantes
déclarées, la Cour abaisse forcément la peine d'un degré et
peut, si bon lui semble, l'abaisser de deux. Tout crime contre
lequel la loi ne prononce pas une peine supérieure à celle des
travaux forcés à temps, sera susceptible d'être déclassé et jugé
correctionnellement, à la seule condition que les circonstances
atténuantes soient déclarées à l'avance et leur efficacité ré-
connue telle qu'elles puissent, dans certains cas, transformer
les travaux forcés en un emprisonnement de 2 à 5 ans.

30. A qui confier une aussi délicate mission? Il n'y a plus,
en l'état, ni doute ni hésitation possible : le juge d'instruction, seul, peut être investi d'un pouvoir aussi étendu (1);
c'est une grande responsabilité, jointe à celle déjà fort lourde
qui pèse sur lui. Le magistrat, exposé à trouver des censeurs,
des contradicteurs, n'usera qu'avec une excessive réserve du
droit que la loi lui confère; il considérera toujours le texte
du Code pénal comme sa règle fondamentale, les circonstances
atténuantes comme une exception, et, dans la plupart des
cas, il laissera aux juges véritables le soin d'examiner et de
déclarer si elles existent réellement.

Si cette réserve déplaît au ministère public, si le juge d'instruction lui paraît timide et timoré, et qu'il veuille, dans l'application de la loi, s'attacher plus à son esprit qu'à sa lettre,
il usera du droit d'opposition et soumettra le litige à la
chambre d'accusation. Si la Cour, parfois, est en mesure de
réformer la première décision, le plus souvent elle se trouvera dans une grande perplexité et maintiendra le *statu quo*.

---

(1) Lorsque MM. Bonneville et Rousset développaient ce système, c'est à
la chambre du conseil qu'ils conféraient ce pouvoir. La loi du 17 juillet 1856
l'ayant supprimée, il n'y a que le juge d'instruction qui puisse hériter de ces
attributions.

Le juge d'instruction, dira-t-elle, connaît l'affaire à fond, il a
entendu les témoins, l'accusé, comparé leurs déclarations res-
pectives, apprécié la tenue et la physionomie d'un chacun :
tout porte à croire que ses impressions sont justes et raisonnables; dans le doute, il faut les maintenir, comme offrant
plus de garanties que celles de magistrats qui n'ont examiné
l'affaire que sur le papier.

31. Supposons, si l'on veut, que le juge d'instruction entre
largement dans la voie des atténuations et saisisse le tribunal
correctionnel de tout ce qui, légalement, peut lui être renvoyé; n'aura-t-il pas à craindre des obstacles d'une autre nature? L'esprit humain aime la controverse; et tel fait, qui
entre dans le domaine de la discussion, n'eût jamais suscité
la moindre difficulté si toutes les parties appelées à l'apprécier
s'étaient trouvées simultanément réunies. D'un autre côté,
une affaire rapidement instruite, dépourvue en apparence
de gravité, acquiert parfois aux débats une importance telle
que le juge se trouve dans l'impérieuse nécessité d'appeler
toute la sévérité de la loi sur celui qui, de prime abord, avait
paru mériter quelque indulgence. Pourquoi multiplier dans
le corps judiciaire les causes de mésintelligence? Les discussions irritantes peuvent l'amoindrir et faire tomber son prestige, ou tout au moins diminuer le respect et la considération
qui lui sont d'un si grand secours dans l'accomplissement de
sa mission.

Le législateur, en sa qualité de modérateur suprême, doit
prémunir le magistrat contre tout écueil de nature à tenir
sa dignité en échec, édicter des règles suffisamment précises
pour ne laisser aucune place à l'arbitraire, et expulser du
sanctuaire de la justice tout sentiment capable de troubler
l'harmonie et la concorde si nécessaires parmi ses membres.

32. Continuons à marcher dans cette voie, et nous nous
trouverons bien vite en présence d'autres difficultés. Quelle
valeur attribuer aux décisions qui règlent la compétence?
Seront-elles déclaratives ou attributives de compétence? Il est
de principe, en droit criminel comme en droit civil, que tout
tribunal, appelé à statuer sur un litige, a droit d'examiner
s'il est régulièrement saisi et dans les limites de sa juridiction.
S'il estime qu'on a violé à son égard les règles de la compétence, il le déclare et se dessaisit d'une affaire mal à propos

soumise à son appréciation. Libre à la partie intéressée de se pourvoir devant la juridiction supérieure, ou de déférer la décision à la censure de la Cour suprême. La Cour de cassation, seule, règle définitivement la compétence, à la différence des autres juridictions, dont les décisions ne sont, en général, que provisoires.

Ce système, qui a pour lui la consécration du temps et de l'expérience, n'est l'objet d'aucune réclamation. Il serait dès lors imprudent de le modifier, pour donner plus de chance de succès à une réforme mauvaise en elle-même, réforme qui jetterait une grande perturbation dans notre droit et méconnaîtrait les règles de la hiérarchie judiciaire, aujourd'hui, surtout, que la plupart des décisions de cette nature émanent d'un seul magistrat. Une innovation sur ce point ne paraissant pas admissible, discutons en présence du système qui nous régit et qui nous régira, sans doute, longtemps encore.

33. Dans cet ordre d'idées, un tribunal, éclairé par le débat, pourra dire qu'il n'existe dans la cause aucun motif d'atténuation et se déclarer incompétent. Si la Cour impériale, appelée à réviser cette décision, trouve parfois des éléments suffisants pour la réformer, le plus souvent elle pensera que le tribunal correctionnel a sainement apprécié les faits de la cause, confirmera sa sentence, et une demande en règlement de juge deviendra nécessaire. Ce conflit entraînera une grande perte de temps et prolongera indéfiniment la détention préventive, dont on cherche aujourd'hui, par tous les moyens possibles, à diminuer la durée. Après règlement de la compétence, la Cour d'assises sera sans doute appelée à statuer sur le fond du litige. Qui peut assurer que le jury ne trouvera pas que la cause présente des circonstances atténuantes? Le jury, par sa nature, est porté à l'indulgence. Il n'apprécie pas les faits avec cette impartiale sévérité qui caractérise le juge; son attention sera même éveillée par le conflit survenu entre les magistrats. Il dira avec raison : « Le périlleux honneur de trancher un pareil débat ne peut m'être dévolu; « lorsque les magistrats sont en désaccord, je ne puis m'armer d'une sévérité qui contraste avec mes habitudes; je « dois, à cause même du doute, adopter l'opinion la plus favorable à l'accusé. » Si le jury se décide par cette règle de bon sens, qui osera l'en blâmer ? Un départiteur, en matière

criminelle, est naturellement acquis à la solution la plus indulgente; rarement on trouvera un esprit assez ferme pour
assumer sur sa tête toute la responsabilité d'une sévère condamnation. Ajoutez à cela que la détention préventive, prolongée au-delà de la durée ordinaire, par suite d'une circonstance indépendante de la volonté de l'accusé, fournira au jury
un motif de plus pour pencher du côté de l'indulgence.

Qu'aura gagné la justice à cette lutte? absolument rien;
fort heureuse encore si elle n'y laisse pas une partie du prestige dont elle est environnée. La justice doit, autant que possible, être garantie contre toute espèce d'entraînement. Une
exacte justice est très belle en théorie; mais, en pratique, elle
ressemble fort à ces rêves trompeurs que l'imagination poursuit, sans pouvoir jamais les atteindre.

34. Si ces complications se produisent lorsqu'il suffit, pour
déclasser le crime et le transformer en délit, d'abaisser la
peine d'un degré, à combien plus forte raison se produisent-
elles, lorsqu'il s'agira d'un crime qui nécessite, pour opérer
son déclassement, l'admission des circonstances atténuantes à
deux degrés! Il peut se faire que des considérations, de prime
abord mal appréciées, ou des impressions essentiellement fugitives, aient influé sur la première décision, que le débat oral
les remplace par d'autres moins favorables et ne permette
plus au tribunal d'abaisser la peine de deux degrés : nouvelle
difficulté, qui oblige de recourir aux juridictions supérieures,
pour rétablir le cours de la justice momentanément suspendu.
Rarement dans cette hypothèse la Cour impériale réformera
la décision des premiers juges. On reviendra donc forcément
à la juridiction qu'on voulait éviter, et ce, après une grande
perte de temps et une notable prolongation de la détention
préventive. Ce résultat est d'autant plus inévitable, que l'effet
naturel des circonstances atténuantes est d'abaisser la peine
d'un degré; si le magistrat a la faculté d'aller plus loin, sa
conscience seule reste juge de l'opportunité, et nul ne peut
substituer son appréciation à la sienne. Cette considération
est de nature à exercer une grande influence sur les magistrats chargés du règlement de la compétence : ils seront sans
doute peu portés à déférer aux tribunaux correctionnels les
infractions de cette nature.

Nonobstant cela, il ne sera pas impossible que le résultat,

obtenu après de longs débats, ne diffère en rien de celui qu'assurait la première décision. Sans rappeler les différentes considérations précédemment développées, nous ferons remarquer que souvent un crime emprunte aux circonstances dans lesquelles il s'est produit une gravité relative qui à la longue s'affaiblit et s'efface. L'opinion publique, profondément émue dès l'origine, réclame un châtiment exemplaire, toute atténuation lui paraît attentatoire aux droits de la société. Peu à peu l'irritation se calme, les esprits même les plus exaltés rentrent dans l'état normal et finissent par apprécier le crime, abstraction faite de tout préjugé; réduit à ses véritables proportions, il perd presque toute sa gravité, et nul ne songe plus à appeler sur la tête du coupable une peine sévère. Que la justice n'improuve pas toujours ce résultat, on le croira sans peine; mais elle ne peut pas ne pas déplacer les fâcheuses entraves qui énervent et paralysent son action.

35. Admettons, pour prévoir toutes les éventualités, que le crime atténué n'a qu'une mince importance et que le tribunal n'hésite pas à le retenir, quelle est, au point de vue de la peine, la limite de son droit? Peut-il encore accorder au prévenu le bénéfice des circonstances atténuantes et abaisser la peine au minimum de simple police; ou bien n'a-t-il d'autre faculté, son droit étant épuisé, que d'appliquer le minimum tel qu'il résulte de la combinaison des articles 401 et 463 du Code pénal? Le crime atténué conserve toujours quelque chose de sa tache originelle; bien que jugé correctionnellement, il reste au fond crime; et les circonstances atténuantes une fois accordées, le juge ne peut aller au-delà; il doit appliquer la loi, si rigoureuse qu'elle paraisse.

S'agit-il d'un crime directement puni des travaux forcés à temps, la position change : pour être compétent et juger l'affaire, le tribunal correctionnel doit admettre des circonstances atténuantes et abaisser la peine de deux degrés. Ainsi, à quelque point de vue qu'on se place, le juge peut avoir la main forcée; souvent il subira cette espèce de contrainte, pour ne pas recourir aux moyens extrêmes dont nous avons parlé. Une loi ainsi faite appellerait une prompte réforme. Espérons que le législateur verra le danger et saura l'éviter.

36. Un système qui appelle à son secours de pareils moyens et ne recule pas devant des résultats de cette nature, est

jugé (1) ; il n'en peut sortir rien de bon, et si un Code osait se
l'approprier, il ne serait plus qu'une misérable compilation,
sans règle ni principe. Notre droit criminel, malgré ses imperfections, est encore un beau monument législatif; il est
susceptible de grandes améliorations; mais le mutiler à ce
point! le bon sens et la raison s'y opposent également. Les
circonstances atténuantes ne peuvent servir de base à une
réforme ; on leur a déjà donné plus d'extension qu'elles n'en
comportent; aussi doit-on aujourd'hui s'efforcer de restreindre leur application dans de justes limites. On atteindra ce
but, ainsi que nous l'établirons plus tard, en laissant au magistrat une plus grande latitude entre le *minimum* et le *maximum*.

37. Tels sont les points les plus saillants des divers systèmes qui ont été produits. Ce dernier nous a paru un expédient, également indigne de la loi et du législateur. Les deux
autres vont plus directement au but, surtout celui qui étend
d'une manière notable la compétence des tribunaux correctionnels, en leur attribuant la connaissance de toutes les infractions punies de la réclusion ou de peines inférieures.

En donnant à cette réforme les développements qu'elle
comporte, on résout par voie de conséquence, mais d'une
manière sûre, la question délicate de la diminution du nombre des Cours d'assises. Ces deux réformes sont solidaires :
effectuer l'une sans avoir, au préalable, réalisé l'autre, c'est,
dans la plupart des cas, trop éloigner le lieu de la répression
de celui du délit, et augmenter d'une manière très notable
les frais de justice. D'un autre côté, diminuer le fardeau des
assises, en les respectant toutes, c'est réduire presque à rien
le rôle déjà trop restreint d'un grand nombre d'entre elles.
Notre loi criminelle réformée, on peut affirmer, sans trop de
témérité, qu'une Cour d'assises, par ressort, suffirait à tous
les besoins du service.

On atteindra plus sûrement ce but en combinant cette réforme avec une large révision du Code pénal et de celles de
ses dispositions dont l'excessive sévérité n'est douteuse pour

_____

(1) Un éminent magistrat de la Cour de cassation, M. Faustin Hélie, a
pleinement réfuté ce système, en appréciant les travaux de MM. Bonneville
et Rousset (*Revue critique de jurisprudence*, décembre 1855).

personne. Qu'on introduise en même temps dans son texte les nouvelles lois rendues pour combler ses lacunes, ou développer les principes qui n'y étaient qu'en germe, et on obtiendra un Code complet, capable de se passer du secours que le Bulletin des lois doit à chaque instant lui prêter.

Pour faire comprendre l'importance de cette révision, nous allons parcourir les principales dispositions du Code pénal, apprécier les pénalités et rechercher les modérations dont elles sont susceptibles. Dans ce travail, nous nous attacherons spécialement aux infractions du droit commun, laissant de côté tout ce qui, de près ou de loin, tient à la sûreté intérieure ou extérieure de l'État.

II. EXAMEN DES PRINCIPALES DISPOSITIONS DU CODE PÉNAL.

38. Il est de principe, en droit criminel, que tout ce qui n'est pas défendu est permis. Lorsque le législateur veut établir une prohibition quelconque, il doit s'en expliquer d'une manière claire et catégorique, et ajouter, pour la rendre efficace, une sanction pénale. La peine est donc le châtiment infligé par la loi à celui qui viole ses prescriptions. Le droit de punir vient de Dieu; c'est une émanation de cette souveraine justice, qui traite chacun suivant ses mérites. La société, dépositaire de ce pouvoir redoutable, en use pour se défendre et se garantir contre toutes les attaques de nature à mettre en danger son existence, ou à troubler l'ordre si nécessaire à sa conservation. Pâle reflet de la justice divine, la justice humaine ne peut qu'entrevoir sa perfection infinie, sans jamais espérer l'atteindre ; heureuse de s'éloigner le moins possible de ce type éternel qui lui sert de modèle.

Toute violation de la loi positive entraîne ou doit entraîner un châtiment. Établir une proportion équitable entre l'infraction et la répression, tel est le but constant des efforts du législateur; s'il ne l'atteint que rarement, c'est, avant tout, à l'imperfection de notre nature qu'il faut s'en prendre.

39. Au point de vue général, les peines sont criminelles, correctionnelles ou de simple police, suivant qu'elles sont du ressort des Cours d'assises, des tribunaux de police simple ou correctionnelle. Chacune de ces catégories comporte des subdivisions qu'il est nécessaire de rappeler sommairement.

L'amende, l'emprisonnement et la privation de certains droits, pour un temps déterminé, sont des peines correctionnelles; l'amende et l'emprisonnement sont également des peines de simple police. La ligne de démarcation se tire de leur importance respective. En simple police, l'emprisonnement ne dépasse pas 5 jours, et l'amende 15 fr. ; tandis qu'en police correctionnelle, l'emprisonnement s'élève jusqu'à 5 et même 10 ans, et l'amende à des sommes indéterminées, le législateur ne s'étant, à l'avance, imposé aucune limite (1). Les tribunaux de simple police ne peuvent prononcer l'interdiction ou la suppression d'aucun droit attaché à la qualité de Français, ni placer les condamnés sous la surveillance de la haute police. Ces peines accessoires ne sont infligées que par les tribunaux d'un ordre supérieur, à la différence de la confiscation spéciale, qui a lieu au grand comme au petit criminel (2).

Les peines criminelles, dont la gravité et l'intensité sont incontestables, sont au nombre de huit, divisées par le législateur lui-même en deux catégories : les unes, afflictives et infamantes, les autres infamantes seulement. Les peines afflictives et infamantes sont : 1° la mort; 2° les travaux forcés à perpétuité ; 3° la déportation ; 4° les travaux forcés à temps ; 5° la détention ; 6° la réclusion. — Les peines infamantes sont : le bannissement et la dégradation civique. Art. 7-8 Code pénal.

40. On a tout dit sur le danger qu'il y a pour le législateur de distribuer, à l'avance, la honte et l'infamie, avec la perspective d'être souvent contredit par l'opinion publique. On évitera en grande partie cet écueil, en modérant la sévérité de la loi et en faisant disparaître, ou tout au moins en rendant d'une rare application les peines infamantes. Qu'on maintienne le bannissement comme peine politique, on le comprend à la rigueur. Mais la dégradation civique! pourquoi ne pas la supprimer? Ces deux peines sont essentiellement inégales. Pour l'homme riche, le bannissement n'est

(1) V. les art. 1, 9, 40, 463, 464, 465 et 466 du Code pénal. Et aussi les art. 137 et 139 du C. d'instruction crim. Comparez avec les art. 599 à 604 du Code des délits et des peines.

(2) V. les art. 11, 42, 43, 50 et 464 du Code pénal; et *infra*, p. 345, note 3.

presque pas une privation ; et pour le paria, comme il y en a
malheureusement trop dans notre société corrompue, la dégradation civique est moins que rien. Si on la transformait,
comme la surveillance, en peine accessoire, en laissant au
juge la faculté d'étendre ou de restreindre, suivant les circonstances, les incapacités qu'elle renferme, on parviendrait,
sans doute, à la rendre égale et plus morale.

41. Ce principe une fois admis, on ne voit pas qu'il puisse
susciter quelque embarras dans l'application. Il suffira d'é-
dicter une nouvelle pénalité, et de modifier en conséquence
les nombreux articles qui infligent ce châtiment (1).

Cette peine, le législateur a pris soin de l'indiquer (2). Peu
confiant dans l'efficacité de la dégradation civique, il a autorisé le juge à compléter et à assurer la répression, en prononçant une peine corporelle, qui peut s'élever jusques à 5 ans.
Pour atteindre ce but, il suffit d'intervertir cet ordre, en plaçant en première ligne la peine corporelle, et en s'en référant
pour les peines accessoires à l'art. 401. — Si, dans quelques cas
exceptionnels, elle paraissait insuffisante, on pourrait la porter au maximum, avec faculté de l'élever jusqu'au double (3).

Cette peine n'a pas de base solide dans nos mœurs; introduite dans nos lois par le Code pénal de 1791, elle n'a jamais
inspiré une grande terreur, même alors qu'elle s'exécutait

(1) V. les articles suivants du Code pénal : 111, 114, 119, 121, 122,
126, 127, 130, 143, 167, 177, 183, 228, 263, 362, 365 et 366.

(2) L'art. 35 du Code pénal, introduit lors de la révision de 1832, est ainsi
conçu : « Toutes les fois que la dégradation civique sera prononcée comme
« peine principale, elle pourra être accompagnée d'un emprisonnement dont
« la durée, fixée par l'arrêt de condamnation, n'excédera pas cinq ans. — Si le
« coupable est un étranger, ou un Français ayant perdu la qualité de citoyen,
« la peine de l'emprisonnement devra toujours être prononcée. » On pourrait,
à la rigueur, supprimer cet article, et renvoyer pour la peine à l'art. 401 du
même Code.

(3) Les art. 228 et 263 du Code pénal peuvent susciter une difficulté de
cette nature. — Notre loi pénale use peu de ce système d'aggravation. Le
Code pénal de 1791 en avait tiré un meilleur parti : après avoir prononcé la
peine directement encourue à raison du crime, il l'augmentait, sous la réserve du maximum, d'une ou plusieurs années, à raison de chaque circonstance aggravante. Nous comptons plus tard mettre à profit ces différentes
combinaisons (V. part. 2, tit. 2, sect. 2).

avec des formes dramatiques, et qu'elle pouvait se rehausser par l'importance qu'on attachait à la qualité de citoyen (1).

Le législateur de 1832 ne conservait à cet égard aucune espèce d'illusion; convaincu, d'une part, de l'inefficacité de cette peine, et décidé, d'autre part, à supprimer le carcan, il se fût trouvé dans une grande perplexité, s'il avait dû simultanément remplacer les deux peines. Il sortit d'embarras, en faisant subir à la dégradation civique la transformation que nous connaissons et en la substituant, presque partout, au carcan qui disparaissait de nos lois.

En prodiguant cette peine dans des articles nombreux, et pour des faits essentiellement divers, le Code n'est pas parvenu à lui donner une plus grande importance dans la pratique judiciaire. En parcourant les statistiques criminelles on s'étonne, à juste titre, qu'une peine fréquemment édictée soit si rarement prononcée (2). C'est à peine si, dans le cours d'une année, elle s'applique une ou deux fois; sa suppression n'exciterait dès lors ni réclamation, ni regret.

42. Les peines afflictives et infamantes, si on se reporte à leur cause première, sont politiques ou de droit commun. Dans la première catégorie se placent la déportation et la détention, dont naguère l'exécution a été réglée par différentes dispositions législatives (3). Dans la deuxième se rangent la mort, les travaux forcés et la réclusion.

Au point de vue de l'exécution, les peines de droit commun

(1) L'art. 31 (partie 1, titre 1) de ce Code est ainsi conçu : « Le coupable « qui aura été condamné à la peine de la dégradation civique sera conduit au « milieu de la place publique, où siége le tribunal criminel qui l'aura jugé ; « le greffier du tribunal lui adressera ces mots à haute voix : « Votre pays « vous a trouvé convaincu d'une action infâme, la loi et le tribunal vous dégra- « dent de la qualité de citoyen français. » Le condamné était ensuite mis au carcan, où il restait exposé pendant deux heures ; un écriteau faisait connaître au public sa qualité, sa profession et la cause de sa condamnation.

(2) V. les comptes-rendus de justice criminelle, et surtout les rapports qui précèdent, où l'on indique sommairement les résultats obtenus chaque année. V. aussi Morin, Répert., v° Dégradation civique, n° 3. — Dans ce système, les art. 34 et 42 du C. p. seraient fondus en un seul. L'art. 28 subsisterait, et les tribunaux ne seraient autorisés à prononcer tout ou partie de ces déchéances qu'en vertu d'un texte formel.

(3) V. la loi du 8 juin 1850 et le décret du 23 juillet de la même année.

se subissent, les unes en France, les autres dans des colonies, où l'on transporte les condamnés. D'après un décret impérial et une loi récente (1), les condamnés aux travaux forcés sont transportés à Cayenne; on débarrasse, par ce moyen, la métropole et ses bagnes d'un personnel aussi inutile que dangereux et incommode. Sévèrement exécutée, cette mesure finira par résoudre dans quelques années la question si délicate des récidives (2).

Cette loi ouvre une autre perspective : dans un avenir que nous désirons être prochain, elle finira par établir la ligne de démarcation entre le grand et le petit criminel : les infractions punies de peines emportant la transportation resteraient seules dans les attributions des Cours d'assises; toutes les autres seraient jugées correctionnellement.

43. Un dernier mot sur la surveillance, et nous aurons épuisé la série de nos développements généraux. Cette peine, d'invention moderne (3), a été, dès son origine, l'objet d'attaques et de critiques incessantes; sa vicieuse organisation, l'inefficacité de ses prescriptions, contribuent également à la faire considérer comme mauvaise et incapable de produire de bons résultats (4); plus on l'applique, plus on reconnaît ses vices. D'une part, elle gêne les condamnés, les endurcit et les plonge définitivement dans la voie du crime : d'autre part, elle n'offre à la société aucune sérieuse garantie : — loin d'amender le condamné, elle le pousse à la désobéissance,

(1) V. la loi du 30 mai 1854, qui n'a fait que compléter et développer les principes posés par le décret du 27 mars 1852.

(2) Le discours prononcé par l'Empereur lors de l'ouverture du Corps législatif en 1857 fait craindre qu'on ne soit, dans un but *d'humanité*, obligé d'abandonner la colonie de Cayenne. Il serait fâcheux que des mécomptes, inévitables en pareille matière, fissent renoncer à une mesure si éminemment utile.

(3) Cette peine a été introduite dans nos lois par le séa.-cons. du 28 floréal an XII. Elle fut organisée par divers décrets impériaux. V. notamment ceux du 19 ventôse an XIII, du 18 juillet 1806, et le Code pénal de 1810, art. 44 et 45. Cette peine, ordinairement accessoire, est parfois prononcée comme peine principale. V. art. 131 du séa.-con. et Cod. pén., art. 100, 108, 138, 144, 271. — Comp. art 47, 48, 50.

(4) V. le Répert. de M. Morin, v° *Surveillance*, n° 5, qui indique la plupart des critiques dont la loi a été l'objet.

pour s'affranchir d'entraves et d'obstacles qui l'arrêtent au moindre de ses mouvements. Les tribunaux eux-mêmes ne l'appliquent qu'avec la plus grande répugnance; tout cela est incontestable et ne peut être révoqué en doute. Mais en conclure que la peine est injuste et doit être rejetée, c'est s'attacher aux effets, sans remonter aux causes, juger qu'une institution est mauvaise parce qu'elle ne produit pas toujours de bons résultats; c'est enfin enlever au législateur une de ses plus belles prérogatives, celle de compléter et réformer son œuvre, quand elle est reconnue défectueuse ou insuffisante.

Lorsqu'on se trouve en présence d'une institution, il faut tout d'abord se demander si elle est utile, et si elle peut, en la supposant bien organisée, produire des résultats avantageux. La question ainsi posée, on reconnaîtra sans peine que la solution ne saurait être douteuse. Il existe un grand nombre d'individus dangereux pour la société, dangereux pour l'ordre public, qui appellent sur leurs actes et leur conduite une surveillance incessante; l'Etat ne peut, sans faillir à sa mission, renoncer à ce droit, qui est aussi un de ses devoirs les plus impérieux. Cette peine est donc juste et raisonnable; les moyens d'exécution seuls peuvent susciter des embarras et des difficultés. Pour les surmonter, le législateur mettra à contribution les lumières que lui offrent la théorie et la pratique; les fautes passées éclaireront l'avenir, guideront ses pas dans la tâche difficile qu'il a à remplir, et lui permettront d'éviter les écueils, contre lesquels ses devanciers ont échoué.

44. Nous pensons, quant à nous, que, pour donner à cette peine une efficacité réelle, il est indispensable que les désobéissances réitérées soient suivies d'une sanction pénale capable d'en empêcher le retour. Le décret du 8 décembre 1851 avait entrevu la difficulté et cherché à la résoudre, en autorisant la transportation à Cayenne des condamnés à la surveillance. Il est fâcheux qu'il soit tombé dans l'oubli; il est plus fâcheux encore qu'on en ait fait une mesure exceptionnelle, rentrant dans les attributions de l'administration. En pareille matière, la justice seule doit intervenir: l'autorité publique s'exonère ainsi d'une responsabilité qui n'est pas la sienne, et la loi est plus équitablement et plus uniformément exécutée.

Une première désobéissance se comprend ; elle peut procéder de l'ignorance ou de l'erreur ; une large part d'indulgence lui est acquise ; mais à la deuxième et à la troisième faute, une semblable justification est dérisoire ; les tribunaux pourront ordonner la transportation, qui deviendra obligatoire pour les condamnations subséquentes. On opposerait ainsi une barrière sérieuse à ces délits de *rupture de ban*, de jour en jour plus nombreux, et contre lesquels la loi est impuissante. La justice cesserait d'être affligée par la vue de ces coupables endurcis, qui parcourent la France dans tous les sens, et ne sortent d'une prison que pour rentrer immédiatement dans une autre : on atteindrait sûrement ce but, en élargissant le principe posé par le décret de 1851, et en le rendant d'une application facile, alors qu'aujourd'hui on le considère comme une lettre morte, dont l'existence même est mise en question.

45. Arrivons aux textes du Code pénal, et parcourons-les, non pas article par article, nous sortirions du cadre restreint dans lequel nous désirons renfermer cette étude, mais en nous attachant aux points saillants, qui méritent plus particulièrement d'arrêter notre attention. Commençons par ce qui est relatif à la fausse monnaie (1).

Ce crime peut être envisagé au double point de vue du préjudice causé à sa victime, et de l'atteinte portée à l'autorité publique. Celui qui accepte comme bonne une monnaie fausse ou altérée, est au fond victime d'une escroquerie ; le préjudice qu'il éprouve se détermine avec une grande facilité ; il n'est jamais considérable. Un filou ou un escroc, quelle que soit leur habileté, ne peuvent être condamnés qu'à un emprisonnement plus ou moins long. Celui, au contraire, qui fabrique quelques menues pièces de monnaie, dont l'existence est essentiellement transitoire et éphémère, celui-là se trouve menacé d'une condamnation perpétuelle. La différence est trop profonde pour être tout à fait juste.

Il est vrai que l'intérêt social doit ici entrer en ligne de compte, que la méconnaissance de l'autorité publique et l'usurpation de ses droits sont de nature à peser pour beaucoup dans la balance ; mais il faut reconnaître aussi que ce

(1) V. les art. 132 et suivants du Code pénal.

poids est essentiellement lourd, puisqu'il transforme une peine correctionnelle en une peine afflictive perpétuelle. L'État s'est donc fait une part trop large dans cette affaire, surtout si l'on considère froidement le peu de danger qu'il court.

Une contrefaçon, quelque habile qu'elle soit, est impuissante à imiter exactement une monnaie, à la reproduire avec cette perfection et ce fini qui caractérisent la fabrication officielle; un peu d'attention suffirait pour démasquer la monnaie de contrebande. Il faut toute l'insouciance et toute l'indifférence que les Français en général, et certains commerçants en particulier, apportent dans la vérification des espèces qui leur sont remises, pour que les ébauches incomplètes, qu'on défère journellement aux Cours d'assises, trompent une personne quelconque. *Jura vigilantibus subveniunt*, dit un vieil axiome de droit; si vous vous endormez, pourquoi exiger que la loi punisse très sévèrement celui qui profite de votre somnolence! Tenons-nous sur nos gardes, et les faussaires auront perdu la plus grande partie de leurs chances de succès.

46. La même observation s'applique aux billets de banque, bien que, parfois, la contrefaçon soit si exacte que le plus habile s'y trompe (1). Mais comme les billets n'ont pas cours forcé, qu'ils sont généralement repoussés par les gens de la campagne, et que leur circulation se concentre dans les villes pour les besoins et les facilités du commerce, le danger est moins grand encore; et lorsque des billets faux sont mis en circulation, on s'en aperçoit bien vite; on les signale à l'autorité publique, qui remonte immédiatement à leur source, et arrête la coupable industrie avant qu'elle ait pris une sérieuse extension.

(1) La Cour d'assises de Vaucluse a eu récemment (1856) à s'occuper d'un crime de cette nature. L'imitation paraissait si parfaite, que des hommes expérimentés et habitués au maniement des billets de banque s'y trompèrent de prime abord (l'un des accusés était imprimeur lithographe). Il fallait un examen attentif, portant principalement sur les détails typographiques, sur l'état et la forme du papier, pour reconnaître la contrefaçon. Malgré cela, et quoique les accusés fussent placés dans des conditions avantageuses, et agissent dans des centres commerciaux assez importants, ils ont été arrêtés après avoir, à grand'peine, mis en circulation pour 2,000 et quelques 100 fr. de billets.

Les faibles chances de succès ne retiennent pas plus les malfaiteurs que la gravité de la peine ; l'intimidation et l'excessive sévérité ont le plus souvent contribué à assurer l'impunité du coupable. Les travaux forcés à temps (art. 132) et la réclusion (art. 133), appliqués à des infractions de cette nature, constituaient une peine suffisante ; et il est peu probable que les faussaires spéculent sur l'indulgence du législateur.

47. Les observations qui précèdent ne s'appliquent, dans notre esprit, qu'au cas où il y a eu *fabrication* ou *altération* matérielle, mais non au simple fait de *blanchir* une pièce de *monnaie de billon* pour lui donner les apparences d'une pièce d'argent. C'est bien mal à propos que les infractions de cette nature ont été placées dans un rang si élevé de l'échelle des peines. Legraverend (1) avait protesté, au nom du bon sens et de la raison, contre une aussi rigoureuse interprétation ; à ses yeux cet acte ne constituait qu'une escroquerie suffisamment réprimée par l'art. 405 du Code pénal : sa voix, malheureusement, est restée sans écho, et, aujourd'hui encore, une pareille infraction peut être punie des travaux forcés à perpétuité.

Qu'à l'aide des manœuvres les plus odieuses on ait escroqué des sommes très considérables, on est au plus condamné à cinq ans de prison ; si, au contraire, on a blanchi une pièce de quelques centimes, en vue d'un bénéfice qui ne peut dépasser 2 fr., on s'expose à une peine perpétuelle, que l'indulgence la plus excessive ne peut abaisser au-dessous de la réclusion. Si cette rigueur était nécessaire pour conjurer quelque grand danger social, passe encore ! Mais il n'en est rien ; et tout le monde sait que de pareilles infractions n'exposent la société à aucune perturbation, si petite qu'elle soit. Sous ce rapport, nul ne se fait illusion, et rarement le jury prend au sérieux les affaires de cette nature ; la rigueur de la peine le pousse à l'impunité, à moins que quelque président

(1) *Traité de la législation crim.*, tom. 2, ch. VII, p. 257 (note 6). Il critique un arrêt de la Cour suprême du 4 juillet 1811 [*Bull.*, p. 201), qui sert de base à la jurisprudence actuelle. Si l'on remarque qu'à cette époque l'art. 132 C. p. prononçait la peine capitale, sans circonstances atténuantes possibles, on comprendra de plus en plus la justesse de ses observations.

habile ne lui tende une main secourable et ne pose, comme
résultant des débats, une question d'escroquerie ou de filouterie (1) : une communication de cette nature est toujours
reçue avec empressement par le jury. On pourrait voir, à ce
moment, toutes les figures s'épanouir, comme si la conscience
de chacun se trouvait débarrassée d'un lourd fardeau. L'impunité et l'excessive sévérité déplaisent également au jury :
l'indulgence lui sied mieux.

Au reste, ce n'est pas à ce sentiment que nous faisons appel
dans cette circonstance, mais à une justice plus exacte et plus
équitable. Blanchir un sou pour lui donner une valeur qu'il
n'a pas, c'est commettre une tentative d'escroquerie; le mettre en circulation, c'est consommer le délit. Légraverend remarque avec raison que le fait dont il s'agit ne peut se classer,
si on le considère comme un crime de fausse monnaie. Aucune monnaie n'a été contrefaite; on opère sur une monnaie
ayant une existence légale. Dira-t-on qu'il y a altération ? pas
davantage. La pièce blanchie n'est point altérée; le changement de couleur ne lui a rien fait perdre de sa valeur intrinsèque, qui reste gravée sur la monnaie elle-même : un peu
d'attention suffirait pour démasquer la manœuvre. Il n'y a
dès lors dans cet acte qu'une fraude qui rentre dans la classe
des escroqueries. Vouloir, nonobstant cela, ériger ce fait en
crime capital ou quasi-capital, c'est dépasser toutes les limites
de l'exagération.

« Certes, dit notre auteur en terminant, on ne peut pas
« prétendre qu'il y a, dans l'espèce, contrefaçon d'une mon-
« naie quelconque; et l'on voit ainsi que la classification du
« fait parmi les diverses modifications du crime de fausse
« monnaie ne peut pas se faire d'une manière satisfaisante,
« et qu'il est douteux que cette opération, criminelle il est

(1) J'ai vu, en 1853, dans une affaire de cette nature, une question subsidiaire de filouterie, posée au jury de Vaucluse par un magistrat qui jouit d'une
autorité et d'une considération qui ne s'attachent qu'à une capacité et à un
talent supérieur. Qu'on applique l'art. 401 ou l'art. 405, le résultat est le
même. Mais si l'on veut aller au fond des choses, on verra que la filouterie
suppose une soustraction frauduleuse, tandis que l'escroquerie réveille l'idée
d'une remise volontaire, déterminée par des manœuvres frauduleuses, ce qui
avait précisément lieu dans l'espèce.

« vrai, mais qui offre peu de danger, et qui n'est point de
« nature à troubler la société, comme une contrefaçon, ou
« altération proprement dite de monnaie, doive être pour-
« suivie et punie de la même manière, et que telle ait été
« l'intention du législateur. »

48. Les faux en écriture, auxquels nous passons immédiatement, s'attaquent à la fortune ou à l'honneur. Au premier
cas, ils ont encore un point de contact avec les vols; au
deuxième cas, ils constituent une calomnie ou diffamation, à
laquelle on espère donner plus de consistance en l'abritant
sous un nom honorable. Que cette circonstance soit prise en
considération dans l'application de la peine, rien de mieux;
mais est-elle de nature à transformer un simple délit en
crime? C'est ce qui est plus difficile à admettre. Il semble
qu'une peine correctionnelle soit suffisante, et que l'art. 401
puisse, sans difficulté, être appliqué à toutes les infractions
de cet ordre.

Les faux qui s'attaquent à la fortune se divisent en trois
catégories : faux en écriture publique, de commerce et privée.
La peine prononcée par la loi est, dans les deux premiers cas,
les travaux forcés à temps, et, dans le troisième, la réclusion.
L'assimilation établie entre le faux en écriture publique et le
faux en écriture de commerce n'est pas très exacte. Le faux
en écriture publique exige plus d'audace et de perversité,
parce qu'il suppose une usurpation d'autorité, ou nécessite
l'intervention d'un fonctionnaire dont on surprend la religion.
Le faux en écriture de commerce fuit le grand jour; il s'o-
père dans la retraite et l'isolement. D'un autre côté, la protection due au commerce et aux transactions qui lui servent
de base ne nécessite pas entre les deux faits une assimilation
complète au point de vue de la peine.

Si ces observations sont exactes, elles conduisent aux résultats suivants : Le faux en écriture publique continuerait à
être puni des travaux forcés à temps ; le faux en écriture de
commerce descendrait d'un degré dans l'échelle des peines ;
quant au faux en écriture privée, il rentrerait dans la classe
des délits correctionnels, avec renvoi pour la pénalité à l'article 401.

Les crimes de cette nature présentent des complications et
des difficultés si nombreuses, que rarement le jury est en état

de les apprécier avec intelligence et maturité. Un législateur,
ami de la justice, s'efforcéra d'accorder à tous les droits une
égale protection ; et si dans quelques cas le jury ne présente
pas de suffisantes garanties, il n'hésitera pas à restreindre ses
attributions. Sous ce rapport, comme sous beaucoup d'autres,
l'application de nos idées assure et raffermit l'action de la
justice ; le jury ne connaîtrait plus que des faux en écriture
authentique et de quelques faux plus graves, punis par les
art. 145 et 146 du Code pénal. Le fonctionnaire chargé de
faire exécuter la loi doit en être un religieux observateur ; s'il
méconnaît son devoir et abuse de son autorité pour commettre un faux, il mérite toute la sévérité de la loi. Il faut que
l'autorité se respecte, si elle veut jouir de cette considération
qui lui est si nécessaire dans l'accomplissement de sa délicate
mission.

49. Le Code pénal place dans une catégorie à part, et punit
de peines moins sévères les faux commis dans les feuilles de
route, certificats et passeports. Le permis de port d'armes
ou de chasse réclamait une semblable faveur. Il est fâcheux
que, volontairement ou involontairement, le législateur ait
laissé dans la classe générale des faux en écriture publique
les falsifications opérées sur les permis de chasse. Une ligne
de démarcation ainsi tranchée, établie entre des faits sembla-
bles en apparence, demande à être basée sur des motifs plausibles ; une légère différence dans le prix ou la destination ne
saurait suffire. Dans l'espèce même, l'État ne perd rien ; on se
contente de le frauder de certains droits. Or, l'art. 156 du
Code pénal n'aggrave la peine que lorsque le Trésor public
a avancé des sommes plus ou moins importantes.

Au reste, si on s'attache au but poursuivi dans ces différentes falsifications, on restera convaincu que les infractions
de cette nature offrent plus de danger quand elles sont effectuées sur des passeports. On falsifie un passeport pour déna-
turer son nom, ou usurper celui d'autrui, se soustraire à la
surveillance de l'autorité et à l'action de la justice. Celui, au
contraire, qui falsifie un permis de chasse, ne songe qu'à
s'exonérer d'un impôt, au fond, assez léger. Si le bras de la
justice devait s'appesantir sur l'un d'eux, ne serait-ce pas, de
préférence, sur celui qui a pris un faux nom, pour tromper
la police et se soustraire à son action ? C'est cependant l'effet

inverse qui se produit en l'état de notre législation. La sévérité, déployée dans un cas, pousse habituellement à l'impunité ; il y a donc justice et convenance à mettre sur la même
ligne des infractions qui se ressemblent autant que celles dont
nous parlons.

50. Avant de passer outre, signalons quelques dispositions
qui se font remarquer par des transitions brusques ou des
aggravations peu justifiées. Ainsi, d'abord, aux termes de l'article 155, l'officier public qui délivre un passeport, sans se faire
attester l'identité du réclamant, encourt un emprisonnement
de un à six mois. Si le passeport est délivré sous un nom sup-
posé, et qu'il y ait connivence de la part du fonctionnaire, la
loi prononce contre lui le bannissement. — N'y a-t-il pas quelque exagération à passer brusquement d'une peine correctionnelle assez légère à une peine infamante ? Qu'il y ait lieu,
dans l'espèce, à une aggravation, cela n'est pas douteux, mais
il semble que les peines de l'art. 401 seraient suffisantes.

L'art. 156, relatif aux feuilles de route, prévoit trois cas :
si la falsification n'a d'autre but que de tromper la surveillance de l'autorité, la loi prononce un emprisonnement de un
à cinq ans. Si le trésor public a été mis à contribution en
vertu de ce titre vicieux, le faux se complique d'une escroquerie, et une aggravation devient nécessaire ; la loi la mesure à l'importance de la somme payée. Suivant que le trésor
public a déboursé une somme inférieure ou supérieure à
100 fr., on applique le bannissement ou la réclusion. Le bannissement vient encore se placer mal à propos sous la plume
du législateur : qu'on le maintienne comme peine politique,
passe ; mais, dans l'espèce, il s'agit d'un crime de droit commun, auquel il convient d'appliquer un châtiment de même
nature. Cette peine doit donc disparaître, tout comme la distinction à laquelle elle se rattache. Infliger la réclusion à un
faux compliqué d'escroquerie, c'est rester dans les limites de
la modération. La minimité du préjudice causé pourra toujours être prise en considération dans l'application de la
peine.

Si l'officier public méconnaît son devoir au point de favoriser la fraude, sa connivence coupable mérite un châtiment
sévère. Il semble cependant que, en élevant dans tous les cas
la peine d'un degré, l'art. 158 ait dépassé le but. Bien que le

coupable n'inspire aucune sympathie, on ne peut pas nier qu'il ne soit doublement frappé, et par la perte de son emploi et par la condamnation suspendue sur sa tête. En le soumettant, dans tous les cas, au maximum de la peine encourue par l'auteur principal de l'infraction, on sauvegarde tous les intérêts.

L'art. 160 suggère une double observation : l'une a trait au bannissement, qui remplace mal à propos une peine du droit commun ; l'autre est relative à la distinction qui sert de base à l'article. Si le médecin, qui délivre un faux certificat, n'est mu par aucun sentiment cupide, on doit lui appliquer les peines de l'art. 401 ; — s'il s'est laissé séduire par des dons ou des promesses, cette circonstance aggravante lui fait encourir le maximum de la peine.

Dans tous les cas où le maximum est prononcé comme peine principale, rien ne s'opposerait à ce qu'on laissât aux magistrats, comme en matière de récidive, la faculté d'élever la peine jusqu'au double. Le juge use de cette faculté avec assez de modération, pour qu'on soit convaincu qu'il ne le fait que lorsque les circonstances l'exigent impérieusement.

51. Nous passons aux crimes commis par les fonctionnaires publics. Ici, nous l'avons déjà dit, nous comprenons la sévérité, alors surtout que la loi s'adresse à des fonctionnaires d'un ordre un peu élevé. Mais lorsqu'il s'agit de fonctionnaires qui n'en ont guère que le nom, il convient de se montrer plus indulgent, et cette indulgence, disons-le, sera de la bonne justice. Ainsi, ces nombreux et infimes préposés de la plupart des administrations, les gardes forestiers, les gardes champêtres, et généralement tous les agents de la force publique, doivent, en cas de corruption ou concussion, être, *au maximum*, punis des peines de l'art. 401. Les faits de cette nature, malheureusement trop fréquents, sont souvent, à cause de la sévérité de la loi, amnistiés par le jury ; une peine, même modique, prononcée par les tribunaux correctionnels, sera plus exemplaire par cela seul qu'elle atteindra tous les coupables. L'indulgence ne laisse jamais de regrets, tandis qu'une excessive rigueur entraîne souvent des conséquences fâcheuses.

Les différentes dispositions dont nous nous occupons contiennent sans doute quelques pénalités rigoureuses, surtout quand les aggravations n'ont d'autre base que quelques francs en plus ou en moins ; mais comme nous touchons ici aux finances de l'État, qui a besoin d'être garanti contre toutes les infidélités de ses comptables, nous insisterons d'autant moins, que nul n'est forcé de remplir ces fonctions, et que, du moment où l'on recherche de pareilles positions, il faut être bien convaincu qu'en cas de malversation, on s'expose à des peines très sévères (1).

52. La même observation s'applique aux abus de pouvoir commis par les fonctionnaires dans l'exercice de leurs fonctions. Celui à qui une partie de l'autorité publique est déléguée, doit strictement se renfermer dans les limites du devoir et s'abstenir de tout acte arbitraire. L'État et les particuliers sont également intéressés à ce que cette limite ne soit pas franchie, et la loi a dû réprimer sévèrement les écarts de cette nature. Celui qui erre involontairement a droit à une grande dose d'indulgence ; quant à celui qui, méchamment et de propos délibéré, se livre à un acte arbitraire, il ne mérite ni pitié ni commisération ; on doit, sans hésiter, lui appliquer la loi dans toute sa rigueur.

53. Le législateur eût laissé son œuvre incomplète, s'il n'avait protégé les fonctionnaires contre les attaques dont ils peuvent être l'objet, et brisé les résistances de nature à entraver leur action. Tel est le but des nombreuses dispositions consacrées aux rébellions, outrages et violences. Une fois sur ce terrain, le législateur s'est presque adouci ; il a oublié sa sévérité ordinaire, et prononcé des châtiments qui n'ont en général rien de bien excessif. Dans quelques articles, cependant, il semble s'être écarté de cette sage réserve, pour édicter des peines relativement trop rigoureuses (2). Les arti-

(1) Le Code pénal de 1791 (part. 2, tit. 1, sect. 5) déployait une plus grande sévérité contre la plupart des méfaits dont nous parlons. Les détournements et concussions commis par les fonctionnaires publics étaient punis de la peine des fers. V. art. 11 et 14. Comparez art. 174 du C. pénal. — Le trafic des opinions et votes n'était pas puni avec une moindre sévérité. Le châtiment s'élevait jusqu'à la peine capitale, quand il s'agissait d'un membre de la législature. V. art. 7, 8, 9. Comp. art. 181 et 183 du C. p.

(2) En temps de révolution, les infractions de cette nature sont plus sévèrement punies ; la preuve en est dans le Code pénal de 1791, plus rigoureux que notre loi actuelle. V. part. 2, tit. 1, sect. vi, art. 1 à 6.

4

cles 210, 211, 243, 251, peuvent être cités comme exemple : en combinant les deux premiers, on voit que, pour un des cas de rébellion indiqués dans l'art. 211, on substituerait sans inconvénient à la réclusion la peine édictée par l'article 401 (1), toutes les fois que la rébellion est commise par 20 personnes au plus, armées ou non armées ; le danger est trop mince pour qu'une peine correctionnelle, proportionnée à l'importance du délit, ne soit pas dans tous les cas suffisamment répressive.

Si la rébellion prend le caractère de sédition, soit parce qu'un grand nombre de personnes y sont mêlées, soit parce qu'un bon nombre de rebelles sont munis d'armes, ce crime plus grave est réprimé par l'article 210, dont la peine un peu sévère peut, à la rigueur, être maintenue. Il ne faut, sous aucun prétexte, désarmer l'autorité ; pour lui conserver son prestige, il est nécessaire qu'un châtiment exemplaire atteigne quiconque serait tenté de la méconnaître ou de la braver.

Dans les cas les plus favorables, les circonstances atténuantes permettraient toujours de diminuer la peine et de la circonscrire dans de justes limites. C'est un motif de plus à invoquer en faveur du *statu quo*.

54. Par contre, si nous voulions citer des pénalités insuffisantes, les articles 223, 224, 225 et 228 se présenteraient immédiatement à l'esprit. Les trois premiers, malgré l'extension qu'ils ont reçue de la loi du 25 mars 1822, restent incomplets : il conviendrait de fondre, dans une seule et même disposition, l'art. 223 et l'art. 6 de la loi de 1822, en conservant la peine de ce dernier, dont le minimum plus faible et le maximum plus élevé laisseraient au magistrat plus de liberté et de latitude dans ses appréciations. Quant à la publicité, transformée en circonstance aggravante, elle continuerait à être prise en considération dans la fixation de la peine.

---

(1) Si la rébellion est commise par vingt personnes, sans armes, elle est punie de 6 mois à 2 ans de prison ; la présence des armes porte la peine à la réclusion. Il semble que, dans cette dernière hypothèse, il resterait entre 2 et 5 ans une latitude suffisante pour aggraver la peine, sans qu'il soit nécessaire de l'élever d'un degré. La logique voudrait que l'art. 210 subît une modification analogue : sans armes, la rébellion serait passible de la peine portée en l'art. 410 ; avec armes, de la réclusion.

L'art. 224 réclame, à tout événement, une pénalité plus sévère. L'amende qu'il prononce, inefficace ou illusoire, ne garantit que faiblement les intérêts qu'elle protège. On l'a si bien compris qu'en doctrine comme en jurisprudence, on s'est à l'envi efforcé de donner à la loi de 1822 la plus grande extension possible, en faisant rentrer dans ses prévisions la plupart des agents compris dans l'art. 224. Transformés en fonctionnaires publics (1), ils jouissent de la protection de l'art. 6, du moment où les outrages dont ils sont victimes se produisent publiquement. Les controverses et difficultés que ces interprétations font habituellement surgir n'auraient plus de cause, si le législateur ajoutait à la peine pécuniaire de l'art. 224 un emprisonnement facultatif de 6 jours à 2 mois. Cette addition rendrait la loi plus égale, plus répressive, sans enchaîner, le moins du monde, la libre appréciation des magistrats.

Un délinquant en contact avec un agent inférieur, bien convaincu qu'il n'encourt qu'une condamnation pécuniaire, ne se gêne pas, rien ne l'arrête dans ses propos ou dans ses actes. S'il savait que la prison peut être au bout de son délit, il deviendrait plus circonspect, et l'autorité serait plus respectée dans la personne de ses agents.

La peine corporelle édictée par l'art. 225, suffisante lorsqu'il s'agit de faits peu graves, ou de militaires d'un ordre inférieur, perd cette qualité précieuse, si on se trouve en présence d'outrages d'une intensité peu commune, ou d'officiers haut placés dans la hiérarchie militaire. On sent alors le besoin d'un maximum plus élevé : c'est dans ce but que nous proposons de le porter de un mois à six mois.

L'art. 228 est également susceptible de critique, en raison de la peine qu'il inflige à titre d'aggravation, lorsqu'un magistrat a été frappé à l'audience. La dégradation civique, nous l'avons déjà dit (n° 40), n'est ni répressive, ni exemplaire; elle

---

(1) V. en ce sens un arrêt de la Cour de Douai, du 9 décembre 1836 (Morin, *Journal du droit crim.*, n° 1971). Dans la pratique, il est bon de le remarquer, les tribunaux n'acceptent pas avec beaucoup de facilité ces interprétations, toujours raisonnables, mais parfois excessives, de la loi de 1822. On ne s'y résout que dans des cas exceptionnels, alors que l'art. 224 est tout à fait insuffisant.

a dans l'espèce le grave inconvénient d'empêcher le jugement immédiat de l'affaire. Si le législateur veut déployer une sévérité que tout justifie, il n'hésitera pas à édicter la réclusion; s'il se laisse toucher par cette idée, qu'une peine immédiatement appliquée est plus exemplaire et maintient d'une manière plus efficace le respect dû aux autorités constituées, il prononcera le maximum de la peine, avec faculté de l'élever jusqu'au double, et de la compléter, au besoin, par les peines accessoires de l'art. 401. Cette manière de procéder semble plus conforme au bon sens et à la raison; elle assure une prompte répression, et l'inflige par l'intermédiaire de ceux qui sont, plus que tout autre, en état d'apprécier la gravité et l'intensité de l'infraction.

55. Nous touchons à des matières qui ont au point de vue social une haute importance. Le vagabondage et la mendicité sont des plaies de notre époque. Tant que la loi ne trouvera pas le moyen de les cicatriser en coupant le mal dans la racine, il y aura danger imminent pour la société. Ce sont les mendiants et les vagabonds qui forment la base de ces associations de malfaiteurs qui mettent en péril la vie et la fortune des citoyens. Il faut, contre les délinquants de cette nature, non-seulement des peines sévères, mais, avant tout, un moyen légal de les éloigner du sol français, qu'ils souillent par leur présence. Autant la misère honnête est respectable, autant la misère volontairement mendiante et vagabonde est hideuse et repoussante. L'une appelle toute la sévérité de la loi. L'autre mérite respect, compassion et protection efficace : il faut, par tous les moyens possibles, l'aider à améliorer son état et à sortir d'une aussi fâcheuse position.

Le législateur atteindra sûrement son but, en éloignant du sol français tous ces êtres dangereux et inutiles, constamment à charge à la société. En parlant de la surveillance et de la transformation qu'elle est appelée à subir, nous avons fait pressentir sur quelle base cette nouvelle institution devait être établie. Ces différentes parties du même tout étant appelées à se prêter un mutuel secours, il n'est pas inutile de les rapprocher, lorsqu'il s'agit d'aviser aux moyens d'exécution.

Tout le monde reconnaît qu'il ne suffit pas de punir les délinquants, mais qu'il faut, avant tout, les moraliser : expiation d'une part, et amendement de l'autre, tel est le but de la justice criminelle. Ce but, il faut le dire, est rarement atteint, surtout dans les matières qui nous occupent. Une condamnation pour vagabondage ou mendicité n'est que le prélude d'autres condamnations : une fois lancé dans cette voie, on ne s'arrête plus ; la loi est impuissante, parce qu'elle a manqué de prévoyance. Il faut, avant tout, garantir le condamné contre ses mauvais penchants, empêcher ses rechutes, en l'assujettissant à la loi salutaire du travail, qu'il a voulu méconnaître.

56. On arrivera à ce but, en établissant en Algérie, ou dans une autre de nos possessions, une colonie agricole pénitentiaire, destinée à recevoir tous les individus condamnés pour vagabondage, mendicité, ou rupture de ban. Les établissements de cette nature, soumis à un régime sévère, seraient régis par la loi impérieuse du travail : on déterminerait pour tout le monde les heures de travail et de repos ; pour s'y soustraire, même momentanément, il faudrait invoquer un motif sérieux. Une discipline très sévère, un travail sain et moralisateur, une vie occupée et à l'abri des étreintes de la faim, l'espoir de devenir un jour propriétaire, quelques légères concessions faites à propos, tout cela finirait par ramener les détenus dans la voie du bien, et par rendre à la société des hommes utiles.

Quant aux incorrigibles, outre qu'il sera plus facile de les maîtriser dans une colonie, ils cesseront d'être une cause permanente de désordre pour la mère patrie.

Il existe en Algérie, et ailleurs, assez de terres incultes, pour que l'élément essentiel de l'opération ne fasse pas défaut. Objectera-t-on, comme fin de non-recevoir, la dépense qu'entraînerait une pareille entreprise ? Fût-elle considérable, l'État aurait encore à y gagner ; avec le temps, la métropole se trouverait débarrassée de ses mendiants et vagabonds ; le nombre des crimes diminuerait, et aussi les frais de justice ; la tranquillité publique serait plus profonde, et nul ne refuserait un léger impôt pour étouffer cette lèpre sociale. Remarquons toutefois qu'à la différence du travail industriel, le travail agricole, convenablement organisé et dirigé, se suffit à la longue et donne même des bénéfices (1). Si cette éven-

(1) Les bénéfices ne profiteraient pas à l'État ; on les répartirait entre les

tualité se produisait, les résultats dépasseraient toutes les espérances ; on serait parvenu à transformer en élément de production des éléments de désordre.

57. Une dernière observation, tirée du régime intérieur des prisons, mérite de trouver place ici. Une philanthropie mal entendue, qui depuis longtemps a pénétré partout, veut que les prisonniers aient un régime alimentaire très convenable, régime que beaucoup d'honnêtes pères de famille ambitionnent vainement pour eux et les leurs. Cette vicieuse organisation produit les résultats les plus fâcheux. Les fainéants et les gens sans aveu, certains d'avoir en prison une existence relativement douce, s'en font un jeu : ils y sont constamment, aujourd'hui pour mendicité, demain pour vagabondage, un autre jour pour rupture de ban. Ils vont, comme ils le disent, passer en prison la mauvaise saison : l'hiver en prison, l'été dans les champs ; ils vivent toujours aux dépens du public, souvent ils parcourent des distances considérables, pour se rendre dans une ville dont la prison a la réputation d'être des mieux *alimentées* (1). Si la police est assez courtoise pour fermer les yeux sur leurs premiers écarts et ne pas les arrêter assez vite, ils vont s'établir à la porte de la gendarmerie ou d'un agent de police, pour hâter l'heureux moment de leur

---

membres de l'association, en organisant un système de prime ou un mode de partage de nature à stimuler et entretenir l'émulation, si nécessaire au milieu d'une pareille population. Dans le même but, et en vue de diminuer les dépenses, on pourrait faire exercer par les colons eux-mêmes une grande surveillance.

(1) Avant que l'État ne se fût chargé de pourvoir à l'alimentation des prisons, il existait sous ce rapport de nombreux abus. Dans quelques localités, des associations particulières, établies dans le but, aussi louable que difficile à atteindre, de moraliser les détenus, voulaient arriver à leur cœur en passant par l'estomac. A des époques périodiques assez rapprochées, elles donnaient en pain, vin et viande, un supplément fort important, qui alléchait les détenus et attirait sur ces points ces délinquants émérites qui, après avoir fait connaissance avec la plupart des gîtes, donnent la préférence à ceux qui leur offrent le plus de ressources. On a vu à l'audience du tribunal correctionnel de Carpentras plus d'un vagabond obligé de reconnaître qu'il avait fait plus de 200 lieues pour venir goûter l'ordinaire de la prison de cette ville. Depuis que l'État s'est chargé de ce service, on a introduit quelques réformes, supprimé certains abus ; mais l'objection n'en subsiste pas moins.

incarcération. Que dire d'une loi qui amène de pareils résultats? Que dire de ce mode d'alimentation qui s'évertue à rendre douce la vie du prisonnier, et qui lui fait presque oublier sa faute, au lieu de la lui rappeler à chaque instant? Les prisons sont des lieux d'expiation; la société doit au condamné ce qui est nécessaire pour le soutien de son existence, elle ne lui doit rien de plus. Lui assurer plus d'aisance que n'en possèdent la plupart des cultivateurs (1), qui fécondent la terre à la sueur de leur front, donnent à la patrie des citoyens utiles et d'intrépides défenseurs, habitués à porter au loin l'honneur du nom français, n'est-ce pas, cela est triste à dire, mettre sur la même ligne ce qui fait l'honneur et la honte d'un pays? Le condamné, il faut le répéter bien souvent, n'a droit qu'au strict nécessaire; si on lui permet plus, il faut qu'il se le procure par son industrie personnelle; ce sera alors un commencement d'amélioration morale (2).

Pour obvier à ce mal, pour cicatriser cette plaie sociale, il n'y a qu'un moyen, c'est la transportation des condamnés de cette nature et leur moralisation à l'aide d'un travail sain et salutaire. Si la philanthropie veut encore se mettre à la traverse, je lui dirai : « Arrière ! si ton but est de favoriser les « méchants aux dépens des bons, tu n'es qu'une amère dé-- « rision, je te répudie au nom des droits imprescriptibles de « la raison et de la justice. »

58. En jetant un coup d'œil sur le passé, on verra que les

(1) Un ancien magistrat, qui a le rare privilége d'être toujours jeune, au point de nous faire parfois regretter l'approbation anticipée que nous avons donnée au principe de sa retraite (V. notre brochure de 1848), nous a dit bien souvent, dans un langage pittoresque dont il a seul le secret : « Le régime alimentaire des prisons devrait être calqué sur celui des dernières classes de la société, afin que nul ne pût être attiré et alléché en vue d'une aussi déplorable aisance. » — Il ne trouve pas d'expression assez énergique pour *vitupérer* cette fausse philanthropie, qui ne sait que s'apitoyer sur le sort des méchants et reste indifférente ou insensible en présence des misères profondes et imméritées.

(2) L'Assemblée constituante, qui se connaissait en véritable philanthropie, avait évité cet écueil. Le détenu n'avait droit qu'au *pain*, à *l'eau* et au *coucher*. S'il voulait améliorer son sort et se procurer une nourriture plus abondante, c'est au travail qu'il devait le demander. V. loi des 19-22 juillet 1791, tit. 2, art. 6: C. p. de 1791, part. 1, tit. 1, art. 15-21.

mendiants et vagabonds ont dès longtemps attiré l'attention du législateur et provoqué des mesures exceptionnelles. Bien que cette plaie sociale se soit surtout développée dans les temps modernes, elle n'était pas inconnue au monde païen. A Rome, les esclaves, méprisés et maltraités, surtout dans les derniers temps de la République, cherchaient dans la fuite un remède à leurs maux ; pour se soustraire à une brutalité révoltante et à un avilissement complet, ils tombaient dans la misère et le vagabondage.

Dans cette capitale du monde ancien, la misère promenait ses haillons et son oisiveté dans le *forum*, attendant que quelque César vînt lui donner son pain quotidien, *panem et Circenses*.

Cette mendicité, qui était un moyen de domination, on n'a guère songé à l'extirper ; elle a pendant longtemps, sous la République et sous l'Empire, dominé au forum. Il fallait qu'une religion divine, venue du ciel sur la terre pour régénérer l'homme et la société, eût transformé les mœurs, mis le travail en honneur et signalé l'oisiveté comme la source de tous les vices, pour qu'on cherchât à opposer une barrière à ce mal toujours croissant. Une Constitution impériale de l'année 382 veut qu'on scrute la position de toutes les personnes valides qui se livrent à la mendicité, que les esclaves soient rendus à leurs maîtres, et que les autres soient livrés aux travaux des champs : cette Constitution, reproduite dans le Code de l'empereur Justinien (1), reçoit quelques développements dans une de ses Novelles. Ce prince ne veut pas que les *mendiants valides* soient plus longtemps à charge à tout le monde, *onus terræ* ; il ordonne qu'on les applique à des travaux publics, suivant leur aptitude individuelle ; il espère par ce moyen réformer leurs mauvais penchants et les faire rentrer dans la voie du bien. Ceux qui méconnaissent ces salutaires prescriptions, sont livrés aux magistrats, expulsés de la ville et contraints de rentrer dans leur pays natal. Ceux que l'âge ou les infirmités rendaient impropres au travail, étaient traités avec indulgence et modération. La capitale de l'empire leur restait ouverte ; on les protégeait, en outre, contre tous

(1) V. Code théodosien, *De mendicantibus non invalidis*, liv. XIV, tit. 18. — Code Just., *De mendicantibus validis*, liv. XI, tit. 25 ; et Novelle 80, c. 5.

ceux qui auraient été tentés de les inquiéter ou de les mo-
lester.

Cette disposition contient le germe de toutes les mesures
qui, plus tard, furent communément appliquées aux mendiants et vagabonds. On leur enjoint de quitter les cités populeuses, que leur présence peut troubler, de se livrer à un
travail sérieux. Si ces remèdes sont impuissants, on les défère
aux tribunaux pour être extraordinairement punis. —Ces idées
étaient trop contraires à la morale ancienne pour avoir cours
dans le monde païen. A Rome, elles n'eussent jamais été ac-
ceptées ; dans les provinces, elles étaient inutiles, en présence
des pouvoirs extraordinaires dont étaient investis les magistrats préposés à l'administration. Chargés de maintenir l'ordre
et la tranquillité publique, ils pouvaient sévir contre toute
personne qui eût tenté de les troubler.

59. On comprit de bonne heure, en France, qu'il était indispensable de sévir contre les mendiants, vagabonds, gens
oisifs et sans aveu, fréquentant les tavernes et lieux publics,
vivant de rapines et de débauche. Les recueils législatifs de
l'ancienne monarchie renferment de nombreuses dispositions
sur cette matière, presque toutes communes aux mendiants
et vagabonds. Si parfois on s'occupe spécialement des uns ou
des autres, et surtout des mendiants, c'est que la mendicité
appelle toujours quelques mesures spéciales, certaines règles
de détail, qui ne conviennent pas au vagabondage. En dehors
de là, on rentre dans les règle communes, qui se manifestent
par une généralité d'expressions quelquefois peu en harmonie avec l'intitulé assez restreint du document législatif. Comment en serait-il autrement? L'oisiveté, la fainéantise et le
vagabondage sont la cause et le point de départ ; la mendicité
arrive comme conséquence inévitable et forcée ; leur existence
étant entièrement liée, une destinée commune les attend. Les
ressources que la charité publique leur fournit s'épuisent à
la longue ou deviennent insuffisantes; ils recourent alors à
des moyens illicites et criminels, qui les conduisent au bagne
et souvent à l'échafaud. A quelque point de vue qu'on se
place, l'intérêt public exige qu'une répression efficace arrête
un pareil désordre.

60. Les Établissements de Saint-Louis (ch. 34) contiennent
sur ce point une disposition qui n'est, à vrai dire, qu'une me-

sure de police. Tout individu qui fréquente les tavernes peut être requis de faire connaître ses moyens de subsistance ; s'il n'est pas véridique dans ses déclarations, il est tenu pour suspect et chassé de la ville. Un châtiment plus rigoureux ne tarde pas à être édicté « contre les mendiants, joueurs de dés et truands demeurant oisifs en tavernes, et autres parts. » On leur enjoint de quitter la ville dans les trois jours ; si, après ce délai, ils sont trouvés oiseux et mendiants, ils sont mis en prison et tenus au pain et à l'eau pendant trois jours. S'ils sont repris en récidive, on les met au pilori ; *à tierce fois, ils seront signez au front d'un fer chaud et bannis desdits lieux* (1).

61. Plusieurs ordonnances de François Iᵉʳ renfermaient des dispositions analogues ; l'une d'elles, à la date du 3 mai 1526, constate que : « Dans la ville, cité, faubourgs et banlieue de « Paris, se retirent grand nombre d'adventuriers et vagabonds, « oisifs et mal vivants, en sorte que plusieurs larcins et pille- « ries y se commettent, forcement de filles, et autres grandes « insolences en procédant. » Pour mettre un terme à ces désordres, protéger efficacement la bonne ville de Paris et ses habitants, il est enjoint au prévôt de Paris d'instituer un lieutenant de robe courte, qui, accompagné d'un nombre suffisant d'archers, « visitera chaque jour les lieux, places et « rues de ladite ville, carrefours, tavernes, cabarets et autres « endroits dissolus, où ont coutume de se retirer iceux vaga- « bonds, oisifs, malvivans, gens sans aveu, joueurs de « cartes, de dés, quels et autres jeux prohibés et défendus ; « blasphémateurs du nom de Dieu, ruffiens, mendiants, « sains de leurs corps, pouvant autrement gagner leur vie, « et gens qui seront trouvés en présents méfaits. Pour les « susdits être pris au corps et conduits ez-prisons du Châtelet « de Paris, pour en être faite la justice et pugnition, par « ledit prévôt ou son lieutenant criminel, telle que de raison. »

Cette ordonnance est complétée par deux autres émanées du même prince ; l'une du 30 août 1536, l'autre du 16 janvier 1545 : la première enjoint aux mendiants valides *de besogner et labourer pour gagner leur vie ;* la seconde veut qu'on les emploie de préférence aux travaux publics de Paris ; mais

---

(1) V. les ordonnances de janvier 1350 et novembre 1354. — Isambert, Collection des anciennes lois françaises.

lesdits travaux commencés, s'ils sont trouvés mendiants, on les conduit devant la plus prochaine justice, pour les punir et corriger publiquement de verges et fouets. D'après l'ordonnance de 1536, toute personne avait le droit de saisir les gens de cette espèce, pour les conduire devant les magistrats et leur faire appliquer la peine édictée par la loi. Si, après cela, ils retombaient dans les mêmes désordres, on les condamnait au bannissement, qui pouvait être perpétuel.

Pour parer aux inconvénients que la multiplicité des juridictions pouvait à chaque instant faire surgir, on songea de bonne heure à restreindre et même à supprimer le droit d'appel. Ce principe, appliqué par François Ier à quelques cas spéciaux, ne tarda pas à être généralisé; dès ce moment les mendiants et vagabonds furent complétement en dehors du droit commun (1).

(1) Un édit de décembre 1540, relatif à l'administration de la justice en Normandie, contient le passage suivant (Coll. Isambert, tom. XII, p. 713) : « Pour ce qu'au dit pays , y a plusieurs vagabonds qui ont esté fustigez, « essoreillez et bannis, ou souffert quelques autres grièfves punitions corpo- « relles par sentence des juges compétens, pour larcins et autres crimes par « eux commis : lesquels sont tant invétérés en leurs malices, qu'ils se ren- « dent incorrigibles, vagans, sans eux employés à faire aucune œuvre pour « vivre et eux substanter , mais se transportant de ville en ville, cherchant « leur proye et faisant pis que devant ; auxquels lieux sont souventes fois re- « prins par nostre justice et condamnez à estre de rechef batus de verges et « autres peines sans la peine de mort ou punition de membre. Desquelles « sentences iceux condamnez aucune fois appellent, et pour plus travailler la « justice que pour cause qu'ils aient de ce faire ; au moyen de quoy convient « les mener et faire mener en nostre dite Cour de parlement, à grans frais « et dépens. A ces causes avons ordonné et ordonnons que lesdites sentences « *qui plus ont cause de corrections réitérées* que de punitions soyent réaument « exécutées, nonobstant l'appel , et pourvu qu'au jugement y ait nombre « d'assistans jusques à 10 ou 12. » — V. aussi l'ordonnance de Henry II, du 9 juillet 1547.

Étaient compétents pour juger en dernier ressort les mendiants et vagabonds : le Châtelet, déclaration du 24 mai 1639; — Les prévôts des maréchaux, les lieutenants criminels de robe courte , les vice-baillis, vice-sénéchaux, ordonnance de 1670 ; — Le lieutenant général de police, ordonnance du 27 août 1701. V. aussi celle du 12 septembre 1723. — Tous ces documents se trouvent dans la Collection des lois anciennes publiée par MM. Isambert, Decrusy et Taillandier.

62. Les peines furent bientôt jugées insuffisantes pour arrêter le mal toujours croissant. La déclaration de 1558 fait exprès commandement « à tous vagabonds, gens oisifs, sans « aveu, maistre ne mestier, vuidé la ville de Paris et ses faubourgs dans les 24 heures après la publication d'icelle, à « peine de la hart (1). »

Cette rigueur, qui n'avait pas de raison d'être, ne pouvait subsister ; on en revint bien vite aux anciennes peines, le fouet, les verges, la prison, le bannissement, et enfin les galères, qui furent plus fréquemment appliquées (2). Il y a forcément, en pareille matière, de nombreuses variations ; suivant que les désordres sont plus ou moins graves, on adoucit ou on augmente la sévérité de la loi. Ces décisions, presque toutes locales et de circonstance, tombaient promptement en désuétude. En réformant si facilement son œuvre, le législateur montrait qu'il n'y attachait pas lui-même une plus grande importance.

63. La Déclaration du 8 janvier 1719 inaugura un nouveau système de répression ; son efficacité eût été complète, si on avait pu s'y tenir et l'exécuter rigoureusement. Les vagabonds et gens sans aveu, dont l'affluence est toujours grande à Paris, sont condamnés à la transportation aux colonies. Cette mesure se justifie par une double considération : ils sont à charge à leur patrie, alors que leur travail pourrait être utile ailleurs. « Et comme nous sommes dans la néces« sité d'envoyer des hommes dans nos colonies, pour y ser« vir comme engagés et travailler à la culture des terres et « autres ouvrages, sans lesquels notre royaume ne tirerait « aucun fruit du commerce de ces pays soumis à notre do« mination, nous avons cru ne pouvoir rien faire de plus « convenable au bien de notre État que d'établir contre les

---

(1) Nous lisons dans le dictionnaire de Ferrière, au mot *Hart*, ce qui suit : « Hart est la corde par laquelle on donne la mort au criminel condamné ; ainsi, quand on défend quelque chose sur peine de la hart, cela veut dire sur peine d'être pendu et étranglé. »

(2) V. les ordonnances de 1612, 30 mars 1635, décembre 1660, 25 juillet 1700, 10 novembre 1718, 18 juillet 1724, et 3 août 1764. La peine des galères était déjà et depuis longtemps prononcée par l'édit d'Henry II, en date du 9 juillet 1547.

« hommes qui contreviennent tant à la présente Déclaration
« qu'à celles des 31 mai 1682, 29 avril 1687 et 27 août 1701,
« la peine d'être transportés dans nos colonies. »

Cette Déclaration, bien qu'elle ne parle expressément que
des vagabonds, s'applique également aux mendiants, soit
parce qu'ils rentrent dans la classe des gens sans aveu, soit
parce que les ordonnances rappelées dans le texte étaient
communes, soit enfin parce qu'on prononçait la même
peine « Contre tous ceux qui auraient été condamnés aux
« galères ou au bannissement,» et que ces peines étaient prononcées contre les mendiants et vagabonds par les ordonnances de 1536 et 1547. Cette question, au surplus, n'a qu'un
mince intérêt, du moment où il est reconnu que la Déclaration de 1717 ne fut pas sérieusement exécutée.

64. En revenant à l'ancien régime, la Déclaration du 18 juillet 1724 essaya d'introduire dans la loi plus d'ensemble et
d'harmonie. Elle crut, en augmentant sa sévérité, la rendre
plus efficace; ce fut son erreur. Le préambule, fort remarquable d'ailleurs, renferme le bilan de l'ancienne législation; à
ces divers titres il devait trouver place ici.

« Nous avons toujours vu avec une peine extrême, depuis
« notre avénement à la couronne, la grande quantité de men-
« diants de l'un et l'autre sexe, qui sont répandus dans Paris
« et dans les autres villes et lieux de notre royaume, et dont
« le nombre augmente tous les jours. L'amour que nous
« avons pour nos peuples nous a fait chercher les expédients
« les plus convenables pour secourir ceux qui ne sont réduits
« à la mendicité que parce que leur grand âge ou leurs infir-
« mités les mettent hors d'état de gagner leur vie; et notre
« attention pour l'ordre public et le bien général de notre
« royaume nous engage à empêcher, par des règlements sé-
« vères, que ceux qui sont en état de subsister par leur tra-
« vail, mendient par pure fainéantise et parce qu'ils trouvent
« une ressource plus sûre et plus abondante dans les aumô-
« nes des personnes charitables, que dans ce qu'ils pourraient
« gagner en travaillant; ils sont en cela d'autant plus punis-
« sables, qu'ils *volent* le pain des véritables pauvres, en s'at-
« tribuant les charités qui leur seraient destinées ; et l'ordre
« public y est d'autant plus intéressé, que l'oisiveté criminelle,
« dans laquelle ils vivent, prive les villes et campagnes d'une

« infinité d'ouvriers nécessaires pour la culture des terres et
« pour les manufactures, et que la dissolution et la débauche,
« qui sont la suite de cette même oisiveté, les portent insen-
« siblement aux plus grands crimes. Pour arrêter le progrès
« d'un si grand mal, auquel on a voulu remédier dans tous
« les temps, mais sans succès jusqu'à présent, nous avons fait
« examiner en notre conseil les différents règlements faits par
« les rois nos prédécesseurs, et ce fait, par les différents princes
« et puissants de l'Europe, sur une matière qu'on a toujours
« regardée comme un objet principal dans tous les États bien
« policés ; et nous avons reconnu que ce qui avait pu empê-
« cher le succès du grand nombre de règlements ci-devant
« faits à ce sujet, est que l'exécution n'en avait pas été géné-
« rale dans tout le royaume, et que les mendiants chassés des
« principales villes ayant eu la facilité de se retirer ailleurs,
« ils auraient continué dans le même libertinage ; ce qui les
« aurait mis à portée de revenir bientôt dans les lieux mêmes
« d'où ils avaient été chassés ; que l'on n'avait pas pourvu
« suffisamment à l'entretien des hôpitaux... que l'on n'avait
« point offert de travail et de retraite aux mendiants valides
« qui ne pouvaient en trouver, ce qui leur avait fourni un
« prétexte de transgresser la loi par l'impossibilité où ils
« avaient prétendu être de l'exécuter, faute de travail et de
« subsistance ; et qu'enfin les peines prononcées n'étant pas
« assez sévères, ni aucun ordre établi pour reconnaître ceux
« qui auraient été arrêtés plusieurs fois, et les punir sévère-
« ment pour la récidive, la trop grande facilité de se sous-
« traire à la disposition de la loi, et le peu de danger d'être
« convaincus à cause de la légèreté de la peine, en aurait fait
« totalement négliger les dispositions. Pour prévenir ces
« mêmes inconvénients, nous avons pris les moyens qui nous
« ont paru les plus sûrs pour que notre présente Déclaration
« fût également exécutée dans toute l'étendue du royaume ;
« nous donnerons les ordres nécessaires pour la subsistance
« des hôpitaux.... en proposant une subsistance et un travail
« assurés à ceux des mendiants valides qui n'en auront pu
« trouver ; nous leur ôtons toute excuse de désobéir à la loi,
« et nous sommes par là en état d'établir des peines plus sé-
« vères, puisqu'ils sont entièrement les maîtres de les éviter.
« Nous avons même jugé à propos de mettre différents degrés

« à ces peines, en les prononçant plus légères pour la pre-
« mière contravention, plus sévères pour la seconde, et en ne
« faisant porter toute la rigueur de la loi que contre la troi-
« sième contravention, qui ne peut mériter ni excuse ni
« compassion ; et nous prenons en même temps les précau-
« tions les plus exactes pour reconnaître, malgré leurs artifi-
« ces et leurs déguisements, ceux qui, étant arrêtés pour une
« seconde fois, voudraient cacher leur première détention ;
« nous espérons, par ces justes mesures, et par la fermeté
« que nous apporterons à l'exécution de notre présente Décla-
« ration, de faire cesser enfin un si grand désordre... »

65. Cette Déclaration et celle du 3 août 1764 constituent le
dernier état de l'ancienne jurisprudence. Les peines prononcées sont : la détention pour les femmes et les galères à temps
pour les hommes. « Cette rigueur, est-il dit dans la dernière
« Déclaration, nous a paru d'autant plus nécessaire que *ce*
« *n'est que par la sévérité des peines* que l'on peut espérer de
« retenir ceux que l'oisiveté et la fainéantise pourraient enga-
« ger à continuer ou à embrasser un genre de vie qui n'est
« pas moins contraire à *la religion et aux bonnes mœurs*
« qu'au repos et à la tranquillité de nos sujets. »

Ces règlements, parlant d'une manière générale de mendiants, vagabonds et gens sans aveu, laissaient nécessairement une large place à l'arbitraire ; plusieurs ordonnances,
et notamment celle du 27 août 1701, avaient essayé de combler ce vide, en déterminant les véritables qualités des vagabonds et gens sans aveu (1).

On désignait par là « celui qui est sans profession, métier ou
« domicile, ni bien pour subsister, et qui est dans l'impossibi-
« lité de faire certifier sa moralité par des gens dignes de foi. »

66. La Révolution de 1789 est le point de départ d'une législation nouvelle, qui subit elle-même de fréquentes modifications. Dans l'origine, on se contente de recourir aux mesures
préventives ; les mendiants et vagabonds sont renvoyés dans

_____

(1) Expression tirée de l'ordonnance du 8 janvier 1719. V. la Collection
précitée. Les lois y étant disposées dans l'ordre chronologique, les recherches
sont faciles : il suffira, au surplus, de se reporter à la table, aux mots *Mendicité*, *Vagabondage*, et on y trouvera la nomenclature de toutes les dispositions législatives relatives à cette matière.

leur commune respective et soumis à la surveillance des autorités municipales. La mendicité simple ne constitue plus un délit ; pour être punissable, elle doit être accompagnée d'une des circonstances aggravantes prévues par la loi correctionnelle de 1791 (tit. 2, art. 22). Dans ce système, chaque commune doit nourrir ses habitants et prendre des mesures pour leur assurer des secours et du travail. Les dépôts de mendicité, qui n'ont jamais poussé de profondes racines en France, malgré le puissant secours que leur prêtait l'empereur Napoléon, datent de la même époque.

67. Toutes ces mesures, si favorables aux gens sans aveu, n'étaient pas de nature à arrêter le mal. On comprit bien vite qu'il fallait recourir à des moyens plus énergiques. La loi du 24 vendémiaire an II, ayant pour but l'extinction de la mendicité, organisa des travaux de secours pour assurer aux indigents des moyens de subsistance. Ces travaux en cours d'exécution, la mendicité était supprimée d'une manière absolue; on punissait même celui qui faisait l'aumône (1).

Tout mendiant, arrêté en pareille occurrence, est renvoyé à son domicile, s'il le fait connaître ; à défaut, il est conduit dans une maison de répression, d'où il ne peut sortir sans être réclamé (tit. 2, art. 5). Si après cet avertissement il est repris mendiant, on le condamne à une année de détention (tit. 3, art. 2.). En cas de récidive la peine est double. Si, après cela, il est encore repris se livrant à la mendicité, on le condamne à la transportation (titre IV). Cette peine, prononcée au moins pour 8 ans (2), devait, d'après la loi du 11 brumaire

---

(1) L'art. 16 de la loi de l'an II est ainsi conçu : « Toutes distributions « de pain ou d'argent cesseront dans les cantons à l'époque du premier éta- « blissement de travaux de secours. Tout citoyen qui sera convaincu d'avoir « donné aux mendiants aucune espèce d'aliments, sera condamné par le juge « de paix à une amende de la valeur de deux journées de travail ; l'amende « sera double en cas de récidive. Les sommes seront versées dans la caisse « destinée à fournir les secours à domicile. »

(2) L'art. 7 du titre IV est ainsi conçu : « La peine de la transportation ne « pourra être moindre de 8 ans ; elle n'aura lieu que pour les mendiants au- « dessus de 18 ans et au-dessous de 60. Elle pourra être prolongée si la « mauvaise conduite du banni le mérite, comme elle pourra être abrégée « dans le cas seulement de service distingué rendu à la colonie. » Comp. art. 5, 6, loi du 30 mai 1854.

an II, être subie à Madagascar; renouvelée de l'ordonnance de 1719, elle était, suivant les circonstances, prononcée en première, seconde ou troisième récidive.

68. La loi du 10 vendémiaire an IV (tit. 3, art. 6-9) vient apporter à cette institution un utile complément : tout individu trouvé hors de son canton sans passeport, doit être arrêté et détenu pendant 20 jours; ce délai expiré, s'il ne justifie pas, en la forme légale, de son domicile, il est pour ce seul fait renvoyé devant le tribunal correctionnel, sous la prévention de vagabondage, et condamné à une année de détention. S'il persiste ensuite à ne pas justifier d'un domicile, il est condamné à la transportation, en vertu de la loi de vendémiaire an II (1). Il ne suffit pas de faire une bonne loi, il faut encore en assurer l'exécution; exactement appliquées, celles dont nous parlons eussent produit le meilleur résultat et débarrassé, à la longue, le sol français de tant d'êtres dangereux et inutiles. Dépourvues de leur véritable sanction, elles sont restées stériles et sans effets (2). Absorbé par de graves préoccupations, le gouvernement manquait de temps, et souvent de moyens, pour pourvoir à l'exécution de mesures fort importantes.

69. La législation impériale et le Code de 1810 n'ont rien produit; il était difficile qu'il en fût autrement. Une loi qui punit les mendiants et vagabonds, sans s'occuper d'une manière efficace de leur destinée ultérieure, manque d'un élément essentiel de vitalité. Chaque jour, devant les tribunaux, les mendiants et vagabonds prétendent qu'ils sont sans travail (3); que l'État leur en donne en sortant de prison, qu'il tâch par

(1) Art. 5 : « Les mendiants mis dans la maison de répression, et qui ne « pourront justifier d'aucun domicile, après un an de détention, seront con- « damnés à la transportation (tit. IV). »

(2) Outre les lois citées dans le texte, on peut, sur le même sujet, consulter les documents législatifs suivants : L. 22 décembre 1789; — 30 mai et 12 août 1790; — 24 mars 1793; — 18 pluviôse an IX. — Décret du 5 juillet 1808.

(3) Cette excuse banale a été invoquée, comme le constatent plusieurs anciennes ordonnances, et notamment celle du 16 janvier 1545. On y lit ce qui suit : « Disant être tombés en telle pauvreté et nécessité, qu'ils sont « contraints de se pourchasser d'huys en huys pour être participants de l'au- « mône, s'excusant qu'ils ne peuvent trouver qui les veuille employer ni les « mettre en besogne. »

ce moyen d'assurer leur existence, et le problème sera résolu. Les incorrigibles n'auront plus alors ni excuse ni prétexte, et la loi pourra les frapper sans merci. Le décret du 8 décembre 1851 a fait un premier pas dans cette voie; puisse-t-il bientôt recevoir les développements qu'il comporte!

70. En laissant de côté quelques articles, qui doivent être complétés par les lois sur la presse, ou être renvoyés à un Code spécial, on se trouve en présence de dispositions importantes et d'un usage quotidien, destinées à protéger les personnes et les propriétés.

L'empoisonnement, l'infanticide, l'assassinat et le meurtre, en un mot les crimes les plus graves contre les personnes, sont placés en tête de cette longue énumération. Le législateur français, tout en maintenant la peine du *talion*, a atténué son antique rigueur, en ne prononçant pas invariablement la peine capitale toutes les fois que la victime a succombé. Le meurtre simple, ou homicide volontaire, n'est pas puni de mort : le Code pénal de 1791 était même moins sévère, puisqu'il ne prononçait contre le meurtrier que 20 ans de fers (1). Il faut, nonobstant cela, considérer ces pénalités comme fondées en justice et en raison, et les maintenir, sauf en ce qui concerne l'infanticide.

71. Que ce crime soit trop sévèrement puni aujourd'hui, malgré sa gravité relative, c'est ce dont nul né doute. La loi de 1824 l'avait implicitement reconnu, en autorisant une atténuation de peine au profit de la mère. Le Code de 1832 crut pourvoir à tout, en étendant le cercle des circonstances atténuantes; mais la pratique de chaque jour a montré que son appréciation n'était pas exacte. Les nombreux acquittements, qui n'ont d'autre cause que la sévérité de la loi, attestent la nécessité d'une réforme sur ce point. Que demandons-nous, au surplus? Le retour pur et simple aux principes de droit commun, dont on a eu le tort grave de s'écarter en matière

(1) V. la loi du 25 septembre-6 octobre 1791, part. 2, tit. 2, sect. 1, art. 8. — D'après cette loi (part. 1, tit. 1, art. 8), « la peine des fers ne « pouvait, en aucun cas, être perpétuelle. » Toutefois, comme le maximum de cette peine était fixé à 24 ans (part. 2, tit. 2, section 2, art. 5), l'observation présentée dans le texte conserve toute sa valeur.

d'infanticide. Pourquoi supposer, dans tous les cas, que la mère coupable a prémédité le meurtre de son enfant avant même qu'il ne vît le jour?

Il semble juste et raisonnable de faire rentrer ce crime dans la classe des homicides volontaires, punis en principe de peines perpétuelles, et qui ne se transforment en crimes capitaux que lorsqu'ils sont accompagnés de préméditation ou de guet-apens. On revient ainsi aux principes élémentaires du droit, qui veulent qu'on n'admette à la charge d'un accusé que ce qui est clairement établi et prouvé. Les crimes horribles continueront à être réprimés d'une manière exemplaire, et les crimes moins graves ne resteront pas impunis, du moment où la peine pourra être abaissée jusqu'à la réclusion.

D'un autre côté, on ne sera plus exposé, pour échapper à cette fâcheuse impunité, à transformer un crime capital en un délit sans importance et qui n'entraîne qu'un emprisonnement assez léger.

72. L'homme peut être victime de violences moindres, contre lesquelles il est en droit de réclamer une protection efficace. Jusqu'ici point de difficultés; elles ne surgissent que lorsqu'il s'agit de faire des classifications et d'édicter des aggravations de peines. Faut-il s'attacher exclusivement aux ravages produits, ou remonter à la volonté coupable? Dans un cas, on se trouve en présence d'un fait palpable et matériel, alors que, dans l'autre, on est obligé d'aller fouiller dans les replis de la conscience pour y saisir les indices, souvent fugitifs et incertains, d'une volonté plus ou moins perverse. Il faut sans doute que l'intention criminelle existe; mais le but que poursuivait le délinquant, qui peut exactement le préciser? Il n'y a que l'agent lui-même ou celui qui sonde les cœurs et les reins.

On ne doit pas trop s'étonner, après cela, que le législateur ait surtout pris en considération les résultats pour déterminer la criminalité d'un méfait. Vainement objectera-t-on qu'en s'attachant aux effets au lieu de remonter aux causes, la loi tombe dans le fatalisme, et qu'elle attend une ordonnance de médecin pour déterminer la plus ou moins grande criminalité d'un acte. Le législateur, dans son bon sens pratique, ne pouvait traiter de la même manière celui qui a *causé la mort* et celui qui n'a occasionné que des blessures plus ou moins légères ; le dommage causé est toujours pris en considération ; et la société, lorsqu'elle perd un de ses membres, a des reproches plus graves à adresser que si elle n'en est que momentanément privée (1). On peut enfin répondre avec cet axiome, si usité en droit canonique : « *Rei illicitæ operam qui dat omnes consequentias, etiam præter voluntatem, assumit.* » Celui qui, de propos délibéré, maltraite son semblable, ne sait et ne peut savoir à l'avance à quel point s'arrêteront les mauvais traitements. La loi peut donc lui dire : Vous avez commis un acte illicite, supportez-en les conséquences.

73. En défendant la loi contre les attaques dont elle est l'objet, nous n'entendons pas la justifier complétement ou accepter sans réserve les classifications par elle adoptées ; on peut la modifier, tout en conservant le principe qui lui sert de base. Les infractions de cette nature se classent dans presque tous les degrés de l'échelle des peines. Suivant que les blessures occasionnent une incapacité de travail de plus ou de moins de vingt jours, le fait constitue un délit ou un crime : au premier cas, la peine est correctionnelle ; au second cas, elle est afflictive et infamante. De la réclusion, on passe aux travaux forcés à temps si la victime a succombé. La préméditation ou le guet-apens appellent une autre aggravation qui, au cas de mort de la victime, entraîne les travaux forcés à perpétuité.

En ménageant ces transitions quelque peu brusques, et en attribuant une moins grande importance à certaines circonstances aggravantes, on arriverait probablement à des résultats satisfaisants. Le délit resterait passible de la peine édictée par le § 1er de l'art. 311 (2).

La préméditation ou l'incapacité de travail de plus de 20 jours, considérées comme circonstances aggravantes de

_____

(1) La peine édictée par le Code pénal de 1791 était plus ou moins sévère, suivant les ravages causés par les blessures. La privation d'un bras, d'un œil, d'une jambe ou de tout autre membre, entraînait une aggravation de peine [part. 2, tit. 2, art. 20 à 25].

(2) Quelques-uns de ces faits ne pourraient-ils pas être renvoyés aux tribunaux de simple police ? N'y aurait-il pas lieu d'étendre l'exception consignée dans l'art. 605 du Code des délits et des peines ? Nous reviendrons plus tard sur ce point.

même valeur, entraîneraient l'application de la peine de l'article 401. Leur réunion transformerait le délit en crime et ferait encourir la réclusion.

Si les coups avaient occasionné la mort, la peine directe pourrait être réduite à la réclusion, et élevée aux travaux forcés à temps en cas de préméditation ou de guet-apens. Cette infraction est un mélange de deux délits, un délit de coups et blessures volontaires, et une mort involontaire.

En considérant cette circonstance comme aggravante et de nature à élever la peine d'un degré, on satisfait à ce que réclament l'équité et la justice ; en accordant la même force à la préméditation et au guet-apens, on va dans cette voie aussi loin que possible.

74. Si un enfant est assez dénaturé pour se porter à de pareils excès à l'encontre d'un ascendant, le législateur pense à juste titre, que cette violation des lois divines et humaines appelle un sévère châtiment sur la tête du coupable; mais n'accorde-t-il pas une trop grande importance à ce sentiment d'indignation si légitime en lui-même, en élevant dans presque tous les cas la peine d'un degré? Il semble que cette circonstance ne doive pas faire changer la nature de la peine, mais appeler seulement une plus grande sévérité sur la tête du coupable. Nous pensons donc qu'il suffirait de prononcer, contre l'enfant, le *maximum* de la peine qu'il aurait encourue s'il avait frappé un autre que son ascendant. Nous ferons toutefois une exception pour un cas en présence duquel la législation actuelle se trouve désarmée, n'ayant pas voulu pousser son aggravation jusqu'à la peine capitale; c'est lorsque les blessures portées avec préméditation ou guet-apens ont occasionné la mort de l'ascendant. On touche alors de trop près à un crime capital pour ne pas infliger une peine perpétuelle. Par ces moyens on ne désarme ni la justice ni la puissance paternelle; loin de là, on aboutit même, dans beaucoup de cas, à une répression plus prompte et plus sûre.

75. Si les faits de cette nature sont indépendants de la volonté de l'agent, s'ils n'ont d'autres causes que la maladresse, l'imprudence, etc., etc., ils constituent encore des infractions, mais d'un ordre tout à fait secondaire. Les coups, eussent-ils occasionné la mort, n'en restent pas moins dans la classe des délits correctionnels, punis, au *maximum*, de deux années de

prison. S'il n'en résulte que des blessures plus ou moins
graves, la peine ne peut dépasser deux mois, sauf toujours une
amende assez peu importante.

Ces dispositions, si indulgentes qu'elles soient, suffisent à
la répression dans la plupart des cas. On conviendra cependant
qu'un bon nombre de faits de cette nature, sans émaner d'une
volonté bien réfléchie, semblent sortir de la classe des actes
involontaires, et réclament, sinon une incrimination particulière, du moins une peine plus exemplaire. La loi, alors,
est au moins insuffisante. Il n'y a jamais d'inconvénient
à avoir un *maximum* assez élevé, quand le *minimum* est faible. Le juge conserve toute la latitude désirable ; il peut toujours proportionner le châtiment à la gravité du méfait. Il y
aurait donc lieu de porter le *maximum* de la peine corporelle : au premier cas (art. 319), à cinq ans ; au deuxième
(article 320), à un an.

76. Ce dernier article, rapproché de l'article 311, donne lieu
à une observation assez singulière : Au cas de coups et blessures volontaires, la loi prononce une amende et un emprisonnement, en laissant au juge la faculté d'appliquer l'une
ou l'autre des deux peines. S'agit-il de coups et blessures involontaires : la loi, en prononçant les deux peines, supprime
l'alternative, — en sorte que le juge, pour n'appliquer que
l'une d'elles, doit admettre, au cas le plus favorable, des circonstances atténuantes ; tandis que, dans l'autre, il est autorisé à disjoindre les deux peines sans recourir à l'article 463
du Code pénal. Le simple bon sens réclame contre ce *lapsus*
législatif : il faut supprimer l'alternative dans l'article 311, ou
l'introduire dans l'article 320. Cette distinction n'a aucune
raison d'être ; si elle pouvait subsister, ce serait plutôt en sens
inverse.

77. Beaucoup de personnes ont la pensée du crime sans
avoir le courage de l'exécuter ; elles comptent sur la faiblesse
et la pusillanimité d'autrui pour arriver à leurs fins et obtenir plus facilement par menace ce que la force ou la ruse ne
leur assure pas toujours. Une menace sérieuse et bien carac-
térisée, qu'elle soit verbale ou écrite, éveille la sollicitude du
législateur et constitue, suivant les circonstances, un crime
ou un délit. La loi peut bien, dans un but de sécurité publique, punir des méfaits de cette n ture ; mais elle doit le faire

avec réserve et modération. Un abîme sépare la menace de la réalisation ; et tel qui parle bien haut, serait fort embarrassé s'il fallait mettre la menace à exécution.

Aussi est-ce très sérieusement que nous demandons s'il convient, en pareille matière, de sortir des peines correctionnelles. Cette question, qui s'est plus d'une fois présentée à l'esprit du législateur, a été résolue en sens inverse. Le Code pénal de 1791 punissait de quatre années de fers les menaces d'incendie (1). La loi du 25 frimaire an viii, art. 13, modéra cette peine et la réduisit à un emprisonnement de six mois à deux ans. La loi du 12 mai 1806 éleva de nouveau ce délit au rang des crimes et le plaça dans les attributions des Cours spéciales (2).

Le Code pénal de 1810 a étendu et divisé l'incrimination, déterminé avec plus de précision ses éléments, et proportionné la peine à la gravité présumée de l'infraction ; mais en déployant dans l'art. 305 une plus grande sévérité que le Code pénal de 1791, il est tombé dans une exagération manifeste.

Les trois articles consacrés à cette matière pourraient rigoureusement être réduits à un seul, qui punirait : 1° les menaces verbales sous condition (art. 307) ; les menaces écrites sous condition (art. 306) ; les menaces avec ordre ou condition (art. 305). Une peine faible dans le premier cas, plus intense dans le second, paraît suffisamment répressive. Nous

(1) V. loi du 25 septembre-6 octobre 1791 (part. 2, tit. 2, sect. 2). L'art. 34 est ainsi conçu : « Quiconque sera convaincu d'avoir verbalement, « ou par écrits anonymes ou signés, menacé d'incendier la propriété d'autrui, « quoique lesdites menaces n'aient pas été réalisées, sera puni de 4 an- « nées de fers. » La loi de l'an viii est, sauf la peine, conçue dans des termes identiques. — L'incendie est un crime d'autant plus terrible que les passions politiques s'en servent souvent comme d'un instrument de désordre et de dévastation. Cela explique, jusqu'à un certain point, la sévérité déployée par le législateur contre les menaces d'incendie, considérées comme acheminement vers le crime. Il n'est pas inutile de remarquer que les lois de 1791 et de l'an viii, à raison du vague de leurs incriminations, atteignaient des faits aujourd'hui impunis : telle est la menace verbale d'incendie, sans ordre ou condition, qui ne rentre dans aucune des catégories du Code pénal actuel.

(2) La loi de 1806 n'a trait qu'aux menaces écrites d'incendie avec ordre ou condition. Elle édictait contre de pareils crimes le *maximum* de la peine des fers, c'est-à-dire 24 ans. Comp. art. 436, C. pénal.

remplacerions la pénalité de l'art. 305 par le maximum de l'emprisonnement correctionnel, avec faculté de l'élever jusqu'au double ; nous autoriserions, enfin, dans tous les cas, l'application des peines accessoires de l'art. 401 du Code pénal.

La loi actuelle s'est fait illusion sur la valeur d'une circonstance aggravante de cette nature (ordre ou condition), en lui conférant la vertu d'élever la peine de deux degrés. A la rigueur, on eût compris la réclusion ; aller plus loin, c'est exagérer à plaisir l'importance de faits qui ne méritent pas de sortir de l'enceinte des tribunaux correctionnels.

Si la menace a été réalisée, elle n'est plus l'objet d'une incrimination spéciale. Ne conviendrait-il pas alors de l'assimiler, en quelque sorte, à la préméditation et de la considérer comme circonstance aggravante de l'infraction dont elle a été le signe précurseur ? Si le législateur entrait dans cette voie, difficilement on lui opposerait quelque objection sérieuse.

79. Les attentats aux mœurs intéressent également la famille, la société ; c'est se placer à un point de vue trop étroit, que de ne les considérer que comme des crimes privés. La personne à la pudeur ou à l'honneur de laquelle on attente, est bien un élément essentiel du crime, mais l'acte en lui-même réagit sur la moralité publique.

Le législateur doit, par tous les moyens possibles, sauvegarder les mœurs, élever une puissante barrière contre l'immoralité et le libertinage, et empêcher *ces abominations* qui amenèrent la chute des villes maudites et signalèrent la décadence de l'ancienne société romaine. Lorsque le principe vital est ébranlé jusque dans ses fondements, rien ne retient plus un édifice qui manque de base.

Des faits nombreux et divers se trouvent réunis dans la même Section, sans autre point de contact, qu'ils portent les uns et les autres atteinte aux bonnes mœurs. En comparant ces différentes infractions, on ferait surgir de nombreuses dissemblances ; il suffira d'en signaler une, qui, bien qu'élémentaire, est délicate et domine toute cette matière.

Dans l'outrage public à la pudeur, ce n'est pas la pudeur individuelle qui est prise en considération, mais la pudeur et l'honnêteté publique, c'est-à-dire ce sentiment général qui fait qu'un acte impudique, publiquement commis, fait éprouver une répulsion plus ou moins prononcée et occasionne un scandale. La volonté des délinquants n'est pas prise en considération; leur pudeur peut n'être pas blessée, alors que la morale publique est offensée. Dans les attentats à la pudeur, c'est à la pudeur individuelle qu'il faut s'attacher; c'est elle qui est en jeu, qui doit être offensée et résister plus ou moins énergiquement à l'acte impudique. Le défaut de résistance, à moins qu'il ne s'agisse de mineurs de onze ans, fait disparaître le crime. On comprend, dès lors, pourquoi dans un cas la publicité est nécessaire, alors que dans l'autre elle est indifférente.

80. Ces crimes, sauf peut-être ceux commis sur les enfants, ne peuvent sans danger être soumis au jury, à des hommes accidentellement transformés en juges, qui apportent sur leurs siéges les préoccupations et les préjugés qu'ils se sont créés dans la vie sociale; les passions, l'intérêt personnel, ou même l'esprit de système, peuvent les pousser dans des écarts fâcheux et obscurcir la raison et le bon sens si nécessaire à un juge impartial. Le viol pour les uns, l'enlèvement pour les autres, paraîtront difficiles ou impossibles en dehors du consentement tacite de la victime; d'autres estimeront qu'un bon nombre de ces actes sont plutôt du ressort de la morale et de la religion que de la loi pénale. Au milieu de ces appréciations contradictoires, la justice flottante et incertaine marche presque en aveugle, dépourvue qu'elle est de tout principe régulateur. Les faits de cette nature ne peuvent être sainement jugés que par des magistrats, organes impassibles de la loi, habitués à faire fléchir leurs opinions personnelles devant la volonté du législateur.

Si l'on ne veut pas se passer du jury, au moins faut-il ne recourir à lui que lorsqu'il y a absolue nécessité; or la pratique de chaque jour prouve que la plupart de ces poursuites n'aboutissent en Cour d'assises qu'à une condamnation correctionnelle. Alléger le fardeau du jury, pour étendre l'action des tribunaux correctionnels, c'est rentrer dans la vérité, et substituer la réalité à une regrettable fiction.

81. Un bon nombre d'attentats aux mœurs ne constituent en réalité que de violents outrages à la pudeur dépourvus de publicité. Une peine correctionnelle plus sévère que celle de l'art. 330, dont le maximum n'est pas assez élevé, serait cer-

tainement en état de parer à toutes les éventualités. Les attentats aux mœurs sur des enfants de moins de onze ans, et les attentats à la pudeur sur des personnes nubiles, rentrent dans cette catégorie. Il semble qu'en leur appliquant les peines de l'art. 401, on atteindrait le but que doit poursuivre le législateur, une répression prompte et suffisante. Les infractions de cette nature commises sur des enfants ne laissent, en général, dans leur esprit, que des impressions passagères et fugitives; au point qu'on a vu souvent ces jeunes intelligences avoir tout oublié entre le crime et la comparution devant le jury : juger rapidement et sans solennité des faits de cette nature, c'est les plonger au plus vite dans le néant, dont on regrette de les faire sortir même pour un instant.

Commis sur une personne nubile, un crime de cette nature ne produit pas, en général, de très grands désordres : le but de l'agresseur est connu, la défense est possible et facile; si elle est molle, c'est que le cœur est déjà corrompu et que la protection législative deviendra bientôt inefficace. Un pas de plus fait dans cette voie permettrait de considérer les violences, dans un cas, et l'âge au-dessous de quinze ans, dans l'autre, comme des circonstances entraînant une aggravation de peine du même ordre : ainsi le *maximum*, avec faculté de l'élever jusqu'au double. Si le point de départ est exact, la conséquence ne paraîtra pas trop exagérée : elle répondrait, au surplus, au besoin reconnu de faire juger ces faits promptement et sans appareil.

82. Dans ce système, on punirait le viol sur une personne nubile de la réclusion ; toutes les circonstances aggravantes, en commençant par l'âge inférieur à quinze ans, élèveraient la peine soit au maximum, soit au degré supérieur; on arriverait ainsi à des peines perpétuelles. Les ascendants qui commettraient de pareils crimes sur leurs descendants encourraient seuls, en principe, ce châtiment sévère. Les autres personnes ayant une autorité plus ou moins directe sur la victime subiraient les travaux forcés à temps, à moins que la réunion sur la même tête de la plupart des circonstances aggravantes de l'art. 333 ne parût de nature à nécessiter une peine perpétuelle (1).

_____

(1) La réunion des circonstances suivantes semble devoir entraîner une pa-

Ce qui enhardit le coupable, il ne faut jamais l'oublier, c'est l'impunité. L'indulgence du législateur, accompagnée d'une répression certaine, est plus efficace que la peine la plus terrible rarement appliquée. Or, il est certain que le jury amnistie souvent les crimes de cette nature, et qu'en condamnant il cherche à transformer le crime en délit pour ne faire appliquer qu'une peine correctionnelle. Adoptons donc ces errements, et rendons la peine plus exemplaire en confiant l'entière exécution de la loi à des hommes fermes et énergiques.

83. Le Code énumère encore un certain nombre de crimes contre les personnes, sur lesquels nous passerons rapidement. Ce sont : 1° les séquestrations ou détentions arbitraires, sévèrement punies par les art. 341 et suivants du Code pénal. On pourrait presque partout, et sans danger, abaisser la peine d'un degré.

2° Les crimes contre les enfants, et spécialement les enlèvements ou détournements de mineurs, qui suggèrent une observation de même nature que celle que nous avons déjà présentée, à propos des attentats à la pudeur (n° 79). L'indulgence du jury, peu en harmonie avec la sévérité législative, appelle dans la loi une réforme destinée à restreindre, au profit des tribunaux correctionnels, la compétence du jury. Dût-elle comprendre toutes les infractions de cette nature, elle ne serait pas empreinte d'exagération. Ici encore, l'article 401 servirait de base à la répression ; l'âge inférieur à seize ans pourrait n'être considéré que comme une circonstance motivant une aggravation dans le même ordre de peine, le maximum, avec faculté de l'élever jusqu'au double.

La majorité du séducteur, à laquelle l'art. 356 donne une importance démesurée, ne mérite pas d'exercer sur la pénalité une influence décisive ; quelques jours de plus ou de moins entraînent dans le châtiment une trop grande différence, pour qu'elle soit fondée en justice. Une aggravation de la nature de celle qui vient d'être indiquée semble devoir suffire.

Il y aurait toujours lieu de réserver les peines du viol ; dans

reille aggravation : âge au-dessous de 15 ans ; qualité d'instituteur ou de maître ; avec aide et assistance d'un ou plusieurs coupables.

cette dernière hypothèse, l'enlèvement, transformé en circonstance aggravante du viol, motiverait, à nos yeux, une condamnation aux travaux forcés à temps (n° 82).

3° Enfin, le faux témoignage, dont l'organisation vicieuse réclame un remaniement complet.

84. La pratique de chaque jour met à nu l'insuffisance de la loi; on dirait que le législateur, uniquement préoccupé d'infliger un châtiment sévère, a oublié d'aviser au moyen de le rendre exemplaire et efficace. En renvoyant, dans tous les cas, à une époque éloignée le jugement des affaires de cette nature, il a, contre son gré, encouragé les délinquants et favorisé l'impunité : bien compris par celui devant lequel il se produit, le faux témoignage perd de sa clarté et de sa gravité, au fur et à mesure qu'on s'éloigne de l'époque de sa perpétration. A la faveur de tous ces retards, on aboutit presque toujours à des acquittements fâcheux. Transformez ces infractions en délit d'audience, immédiatement réprimé par le tribunal devant lequel il se produit, et vous aurez coupé le mal dans sa racine. Vainement objectera-t-on les difficultés d'exécution; si graves qu'elles soient, elles ne peuvent arrêter le législateur, d'autant qu'il a déjà organisé, pour les délits d'audience, un système de répression qu'il suffirait d'adapter au faux témoignage. Plus prompte, la répression deviendrait aussi plus efficace; les témoins, avertis qu'ils peuvent, au moindre écart, être sévèrement châtiés, se renfermeraient plus exactement dans le sentier étroit de la vérité.

Devant toutes les juridictions, et surtout devant les juridictions inférieures, on voit chaque jour de faux témoignages se produire avec une complaisance et une facilité déplorables. La pente est d'autant plus glissante que l'infraction est plus légère, ou n'est pas du nombre de celles que l'opinion publique réprouve énergiquement. La plupart des témoins appelés dans les affaires de chasse, d'injures et outrages, de coups et blessures, et autres délits de mince importance, sont disposés à être favorables aux prévenus, qu'ils soient à charge ou à décharge. Les derniers, surtout, montrent parfois une effronterie que les magistrats seraient désireux de réprimer, sans recourir à un moyen aussi violent; quelques mois, ou même quelques jours de prison, infligés à propos, suffiraient pour retenir tout le monde, et donner au témoignage un plus grand caractère de sincérité.

S'agit-il d'outrages commis à l'audience, fût-ce même celle du juge de paix, le magistrat outragé est en droit de prononcer une peine qui peut atteindre et parfois même dépasser cinq années de prison (1). Pourquoi ne pas étendre cette doctrine au faux témoignage?

85. Les intérêts qui se débattent devant la justice de paix sont assez peu importants pour qu'une peine bien plus légère suffise dans tous les cas. En police correctionnelle même, le maximum sera rarement atteint, parce que les crimes de cette nature se reproduisent presque toujours à propos d'affaires sans importance, et que, pour être juste, une peine doit toujours être proportionnée à la gravité de l'infraction. Nous pensons, dès lors, que les faux témoignages commis au petit criminel et devant les juridictions civiles n'exigent pas une répression plus forte que celle édictée par l'art. 401 (2).

En Cour d'assises, la solennité du débat, l'importance des intérêts qui s'y discutent, l'influence fâcheuse que peut exercer le faux témoignage, tout contribue à attirer sur ce crime l'attention et la sévérité du législateur. A cette occasion, on rappelle une distinction capitale entre le faux témoignage pour et le faux témoignage contre l'accusé. Au premier cas, on cède à un sentiment d'humanité qui se comprend et s'excuse dans certaines limites, quelque blâmable qu'il soit au point de vue moral. L'emprisonnement et la réclusion suffiront sans doute à la répression. S'agit-il du faux témoignage contre, il ne peut guère émaner que de l'auteur du crime, d'un complice, ou de quelque être vil qui veut exercer une

(1) Pour les délits d'audience, v. loi du 28 février-17 avril 1791 ; C. de procédure, art. 11, 12, 85 et suivants; 504 et suiv., C. d'inst. crim. En combinant l'art. 505, Inst. crim., avec les art. 58 et 222, Code pénal, on est à même de conclure que le juge de paix, outragé à son audience, est en droit de condamner jusqu'à 5 et même 10 ans de prison ; telle est aussi la jurisprudence de la Cour suprême (cassat., 8 octobre 1847).

(2) Les faux témoignages de cette nature sont punis de la dégradation civique et de la réclusion (art. 362, 363, 366). Cette peine, bien qu'adoucie, ne perdrait rien de son efficacité ; au cas de l'art. 364, il conviendrait de l'élever au maximum ou au degré supérieur.

basse vengeance ; le soumettre aux peines de la complicité si elles sont supérieures à celles directement prononcées par la loi, c'est faire acte de bonne justice.

Au grand criminel, la co-existence des deux éléments qui entrent dans la composition de la Cour jettera probablement quelque complication dans le jeu de l'iustitution. On sortira d'embarras en étendant la compétence de la Cour, ainsi constituée, au fait nouveau qui s'est produit devant elle. Le faux témoignage se trouvera, dès lors, apprécié par son véritable juge, celui en présence duquel il s'est produit, qui a saisi son mobile et compris son but.

Si l'affaire n'était pas suffisamment claire pour être immédiatement jugée, on procéderait sans retard à un supplément d'information. Les pouvoirs de la Cour ne prennent fin qu'au moment même où elle épuise sa juridiction sur le débat principal, sans avoir vidé l'incident : on rentre alors dans les règles du droit commun (1).

86. Il ne suffit pas de protéger les personnes, il faut encore défendre leurs propriétés contre les atteintes de toute nature dont elles peuvent être l'objet ; tel est le but de nombreuses dispositions, dans l'examen desquelles nous allons entrer, en commençant par le vol.

La règle qui domine cette matière est posée dans l'art. 401. Tout vol qui n'est pas l'objet d'une disposition particulière, reste sous l'empire de cette règle générale. Appliquée à des faits aussi nombreux que divers, elle doit être essentiellement élastique et laisser aux magistrats une latitude telle qu'ils ne se trouvent jamais à l'étroit dans le cercle qui leur est tracé. Le législateur s'est-il conformé à ce principe élémentaire ? Oui, pour le maximum ; mais on ne doit pas en dire autant en ce qui touche le minimum (2). Un vol de plusieurs millions tombant, comme un vol de quelques centimes, sous l'appli-

---

(1) Souvent les Cours d'assises, et même les autres tribunaux, seront hors d'état de statuer immédiatement sur le faux témoignage ; de nombreux renvois s'ensuivront. L'exception, dût-elle absorber la règle, celle-ci, bien que rarement appliquée, n'en conserverait pas moins son utilité.

(2) La loi correctionnelle du 19-22 juillet 1791 punit moins sévèrement que l'art. 401 les délits de cette nature ; elle prononce un emprisonnement qui ne peut dépasser deux ans. Tit. 2, art. 32.

cation de cet article, il doit exister, entre ces deux extrêmes, une distance suffisante pour que, dans la plupart des cas, le juge puisse appliquer la loi sans lui faire subir de modification. Or, en l'état, c'est précisément l'effet inverse qui se produit dans plus des trois quarts des affaires ; les circonstances atténuantes sont mises à contribution pour diminuer la sévérité relative de la loi (1).

87. Ce n'est donc qu'à l'aide des circonstances atténuantes que le magistrat peut remplir sa mission d'une manière équitable. Or, nous l'avons déjà dit, c'est les détourner de leur but que d'en faire un moyen permanent pour modifier ou adoucir les rigueurs de la loi. La paresse législative peut y trouver son compte, mais la raison est en droit de se plaindre. C'est à la faveur de pareilles idées que les circonstances atténuantes envahissent tout; dans presque toutes les affaires, grosses ou petites, on en constate l'existence ; bientôt, pour peu que cela continue, elles deviendront de style. Telle n'a pu être l'intention du législateur; une institution de cette nature est appelée, dans des cas exceptionnels, à venir au secours du juge; du moment où elle se substitue à la règle, c'est qu'elle est mauvaise; le législateur doit alors aviser. Au reste, le but est facile à atteindre: il suffit de laisser aux tribunaux une grande latitude entre le minimum et le maximum; pourquoi gêner le magistrat lorsque, par des moyens détournés, on lui laisse une liberté illimitée? Vainement objecterait-on qu'un pouvoir si étendu frise l'arbitraire ; on répondra, avec raison, que l'arbitraire n'en existe pas moins, par quelque porte qu'il s'introduise. — Directement ou indirectement, le juge reste toujours libre dans ses appréciations; pourquoi alors le forcer à recourir à l'art. 463, lorsqu'il est si facile de lui accorder le même droit en vertu du texte qui sert de base à sa décision ?

(1) La statistique constate que, sur 1,000 condamnés pour vol simple, les circonstances atténuantes ont été accordées, en 1851, à 789; en 1852, à 773; en 1853, à 796; en 1854, à 800; en 1855, à 777. Les mêmes documents constatent que plus des 4/5 des mendiants et vagabonds ont obtenu le même bénéfice. Tant qu'on ne constatera pas des résultats inverses, la loi sera mauvaise ou imprévoyante. Le document officiel est obligé de reconnaître que les magistrats se montrent plus prodigues des circonstances atténuantes que le jury. En remontant à la cause, on verrait que c'est à la loi et non pas à l'institution que sont dus de pareils résultats.

88. L'œuvre du législateur, s'il entrait dans cette voie, serait grandement simplifiée; un bon nombre de dispositions législatives, qui ont pour but de prévoir une modification plus ou moins légère, et une aggravation en harmonie avec cette modification, deviendraient superflues et sans objet si, directement, on abandonnait à l'initiative du magistrat ce que, indirectement, on est obligé de lui concéder. Pour n'en citer qu'un exemple, pris dans notre sujet, l'art. 388 n'a plus d'utilité du moment où le minimum de l'art. 401 subit une notable diminution. Ces vols rentrent dans la règle générale, dont on n'eût pas songé à les faire sortir, si le Code de 1810 n'avait eu l'idée de les ériger en crime (1). En abaissant à un mois, et à moins si l'on veut, le minimum de l'art. 401, on porte un rude coup aux circonstances atténuantes : elles passent à l'état d'exception, alors qu'aujourd'hui elles absorbent la règle.

89. Le principe posé, la loi énumère les circonstances qui sont de nature à entraîner une aggravation de peine; voici les principales : Nuit, maison habitée, pluralité des personnes, domesticité, hôteliers ou logeurs, escalade, effraction, fausses clefs, violence, armes et usage, chemin public, usurpation de la qualité ou du costume de fonctionnaire, d'officier civil ou militaire, etc. Un vol commis avec le concours de la plupart de ces circonstances est d'une telle gravité, que le législateur a pu, sans être trop sévère, le punir d'une peine perpétuelle (art. 381). Des crimes aussi audacieux exigent une répression exemplaire; sans cela il y aurait péril imminent pour la société.

90. Les autres combinaisons législatives n'ont pas, à beaucoup près, la même valeur. L'art. 386 accorde une trop grande importance à des faits qui n'exercent en général qu'une médiocre influence sur la criminalité. La pluralité des personnes,

(1) Peu de pénalités ont subi de si fréquentes variations que celle édictée par l'art. 388. Le Code pénal de 1791 (part. 2, tit. 2, sect.2, art. 27) prononçait contre la plupart de ces vols une détention de 4 à 6 ans, suivant qu'ils étaient commis de jour ou de nuit. La loi du 25 frimaire an VIII, art. 11, réduisit cette peine à un emprisonnement de 6 mois à 2 ans. La loi du 25 juin 1824, art. 2, en revient aux peines correctionnelles, qui ont été maintenues par le Code révisé en 1832.

par exemple, ne peut être prise en sérieuse considération que lorsque le vol est commis de nuit et dans une maison habitée; si une de ces circonstances fait défaut, une peine correctionnelle suffit (1) : leur réunion transforme le vol simple en vol qualifié et le rend passible de la réclusion. Les malfaiteurs sont-ils porteurs d'armes apparentes ou cachées : cette circonstance nécessite une aggravation de peine, qui peut n'être que le maximum, avec faculté de le doubler. La menace de se servir des armes, ou l'usage de celles-ci, sans que la violence ait laissé des traces, élève la peine aux travaux forcés à temps; on arrive enfin aux travaux forcés à perpétuité, si cette violence a occasionné effusion de sang, blessure ou maladie.

91. Un vol sur les chemins publics, réduit à ses termes les plus simples, ne mérite qu'une peine correctionnelle. L'adjonction d'une circonstance quelconque, soit la nuit, la pluralité des personnes, le port d'armes, ou la violence, etc., le transforme en crime passible de la réclusion. Si à la pluralité des personnes se joint la possession d'armes, cette audace coupable et, dans tous les cas, dangereuse pour la sécurité publique, appelle une aggravation, qui pourrait n'être que le maximum de la peine. La menace de faire usage des armes, ou des blessures même légères, entraînent les travaux forcés à temps. S'il est résulté des violences effusion de sang, blessures ou maladie, la peine devient perpétuelle. Des modifications de cette nature, fussent-elles plus profondes, ne sont pas de nature à énerver l'action publique.

L'extorsion de titre n'étant, au fond, qu'un vol avec violence, il paraît convenable de lui appliquer les mêmes règles (2).

92. Certaines infractions sont plus sévèrement punies, parce qu'au fait matériel vient se joindre la violation d'un devoir. Cette idée s'applique au vol et abus de confiance domestique, aux soustractions commises par les aubergistes,

---

(1) V. sur ce point la loi du 25 frimaire an VIII (art. 2 à 5), qui, adoucissant la rigueur du Code pénal de 1791 (part. 2, tit. 2, sect. 2, art. 13, 15, 16), n'édictait, contre la plupart de ces méfaits, que des peines correctionnelles.

(2) Le Code pénal de 1791 établissait cette assimilation en termes exprès et la poussait jusque dans ses dernières conséquences. V. 2e part., t. 2, sect. 2, art. 40-1o, 2o, 3o.

hôteliers, logeurs. Elle domine également les art. 387 et 408,
ui n'aggravent qu'exceptionnellement la peine contre les
préposés. Juste en soi, le principe qui sert de base à cette
aggravation a été exagéré dans ses conséquences. Un emprisonnement de un à cinq ans, avec le cortége accessoire de
l'art. 401, suffit, en thèse générale, à la répression. Si cette
appréciation est susceptible de critique par rapport à la domesticité, il ne saurait en être de même en ce qui touche les
art. 387 et 408, qui portent en eux-mêmes la preuve de cette
exagération, puisque d'une peine correctionnelle assez légère
ils passent subitement à la réclusion ; en élevant dans les
deux cas le maximum au niveau de celui de l'art. 401, on eût
satisfait aux exigences de la répression et de la justice.

L'art. 387 ainsi réformé pourrait réserver la peine de la
réclusion pour le cas où le mélange nuisible aurait occasionné
une maladie ou incapacité de travail.

93. Les vols de nuit, et dans une maison habitée, subiraient l'influence du même principe ; une circonstance aggravante quelconque serait nécessaire pour les transformer en
crime : nous n'en dirons pas autant des vols commis par un
individu prenant le titre ou le costume d'un fonctionnaire,
alléguant un ordre de l'autorité civile ou militaire ; dans ce
cas, au fait matériel se joint une usurpation de pouvoir, un
abus de confiance vis-à-vis de la personne dupée ; la réclusion n'est pas une peine trop sévère contre un vol de cette
nature : cette lacune du Code pénal actuel demande à être
comblée.

94. L'escalade, l'effraction et l'usage de fausses clefs réclament sans doute une aggravation de peine ; le difficile est
de déterminer les limites dans lesquelles on doit la circonscrire. Que toutes ces circonstances réunies n'aient pas, au
point de vue légal, plus de valeur que chacune d'elles
en particulier, c'est ce dont il y a tout lieu d'abord de s'é-
tonner.

Le Code pénal de 1791, aussi sévère dans ses incriminations,
était plus juste sous ce rapport. La peine, directement prononcée pour vol, subissait, dans les limites du maximum (1),

_____

(1) Le maximum de la peine des fers, qui habituellement ne dépasse pas
20 ans, est porté à 24 en matière de vol. Les peines perpétuelles, sauf la

une augmentation à raison de chaque circonstance aggravante greffée sur le fait principal. Ce principe, appliqué par le Code pénal de 1791 sur une vaste échelle, est depuis tombé dans l'oubli. C'est à peine si parfois, et spécialement en matière de récidive, la loi actuelle en fait quelque rare application. Nous avons cru qu'il méritait une plus large place dans notre législation ; c'est dans ce but que fréquemment nous avons proposé à titre d'aggravation le maximum de la peine, au lieu de passer au degré supérieur.

Si les trois circonstances réunies ne méritent que les travaux forcés, chacune d'elles, prise séparément, est suffisamment punie par la réclusion : la réunion de deux, et à plus forte raison des trois, élèvera la peine d'un degré.

95. A un autre point de vue, on peut se demander si ces circonstances sont toujours de nature à transformer un vol en crime. Ainsi un vol commis avec effraction dans ces nombreuses et imperceptibles maisons de campagne qu'on appelle *bastides*, sera-t-il puni criminellement ? *Quid* de celui commis dans un jardin en escaladant les murailles, ou en y pénétrant à l'aide de fausses clefs ? Dans tous ces cas, il n'existe ni violation de domicile, ni danger de crimes d'une autre nature ; le législateur pouvait dès lors se départir d'une sévérité qui n'était pas suffisamment justifiée. Que je brise par pure méchanceté la porte de ce jardin ou de cette bastide, je ne m'expose qu'à une peine correctionnelle légère ; si, cette opération effectuée, j'y pénètre et appréhende, sans trop y réfléchir, un des minces objets qu'ils renferment, la peine acquiert une gravité hors de proportion avec le fait en lui-même. En l'état de notre législation, et malgré son texte positif, les circonstances aggravantes de cette nature sont souvent négligées, et ces faits jugés correctionnellement : pourquoi ne pas consacrer une pratique qui a des fondements si sérieux (2) ?

déportation, n'ayant pas cours dans cette législation, celle dont nous parlons était la plus sévère. V. part. 2, tit. 2, section 2, art. 1 à 7, etc., et aussi 1re part., tit. 1, art. 8, 12, 19, 26.

(2) La loi, si souvent citée, du 25 frimaire an VIII contenait, dans ses art. 9 et 10, quelques restrictions qu'il n'est pas inutile de rappeler : 1° le vol commis de jour, dans un terrain clos et fermé, est puni de trois mois à un an de prison ; 2° commis la nuit et dans les mêmes circonstances, il est

96. Les développements qui précèdent, et spécialement ceux relatifs à l'art. 401, nous dispensent d'insister sur la plupart des articles subséquents. Pour les délits, ce n'est qu'une question de minimum et de maximum. Élever l'un dans quelques rares cas, abaisser l'autre le plus possible, pour faciliter au juge l'accomplissement de sa mission, sans recourir si fréquemment aux circonstances atténuantes, tel est le but que le législateur doit avoir constamment en vue. L'art. 405 édicte, en matière d'escroquerie, un minimum trop élevé; le maximum de l'art. 402 est trop faible. Les faits de banqueroute simple étant nombreux et divers, il convient de laisser au juge une grande latitude; on y parviendra aisément en portant le maximum de 2 à 5 ans. A la faveur de cette aggravation, on pourrait, peut-être, déclasser encore quelques faits constitutifs de banqueroute frauduleuse, pour les transformer en délit de banqueroute simple. La banqueroute frauduleuse elle-même n'est-elle pas trop sévèrement punie? Analysé dans ses véritables éléments, ce crime ne peut être considéré que comme un abus de confiance; en le punissant de la réclusion, on l'assimile à un abus de confiance domestique; aller au-delà, c'est tomber dans une sévérité peu justifiée et compromettante pour la vindicte publique. Cela permet aussi d'adoucir la rigueur quelque peu draconienne de l'art. 404; quelle que soit la valeur morale du principe qui sert de base à cette pénalité, moins sévère elle sera plus acceptable.

97. Nous arrivons, sans plus tarder, à la partie du Code pénal consacrée aux *destructions* et *dégradations*. L'incendie, qui a trouvé place dans cette section (art. 434, 458), sera l'objet principal de nos investigations.

L'incendie est une arme terrible; nul ne peut à l'avance mesurer sa portée ou calculer ses conséquences : il s'adresse également aux personnes et aux choses. Tantôt il se produit comme crime principal, tantôt comme moyen de faire disparaître les traces d'un autre crime; quel que soit son mo-

---

puni de six mois à deux ans; 3° la peine est la même si le vol est commis de jour dans un terrain clos et fermé, attenant immédiatement à une maison habitée. Si, dans ce dernier cas, le vol est commis *de nuit*, il est puni de la peine des fers, conformément au Code pénal de 1791 (part. 2, tit. 2, sect. 2, art. 25).

bile, il est essentiellement dangereux, au point de vue social, et peut occasionner des désastres incalculables; il doit, à ce titre, assumer sur la tête du coupable une lourde responsabilité. Un crime qui s'applique à des objets nombreux et essentiellement divers, ne pouvait être uniformément classé dans l'échelle des peines. La loi prend nécessairement en considération l'imminence du péril, l'importance du dommage, la perversité de l'intention, pour assigner à ce crime une place plus ou moins élevée dans l'ordre des peines.

La loi réserve toute sa sévérité pour les incendies qui menacent également les personnes et les propriétés. Si ce crime occasionne directement ou indirectement la mort d'une personne, le coupable encourt la peine capitale. La possibilité d'un événement de cette nature suffit, au reste, et avec raison, pour faire encourir cette peine. Celui qui incendie une maison habitée ne peut bénéficier des actes de courage et de dévoûment suscités par un aussi déplorable événement; tel est cependant le but que poursuivent ceux qui voudraient abaisser la peine d'un degré, toutes les fois qu'un sinistre de cette nature n'a tranché le fil d'aucune existence humaine. Celui qui, sciemment, met le feu à une maison *actuellement habitée*, se rend coupable d'un double crime, qui appelle une répression exemplaire. Il ne faut pas qu'un concours fortuit de circonstances étrangères à l'agent l'emporte sur sa volonté.

98. Un incendie qui ne menace aucune existence humaine perd de sa gravité, et n'appelle plus qu'un châtiment moindre. En examinant de près les différentes classifications légales, on les trouve de prime-abord empreintes d'exagération, et on est porté à croire que le législateur a dépassé, dans la répression, la sage mesure qu'il doit toujours s'imposer. Celui qui détruit des récoltes sur pied ou des bois taillis par un autre moyen que l'incendie ne s'expose, en général, qu'à une peine correctionnelle (art. 444, C. pén.). Que la destruction par incendie aggrave la peine, en raison du danger social et des désastres qui peuvent en sortir, cela se conçoit; mais d'une peine correctionnelle à une peine perpétuelle, la transition est tellement brusque, qu'il est difficile de la considérer comme rigoureusement exacte. Cette considération, si elle est fondée, exerce son influence sur la plupart des autres in-

fractions, que la peine soit égale ou inférieure; on arrive dès
lors à conclure que, en abaissant dans presque tous les cas la
peine d'un degré, on ne désarme ni la justice ni la société.
Quelques-uns de ces faits, en rentrant dans la juridiction des
tribunaux correctionnels, n'en seront que plus sûrement et
plus promptement réprimés.

99. Bien que l'incendie ne soit pas l'œuvre d'une volonté
criminelle, il n'en reste pas moins punissable s'il a été provoqué par l'absence de soins ou le défaut de précaution que
la prudence la plus vulgaire commande. Le législateur avait
de trop graves intérêts à sauvegarder, pour rester indifférent
à la vue d'actes capables d'occasionner de grands désastres (1);
il a donc, comme dans quelques cas spéciaux, puni la négligence et l'imprudence. En incriminant des faits qui ne sont
pas le résultat d'une volonté réfléchie, il le fait avec une indulgence et une modération excessives. La peine pécuniaire
qu'il prononce (art. 458), souvent insuffisante, devient illusoire toutes les fois qu'elle tombe sur un insolvable (2). La loi
doit se montrer avare de peines purement pécuniaires; une
peine corporelle, même légère, est en général plus efficace que
de très fortes amendes. Rien n'empêche, au reste, de prononc-
cer cumulativement les deux peines, en laissant au juge la
faculté de n'infliger que l'une ou l'autre. Ce motif n'est pas le
seul à militer en faveur d'un châtiment plus sévère; celui
édicté par l'art. 458 est réellement insuffisant, en présence du
péril social qu'il est appelé à conjurer. La volonté peut être
douteuse, ou la négligence tellement coupable, qu'une répression énergique paraisse indispensable à tout le monde.

Pourquoi, à un autre point de vue, ne pas tenir un peu

(1) Il vaut mieux prévenir que réprimer; cela est surtout vrai en cette
matière. Les incendies, intéressant au plus haut degré la sécurité publique,
l'autorité administrative a le droit de faire des règlements qui trouvent leur
sanction dans l'art. 471, nº 15, du Code pén. V. aussi Dig., liv. 1, tit. 15,
De officio præfecti vigilum.

(2) Le Code rural, loi des 28 septembre-6 octobre 1791, avait prévu le
cas, en décidant, tit. 2, art. 51, que la détention remplacerait l'amende à l'é-
gard des insolvables. Ce principe, qui rencontre en pratique de graves difficultés, aurait dans nos idées quelque chose de choquant; mieux vaut recourir
aux moyens indiqués dans le texte. Comp. (l. 19-22 juillet 1791, art. 26,
tit. 1), et décret du 5 octobre 1793.

compte des résultats? En prononçant une peine plus ou moins
sévère, suivant que l'incendie cause la mort de quelques personnes ou n'entraîne aucun accident de cette nature, on reste
dans les limites du bon sens et de la raison. Il existe entre ce
cas et celui prévu par les art. 319-320 du Code pénal une analogie telle, qu'on ne saurait sérieusement critiquer l'assimilation que nous proposons d'établir.

100. L'art. 437, combiné avec l'art. 257, donne lieu à quelques observations qui ne sont pas dépourvues d'intérêt. Le
premier punit de la réclusion « celui qui volontairement
« renverse ou détruit tout ou partie d'édifices, ponts, digues,
« chaussées, etc., appartenant à autrui. » Le second (art. 257)
inflige une peine d'un mois à deux ans de prison « à quicon-
« que détruit, abat, mutile ou dégrade des monuments, sta-
« tues et autres objets destinés à l'utilité ou à la décoration
« publique. » Pourquoi deux articles et deux pénalités différentes pour des faits qui se touchent et se lient aussi intimement? Serait-ce parce que l'art. 437 protége des constructions
particulières, alors que l'art. 257 s'applique à des monuments
destinés à l'ornement et à la décoration d'une ville? Toutes
les propriétés ont droit à une égale protection; si une distinction devait être établie, c'est en faveur des œuvres d'art, des
travaux d'utilité publique, qui servent à tout le monde et réclament à ce titre une protection plus efficace. Les monuments qui font la gloire du passé, l'orgueil du présent, et qui
perpétueront dans l'avenir l'honneur du nom français, sont
le patrimoine de tous les temps et de tous les âges; ils méritent respect et protection, au moins à l'égal d'un pont ou
d'une digue, quels qu'en soient le propriétaire et la destination.

La destruction de digues et chaussées peut bien entraîner
quelque désastre local, interrompre momentanément des
communications nécessaires; mais il n'est pas d'infraction
plus ou moins grave, de fait même involontaire, qui ne soit
en état d'occasionner de pareils résultats.

Aurait-on pris en considération la valeur présumée de ces
divers objets? Cela peut être; mais ici encore les prévisions
législatives seront à côté de la vérité. Ces gracieuses statues,
ces élégants monuments qui décorent nos cités, leurs jardins
et promenades, peuvent avoir, comme œuvres d'art, une valeur

très considérable. Leur perte, souvent irréparable, cause des regrets universels, et cependant l'auteur de ces désastres s'expose, au maximum, à deux années de prison... On pourrait de nos jours être Erostrate à bon marché! S'agit-il d'un pont, même d'une très mince valeur, et d'un remplacement excessivement facile, on encourt la réclusion.

A quelque point de vue qu'on se place, cette division quelque peu artificielle n'a pas de raison d'être. Deux articles sur ce point ne se comprennent guère plus que les pénalités distinctes par eux prononcées. Il y a lieu de les confondre, avec renvoi pour la peine à l'art. 401, sauf à maintenir le minimum d'un mois, qui laisse au magistrat, dans l'application de la peine, une plus grande liberté d'appréciation.

101. Ici se termine la série de nos développements généraux sur le Code pénal; pour épuiser le sujet, il faudrait sortir des limites que comporte un travail de cette nature. Au surplus, en nous occupant des juridictions criminelles et de l'influence que ce système est appelé à exercer sur chacune d'elles en particulier, nous aurons l'occasion de revenir sur quelques-uns de ces points, de combler quelques lacunes et de compléter certaines théories à peine indiquées ou effleurées dans le cours du présent article. Nous terminerons la première partie de ce travail en examinant l'influence des circonstances atténuantes et de la récidive sur la pénalité en général.

III. DES CIRCONSTANCES ATTÉNUANTES ET DE LA RÉCIDIVE.

102. Les circonstances atténuantes et la récidive agissent en sens inverse sur la peine, et lui font subir des modifications plus ou moins profondes. L'art. 463 du Code pénal détermine avec précision l'effet des circonstances atténuantes. Les dispositions de la loi, dont plus d'une fois, déjà, nous avons fait connaître le mécanisme, sont trop claires pour exiger de nouvelles explications. Au criminel, elles forcent le magistrat à abaisser la peine d'un degré, et lui permettent de l'abaisser de deux, s'il le juge convenable. Au correctionnel, le tribunal est autorisé à faire descendre la peine jusqu'au minimum de celles de simple police.

Déjà incomplet au point de vue correctionnel, l'art. 463.

devient tout à fait insuffisant, si le législateur se décide à user
plus fréquemment des aggravations prises dans le même
ordre de peines. Comment procéder, lorsque la loi prononce
le maximum d'une peine correctionnelle? N'y a-t-il pas lieu,
dans ce cas, de déterminer, d'une manière directe et spéciale,
l'effet des circonstances atténuantes? Cela paraîtra d'autant
plus nécessaire, que la plupart des infractions comprises dans
cette catégorie constituent, en l'état, des crimes punis au minimum de un ou deux ans de prison, lorsque par suite de
circonstances atténuantes, la peine a été réduite à ses plus
minces proportions. Il semble, dès lors, qu'une disposition
ainsi conçue aurait son utilité et sa raison d'être : « Lorsque
« la loi prononce le maximum d'une peine correctionnelle,
« si les circonstances paraissent atténuantes, le tribunal gra-
« due, suivant les cas et la plus ou moins grande gravité du
« délit, le châtiment qu'il est chargé de prononcer, sans qu'il
« puisse toutefois abaisser la peine corporelle au-dessous de
« trois mois : il pourra également infliger tout ou partie
« des autres peines édictées par l'art. 401 (1). »

103. Cette lacune n'est pas la seule; la pratique de chaque
jour en signale une autre plus grave. Lorsque le juge veut
user du droit qui lui compète de substituer l'amende à l'emprisonnement, quelle est la peine encourue? Si la loi s'explique, et édicte en même temps une peine corporelle et une
pécuniaire, cette dernière sera incontestablement appliquée;
mais le plus souvent la loi est muette et se contente de prononcer une peine corporelle (2), qu'en raison de sa sévérité
relative, le juge désire remplacer par une simple amende;
comment faire alors? Telle est la difficulté; elle est d'autant
plus sérieuse, que le silence du législateur laisse le champ
libre à la controverse et aux opinions les plus contradictoires.

Les uns veulent que le magistrat reste libre de prononcer

---

(1) Dans quelques cas déjà, soit au grand, soit au petit criminel, le Code
pénal prononce des aggravations de cette nature. V. notamment les art. 56
7° et 8°, 189, 198 et 450 du Code pénal. Pour être complet, l'art. 463 aurait
dû s'expliquer, dans un cas comme dans l'autre, sur l'effet des circonstances
atténuantes.

(2) V. les art. 153 à 162, 200, 202, 211, 212, 222, 223, 225, 249,
250, etc., etc.

la peine qu'il juge convenable, c'est-à-dire une amende arbitraire; les autres affirment que le tribunal ne peut appliquer que la plus petite de toutes les peines de simple police (1), c'est-à-dire une amende de 1 fr. Le bon sens et la raison doivent se tenir en garde contre de pareilles exagérations. Les peines arbitraires, on l'a dit bien souvent, n'ont plus cours dans notre droit. Celles de simple police ne sont obligatoires que lorsqu'on se trouve en présence d'une contravention. S'agit-il, au contraire, d'un délit correctionnel, la loi nous dit que la moindre amende est de 16 fr., comme la moindre peine corporelle de six jours de prison. Aussi lorsque l'article 463 indique l'effet des circonstances atténuantes, il autorise expressément à prononcer une amende inférieure à 16 fr.; à défaut de fixation spéciale, c'est à ce minimum légal et général qu'il faut s'en rapporter. Il constituera, dans l'espèce, un maximum que le juge ne peut dépasser sans tomber dans les peines arbitraires : bien entendu qu'il restera toujours libre de prononcer une amende, même inférieure à 16 fr. Le tribunal se meut alors dans un cercle fort étroit, entre 1 fr. et 16 fr. extrêmes limites des peines de police simple et correctionnelle.

En édictant une pareille disposition, le législateur n'avait pas l'intention de la rendre inefficace ou illusoire; s'il avait entrevu cette difficulté, il l'eût sans doute aplanie pour ne pas mettre le juge dans une fausse position. Une peine corporelle excessive et une amende dérisoire poussent également à l'arbitraire. La pente était trop glissante pour que quelque tribunal ne s'y laissât pas aller. Le remède, au surplus, est à côté du mal; pour faire disparaître toute incertitude, il suffit de prononcer une amende plus sévère; en fixant son maximum à 1,000 fr., on lui donne l'efficacité dont elle est, en l'état, dépourvue, et on laisse au tribunal toute la latitude désirable.

---

(1) V. en ce sens Morin, *Répertoire*, v° *Amende*, et *Journal du droit crim.*, année 1852, p 219, où il rapporte et critique un arrêt de la Cour de Douai (22 mars 1852), qui maintient une peine arbitraire. V. également dans ce dernier sens Paillet, *Manuel de droit français*, note sur l'art. 463. — L'opinion que nous soutenons au texte est corroborée par un arrêt de la Cour de cassation du 10 janvier 1846 (Dall., 46, 1, 162).

104. De tout temps la récidive a influé sur la criminalité d'un fait et aggravé la peine dans de notables proportions. Une première faute appelle l'indulgence; elle peut être le résultat d'un moment d'oubli ou d'égarement. Le juge, en se montrant trop sévère, pousse dans la voie du mal celui qu'une correction paternelle pouvait retenir sur le bord de l'abîme. La société ne désire pas se trouver en présence de grands criminels; elle est intéressée, avant d'appesantir la main de la justice sur la tête du coupable, à prévenir et à avertir autant que possible d'une manière efficace. Puissante et bien organisée, elle déploiera une plus grande longanimité et essaiera, à force d'indulgence et de modération, de ramener dans la voie du bien les enfants égarés. Si ces salutaires avertissements sont méconnus ou méprisés, alors seulement elle s'armera d'une juste sévérité et frappera sans merci ceux qu'elle n'a pu ni corriger ni amender.

L'idée sur laquelle repose cette aggravation est, quoi qu'on en dise, essentiellement juste et raisonnable. La récidive atteste une plus grande perversité chez l'agent, et fait courir à la société un plus grand danger; elle appelle, dès lors, une répression plus exemplaire. L'indulgence passée n'est-elle pas aussi pour l'avenir un motif de plus de sévérité?

105. Le mot *récidive* est pris dans deux acceptions bien différentes : *lato sensu*, il désigne toute espèce de rechute; au point de vue légal, il n'y a récidive que lorsque la première condamnation a eu le caractère de gravité requis par la loi. Les condamnations antérieures, lors même qu'elles ne constituent pas un état de récidive légale, peuvent être prises en considération par le juge, et motiver une plus grande sévérité : la récidive légale seule entraîne une aggravation de peine.

La récidive a lieu au grand comme au petit criminel; tout individu condamné correctionnellement à plus d'une année de prison, encourt, s'il commet un second délit, le maximum de la peine, qui peut même être élevé jusqu'au double (art. 58, C. p.). Si la seconde infraction constitue un crime et non plus un délit, cette rechute n'entraîne aucune aggravation, sauf au magistrat à avoir, dans l'application de la peine, tel égard que de raison à la précédente condamnation. Si le crime se modifie à l'audience, ou se réduit, par suite des circonstances atténuantes, aux proportions d'un délit, malgré le silence de la loi, et en vertu d'un *a fortiori* évident, il y a lieu d'appliquer l'art. 58, avec l'aggravation qu'il prescrit. Dans la pratique de chaque jour, on n'éprouve en pareil cas ni doute ni hésitation.

La récidive de crime à crime existe lorsqu'un individu condamné à une peine afflictive et infamante encourt, à raison d'une nouvelle infraction, une peine de même nature. L'art. 56 du Code pénal détermine avec précision les conséquences légales de cette récidive. L'importance de la première condamnation, l'intensité plus ou moins grande du second crime, entrent également en ligne de compte quand il s'agit de fixer la nature et la durée du châtiment : tantôt on prononce le maximum de la peine encourue, tantôt on l'élève d'un degré. Le texte de la loi, suffisamment clair par lui-même, n'exige aucun développement, et les modifications que nous proposons ne peuvent, en aucune façon, troubler son économie. Quelques infractions déclassées et moins sévèrement punies laissent subsister dans son intégrité le principe sur lequel repose l'art. 56.

106. La récidive a, comme la plupart des institutions judiciaires, subi de nombreuses transformations. Sans sortir de notre législation moderne, et en remontant à un de ses plus anciens monuments, nous trouvons dans le Code pénal de 1791 une disposition fort intéressante. Bien convaincu que la récidive recélait un véritable danger social, le législateur voulut extirper le mal, ou tout au moins séparer l'ivraie du bon grain. Dans ce but, il ordonna que tout récidiviste, en matière criminelle, « serait, à l'expiration de sa peine, conduit pour le reste de sa vie au lieu fixé pour la déportation des malfaiteurs » (1). Sagement conçue et vigoureusement exécutée, cette mesure promettait les meilleurs résultats; elle raffermissait le présent, garantissait l'avenir et laissait entrevoir le moment où le sol français pourrait être purgé de tous ces êtres essentiellement dangereux, dont l'existence seule met la société en péril.

Sous l'empire de cette législation, la récidive jouait un

____

(1) **V. L.** des 25 septembre-6 octobre 1791, part. 1, tit. 2. L'art. 1, dont nous avons presque littéralement reproduit le texte, pose ce principe. L'art. 2 établit quelques restrictions quand il s'agit des peines purement infamantes.

grand rôle dans les débats criminels et les délibérations des jurés. Considérée en quelque sorte comme une circonstance aggravante du second crime, elle faisait l'objet d'une question spéciale au jury, et n'entraînait la transportation qu'à la suite d'une réponse affirmative. Le Code des délits et des peines, en plaçant sur la même ligne la récidive et les autres circonstances sur lesquelles le jury est forcément interrogé, levait tous les doutes, et montrait bien que telle était la volonté du législateur (1).

107. La transportation, par malheur, ne fut organisée qu'en théorie; les embarras du moment empêchèrent sa réalisation, comme celle de plusieurs autres entreprises fort utiles. Mais l'idée en elle-même était trop fondée en justice et en raison pour qu'elle pût facilement tomber en oubli. Elle s'implanta dans les principaux monuments de la législation criminelle, et poussa de si profondes racines que, après plus de dix années d'attente, on ne désespérait pas encore de son avenir. Toutefois, comme il paraissait nécessaire d'aggraver d'une façon quelconque les peines des récidivistes, on remplaça momentanément la déportation par la flétrissure (2), mais en déclarant expressément que celle-ci n'aurait d'effet que jusqu'au jour où celle-là serait régulièrement organisée. Le Code pénal de 1810 fit évanouir cette illusion, en établissant le système qui, sauf quelques légères modifications, nous régit encore aujourd'hui.

Bien que législativement abandonnée, l'ancienne idée n'en conservait pas moins ses adeptes, dont le nombre et la force augmentaient au fur et à mesure que le pouvoir social recon-

---

(1) L'art. 375 du Code des délits et des peines est ainsi conçu : « Dans les « délits qui renferment des circonstances indépendantes les unes des autres, « comme dans une accusation de vol, pour savoir s'il a été commis de nuit, avec « effraction, par une personne domestique, *avec récidive*, etc., les questions « relatives aux circonstances sont présentées chacune séparément, sans qu'il « soit nécessaire de commencer par la moins aggravante. » V. également les art. 373 et 374, qui ne sont pas moins précis. L'opinion contraire, qui a pour elle quelques arrêts isolés, est en contradiction formelle avec le texte et l'esprit de la loi. V. Dall., *Répert.*, v° *Peines*, n° 605.

(2) V. la loi du 23 floréal an x, art. 1 et 7. Cette peine, qu'on l'appelle flétrissure ou marque, loin d'amender le condamné, le jetait de plus en plus dans la voie du mal : elle a disparu de notre législation en 1832.

naissait son impuissance à arrêter le mal. Après les événements de 1851, un pouvoir fort et solidement constitué, comprenant qu'on ne pouvait rassurer les bons sans éloigner le plus possible les méchants, remit en vigueur le principe de la transportation. Organisée depuis par la loi du 30 mai 1854, elle doit, dans un avenir plus ou moins prochain, influer d'une manière notable sur la récidive (1). En la complétant par quelques dispositions nouvelles sur les mendiants, vagabonds et condamnés à la surveillance, on aurait sans doute résolu une grave question qui, depuis longtemps, préoccupe à juste titre les publicistes et les hommes d'État.

108. La législation intermédiaire s'était également préoccupée de la récidive au petit criminel, et avait réglé ses effets avec détail et précision dans deux lois contemporaines du Code pénal de 1791. La loi correctionnelle du 19-22 juillet 1791 dispose ce qui suit : « En cas de récidive, toutes les amendes « établies par le présent décret sont doublées, et tous les juge- « ments seront affichés aux dépens des condamnés (art. 27, « tit. 2). » Le Code rural (2) contient une disposition à peu près identique. Toutes deux sont spécialement applicables aux contraventions.

Les délits correctionnels, plus sévèrement punis, n'étaient pas invariablement soumis à la même règle. Sans l'ériger en

---

(1) V. les décrets des 8 décembre 1851 et 27 mars 1852. — Parfois encore on consulte les parquets sur des commutations de peine à accorder aux condamnés transportés. Si c'est en vue d'une grâce pleine et entière, on le comprend; mais s'il s'agit purement et simplement d'améliorer dans la colonie le sort des déportés, c'est chose inutile. Tout, dans ce cas, doit être administrativement et provisoirement concédé. On parviendrait ainsi à tenir constamment les condamnés en haleine; une concession faite, ils se conduiraient mieux encore pour la conserver; par ce moyen, on les encourage et les retient tout à la fois dans la voie du bien. Les grâces ayant pour but de faire sortir de la colonie devraient être rares, et accordées seulement à des individus dont la conduite passée, depuis longtemps irréprochable, serait un sûr garant pour l'avenir. Si on ne procède pas avec cette sage réserve, on s'expose à détruire tout le bien que cette mesure promet. Les grâces entières et définitives, appliquées à des gens de cette espèce, produisent en général de si minces résultats, qu'en user très rarement, c'est rendre service à la société et aux condamnés eux-mêmes.

(2) V. la loi des 28 septembre-6 octobre 1791, tit. 2, art. 4.

principe absolu, le législateur en fait de fréquentes applications : il suffira pour s'en convaincre de parcourir la loi correctionnelle de 1791, et on verra combien nombreux sont les articles qui se terminent par cette disposition générale : « La peine sera doublée en cas de récidive » (1).

Souvent la récidive imposait une plus lourde responsabilité et suffisait pour élever la peine d'un degré (2) ; parfois même on va plus loin, et une simple contravention est, par l'effet de la récidive, transformée en crime (3).

La loi du 25 frimaire an VIII pénétra plus avant dans cet ordre d'idées ; elle tempéra, d'une part, la rigueur du Code pénal de 1791, en déclassant et punissant correctionnellement un bon nombre d'infractions précédemment classées au rang des crimes, et réserva, d'autre part, des peines plus sévères pour la récidive. L'art. 15 de cette loi est ainsi conçu : « En cas de récidive, les délits sus-énoncés seront jugés par le « tribunal criminel et punis des peines portées au Code pénal « de 1791. »

Cette disposition, malheureusement perdue dans le trop vaste arsenal de nos lois, ne méritait pas de tomber dans un oubli aussi profond. On comprend que, dans certains cas, la récidive élève la peine d'un degré ; l'indulgence passée et la sévérité présente ont également leur raison d'être, et le juge ne frappe qu'à bon escient.

109. Il y a, ce semble, dans cette idée un trait de lumière, un fil conducteur capable de diriger dans la voie si difficile de la réforme de notre droit criminel. En proposant de déclasser et de transformer en délits un bon nombre de crimes, nous avions l'intention bien arrêtée de réserver pour la réci-

(1) V. L. des 19-22 juillet 1791, tit. 2, art. 10, 11, 19, 24, 25, 27, 32, 33, 35, 38, 39, etc. — Loi des 28 septembre-6 octobre 1791, tit. 2, art. 38.

(2) V. L. du 19 juillet, tit. 1, art. 19, 22, 23, 29.

(3) L'art. 46 du Code pén. de 1791 (part. 2, tit. 2, sect. 2) est ainsi conçu : « Quiconque sera convaincu d'avoir sciemment et à dessein vendu à faux poids ou à fausse mesure, après avoir été précédemment puni deux fois par voie de police à raison d'un semblable délit, subira la peine de 4 années de fers. » L'art. 40 de la loi des 19-22 juillet (tit. 2), qui punit la première récidive, renvoie, pour la deuxième, à l'article précité du Code pénal. — Le Code des délits et des peines était muet sur la récidive. ou du moins se contentait (art. 607 et 608) de renvoyer aux lois précitées.

dive une peine d'un ordre supérieur. Nous dirons donc avec
la loi de l'an VIII : « En cas de récidive, les infractions ci-dessus
déclassées seront jugées criminellement, et punies de peines
portées au Code pénal. » Cet article soulève deux difficultés
qu'il faut immédiatement signaler et examiner : 1° La récidive
doit-elle suivre de près la première condamnation ? 2° Une
condamnation antérieure quelconque suffirait-elle pour légitimer une aussi notable aggravation ?

La loi de l'an VIII (art. 13) avait résolu ainsi qu'il suit la
première de ces questions : « Il y aura récidive quand un dé-
« lit de la nature de ceux énoncés ci-dessus aura été commis
« par le condamné dans la troisième année à compter du jour
« de l'expiration de la peine qu'il aura subie. »

Pourquoi cette restriction, et sur quoi la fonder ? (1). Une
explication plausible est d'autant plus difficile à trouver, que
la législation d'alors, pas plus que celle d'aujourd'hui, ne res-
treignait à un délai déterminé l'effet de la récidive ; à quelque
époque que la rechute se produisît, elle entraînait l'aggravation édictée par la loi (2). Il n'existe donc aucune raison pour
s'écarter de la règle générale et établir une exception que
rien ne justifie. Si l'opinion contraire prévalait, le trop bref
délai de trois ans devrait être notablement augmenté ; sans
cela les malfaiteurs se tiendraient en garde contre lui, comme
ils se tiennent en garde contre certaines circonstances aggravantes.

La deuxième question, nous la résolvons à l'aide des principes généraux sur la récidive. Une condamnation légère ne
peut être prise en sérieuse considération ; il faut être en récidive légale pour encourir une véritable aggravation de peine.
Si la première condamnation ne dépasse pas un an, le juge

(1) D'après le Code pénal de 1791 (part. 1, tit. 6, art. 1) et le Code des
délits et des peines (art. 9), l'action publique résultant d'un crime se prescri-
vait en principe par 3 ans. Si une analogie plus ou moins lointaine a porté à
accepter ce délai, le même motif voudrait qu'aujourd'hui il fût porté à 10 ans.
V. art. 637, C. Inst. crim.

(2) V. les textes précédemment cités, n° 108, et notes. Il est bien entendu
qu'il ne s'agit ici que des crimes et délits. En ce qui touche les contraventions, le délai de la prescription était alors, comme aujourd'hui, fixé à une
année. Comparez Code rural, titre 2, art. 4 ; Code des délits et des peines,
art. 608, et Code d'instruction criminelle, art. 640.

trouve dans la peine normale une latitude suffisante pour punir les coupables. Est-elle, au contraire, de nature à servir de base aux peines de la récidive? Alors, mais alors seulement, le délit se transforme en crime. Cette combinaison, qui pouvait être fertile en bons résultats, n'a pas reçu les développements qu'elle comportait; laissée dans l'oubli par les législateurs subséquents, elle n'a exercé aucune influence sur le Code de 1810; et si on en trouve une application dans son art. 478, elle est de fraîche date et ne remonte qu'à la révision de 1832.

110. Si cette idée s'implantait dans notre droit criminel, et reprenait dans la pratique judiciaire la place qu'elle était appelée à occuper, il y aurait nécessité d'indiquer avec exactitude et précision les infractions plus ou moins nombreuses qui rentreraient dans cette catégorie. Qu'on emploie, pour atteindre ce but, une disposition générale ou que, sur chaque article en particulier, on rappelle l'aggravation encourue en cas de récidive! peu importe, le résultat est toujours le même; il suffit que le texte de la loi soit assez clair, pour ne soulever ni doute ni hésitation.

111. Ce principe, une fois admis, ne pourrait-on pas en tirer une autre conséquence, et l'étendre à tout autre individu qui, condamné pour délit au maximum de l'emprisonnement correctionnel, commettrait une nouvelle infraction susceptible d'entraîner un châtiment de même nature? Le bon sens et la raison n'ont aucune sérieuse objection à élever contre une pareille aggravation. Elle permettrait, au surplus, de saisir par leur côté faible ces criminels de maison centrale qui connaissent l'importance respective des circonstances aggravantes, et savent toujours s'arrêter à celles qui éloignent de leur tête une sévère répression. On ne doit pas se jouer impunément de la loi pénale; celui qui se livre à un pareil calcul mérite le sort réservé au papillon qui voltige autour d'une lumière.

112. Nous avons rapidement parcouru le chemin long et accidenté dans lequel nous étions engagé. Préoccupé de l'ensemble bien plus que des détails, nous avons discuté les points saillants, mis en relief les idées principales qui paraissaient devoir présider à la réforme ou à l'amélioration de notre

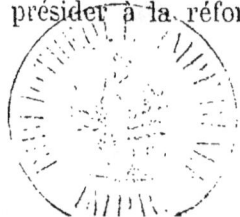

7

droit criminel. Toutes ces observations tendent au même
but et aboutissent à la même conclusion : une refonte aussi
complète que possible de notre législation criminelle. Il serait
dangereux de se faire illusion et de croire qu'on peut réparer
pièce par pièce un édifice aussi compliqué. Il faut subordon-
ner cette opération à une pensée générale, à des vues d'ensemble, desquelles découleront avec netteté et précision les
conséquences et les détails qui complètent cette œuvre et lui
assurent une longue existence.

Entre une révision partielle forcément incomplète et une
refonte générale opérée d'après des vues d'ensemble, un plan
uniforme et systématique, il n'y a pas à hésiter; et nous dirons avec la Cour de cassation : « Entre ces deux partis, le
« plus grand, celui d'une *refonte* complète, n'est pas le plus
« difficile; il est plus digne d'un peuple éclairé, dont la légis-
« lation a le glorieux privilége de se placer en tête des légis-
« lations modernes. Il est aussi le plus conforme à cet esprit
« de conservation et de durée sur qui repose le long avenir
« des lois » (1).

Le gouvernement impérial a porté de bonne heure son attention sur ce point. Préoccupé des lacunes et des imperfections de notre droit criminel, il a compris qu'une révision
complète était nécessaire, et n'a pas hésité à la promettre dans
un de ses premiers actes (2). Mais convaincu qu'en cette matière il ne faut rien aventurer, que la maturité et la réflexion
doivent présider à une opération si délicate, il a voulu laisser
aux jurisconsultes et aux hommes spéciaux le temps de l'é-
tude et de la méditation. Une fois entouré des lumières qui

---

(1) Extrait des observations faites en 1846 sur un projet de réforme pénitentiaire, qui eût nécessité un remaniement à peu près complet de notre Code
pénal. Dans le même travail, on remarquait le passage suivant : « Faut-il
procéder comme en 1832, ou, au contraire, entreprendre une refonte complète? Faut-il faire entrer dans le Code pénal un grand nombre de dispositions
éparses dans des lois spéciales? Entre ces deux partis, etc., V. Discours du
rapporteur. — V. aussi la brochure de M. G. Roussel sur la rédaction et la
codification des lois, part. 1, p. 40 et 80. Ce travail, plein d'aperçus fins et
ingénieux, a été inséré d'abord dans la *Revue critique*, t. 9, p. 324 et suiv.

(2) Dans le préambule du décret du 27 mars 1852 on lit ce qui suit : « Considérant que, sans attendre la loi qui doit modifier le Code pénal quant au
mode d'application des travaux forcés pour l'avenir, etc., etc. »

jaillissent naturellement du choc des différentes idées, il n'hésitera plus, sans doute, à prendre un parti décisif et à porter un remède au mal que tout le monde voit, et contre lequel on n'a employé jusqu'ici que d'insignifiants palliatifs.

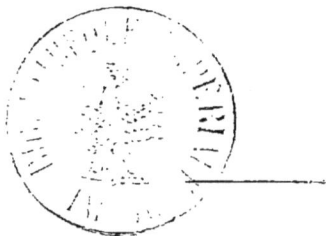

ERRATA.

P. 22, ligne 32 : au lieu de *la liberté même*, lisez *la liberté humaine* ;

P. 33, ligne 15 : au lieu de *ne pas déplacer*, lisez *ne pas déplorer*.

PARIS. — Typ. Vᵉ LACOUR, rue Soufflot. 18.

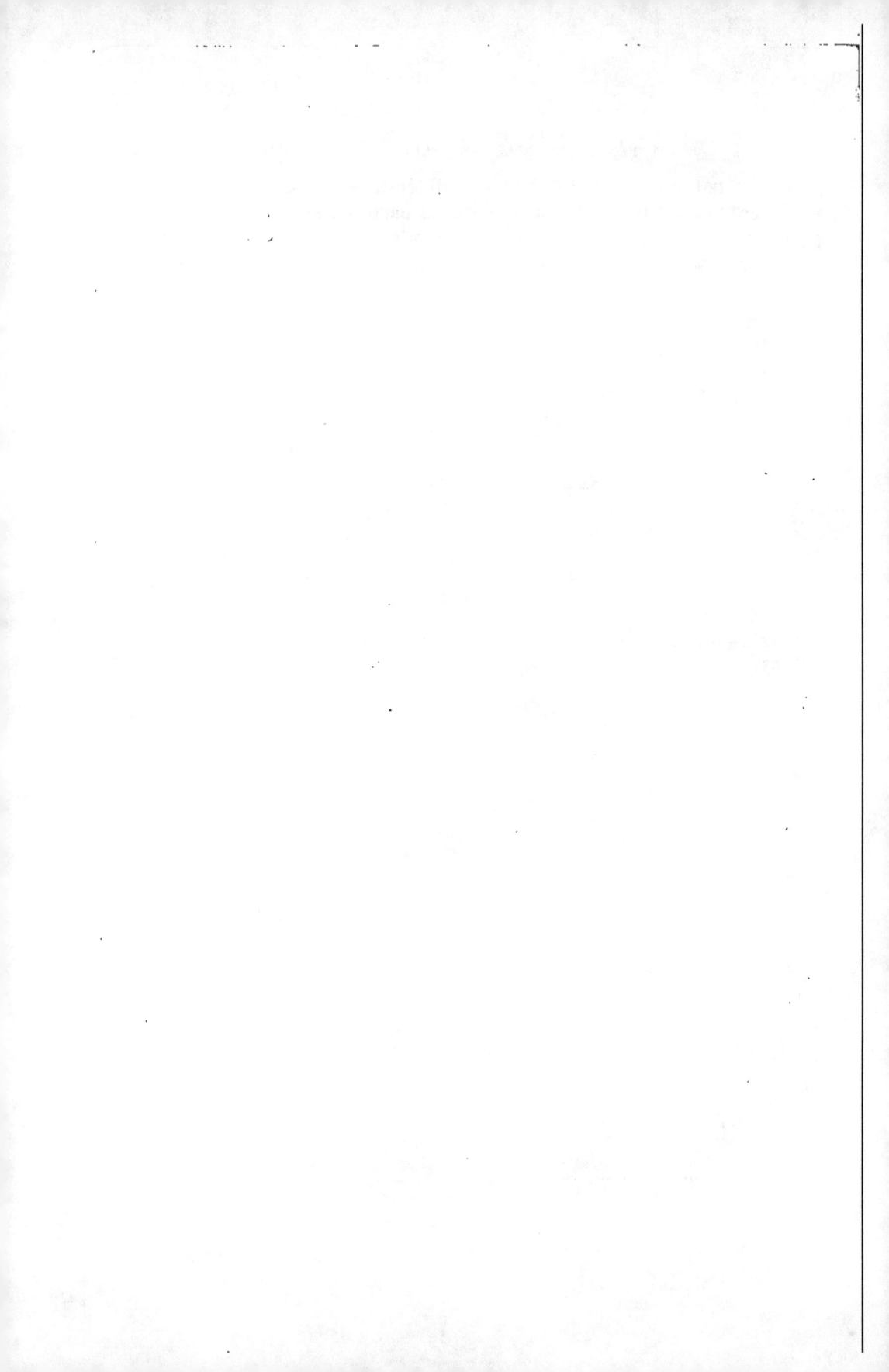

ÉTUDE

SUR LE

DROIT PÉNAL

———•◆•———

DEUXIÈME PARTIE.

Des juridictions criminelles.

113. Il ne suffit pas d'édicter des peines et de menacer de châtiments plus ou moins sévères ceux qui méconnaissent les prescriptions de la loi pénale ; il faut, avant tout, qu'elle soit respectée, ou qu'une répression prompte et assurée atteigne celui qui oserait enfreindre ses prohibitions. Tel est le but de la police judiciaire, qui sort du cadre de cette étude, et des juridictions criminelles, dont nous allons immédiatement nous occuper. La justice civile et la justice criminelle étant intimement liées dans notre organisation moderne, indiquer les tribunaux qui jugent au civil, c'est par contre faire connaître ceux qui administrent la justice répressive.

Les justices de paix, sous le nom de *tribunaux de simple police,* les tribunaux civils d'arrondissement comme *tribunaux correctionnels,* les Cours impériales et la Cour de cassation, concourent également à cette œuvre de réparation. La Cour de cassation joue ici, comme partout ailleurs, le rôle de modérateur suprême ; elle plane au-dessus de toutes les juridictions. Cette Cour a pour mission de faire respecter la loi et les formes protectrices qu'elle établit, de propager les bonnes doctrines, les saines interprétations, et d'assurer dans tous les cas à la loi obéissance et soumission.

8

L'unité dans la législation réclamait l'unité dans la jurisprudence, c'est à cette belle idée que répond la Cour de cassation. Régulateur souverain du droit, elle n'a jamais à s'occuper du fait, ni à substituer à la décision qu'elle casse une autre décision ; elle se contente de mettre au néant les sentences entachées d'un vice légal et de rétablir les parties dans le même état que si la sentence annulée n'avait pas été rendue. Elle renvoie dès lors, l'affaire et les parties, devant un tribunal de même ordre que celui dont la sentence a été cassée. Il est facile de comprendre, après cela, pourquoi la Cour suprême ne constitue pas un degré de juridiction ; ce titre appartient exclusivement aux tribunaux qui, en jugeant le droit et le fait, assurent une prompte et immédiate justice. Au dernier degré sont dévolues les contraventions ; les tribunaux correctionnels jugent les délits ; les Cours impériales, tous les appels des tribunaux correctionnels, et certains délits spéciaux, directement déférés à cette haute juridiction.

A côté des Cours impériales et comme émanation de cette juridiction souveraine, se placent les Cours d'assises, investies au criminel de la plénitude de juridiction. Bien que spécialement compétentes pour juger les crimes, elles n'en jugent pas moins en dernier ressort toutes les infractions qui leur sont déférées. La Cour une fois régulièrement saisie, le jury n'accomplit son mandat qu'en rendant sur la culpabilité de l'accusé un verdict affirmatif ou négatif. — Laissant de côté la Cour de cassation qui ne rentre pas directement dans notre sujet, nous allons successivement nous occuper : 1° des tribunaux de simple police ; 2° des tribunaux correctionnels ; 3° des cours d'assises et du jury.

I. TRIBUNAUX DE SIMPLE POLICE.

114. De tout temps les cités populeuses et florissantes ont réclamé pour le maintien de l'ordre et de la tranquillité publique des mesures spéciales, propres à garantir les personnes et les choses contre toute atteinte, et à procurer à chacun la sécurité et la confiance sans lesquelles on ne peut rien fonder de durable.

Tel est le but de la police, qui, comme le mot lui-même

l'indique (1), ne s'appliquait dès l'origine qu'aux mesures prises pour assurer le maintien de l'ordre et de la discipline dans l'intérieur d'une ville. Tout ce qui avait trait à la propreté, à la commodité, à la sécurité, à l'entretien des mar‑ chés, à la vente des denrées et marchandises, etc.; tout cela rentrait dans les attributions de la police. Des fonctionnaires préposés à cette partie si importante du service public faisaient des règlements, dont ils assuraient eux-mêmes l'exécution. Les infractions étaient, suivant les temps et les lieux, déférées à des magistrats chargés de punir les contrevenants.

115. Notre ancienne législation, si riche en règlements de cette nature, n'a pas procédé d'une autre manière. La plupart des documents qu'elle renferme sont spéciaux à quelques villes importantes, surtout à Paris. Dans cette grande cité, la direction de la police, placée d'abord dans les attributions du lieutenant civil, fut, en 1667, détachée de cet office et confiée à un fonctionnaire spécial, appelé lieutenant-général de police, également investi du droit de prévenir, réprimer et juger.

Quand par sa vigilance il n'avait pu empêcher une contravention, il la constatait comme officier de police et la punissait comme juge de répression. Sa juridiction, au surplus, n'était pas exclusive; il existait au Châtelet de Paris une chambre de police, devant laquelle on assignait verbalement (2) ceux qui avaient contrevenu aux règlements de police.

Cette salutaire mesure produisit à Paris de si avantageux résultats, qu'on songea de bonne heure à généraliser l'institution pour étendre ses bienfaits à toute la France; on pensa

---

(1) Police vient du mot grec πόλις, ville, πολιτία, règlement, gouvernement, bon ordre. Suivant l'épithète qui l'accompagne, ce mot désigne la surveillance qu'on exerce pour le maintien de l'ordre; les personnes ou les administrations qui exercent cette surveillance; les règlements qui la prescrivent, et les tribunaux chargés de réprimer les infractions.

(2) V. le Dictionnaire de Ferrière, v^{is} *Police*, *Juge de police*, *Lieutenant de police*. La faculté de comparaître volontairement devant les tribunaux de police est, on le voit, de vieille date; elle a été consacrée par toutes les lois qui se sont succédé depuis 1789. V. L. du 19-22 juillet 1791, tit. 1, art. 25; — Code des délits et des peines, art. 156; — Code d'inst. crim., art. 147.

atteindre ce but en établissant un lieutenant de police en chaque cour de parlement (1).

Cette organisation, encore en vigueur au moment de la Révolution, fit place à celle qui, sauf quelques légères modifications, continue à nous régir. La police préventive fut, sous la surveillance de l'autorité supérieure, confiée aux administrations municipales, et la police répressive, à un tribunal dont la composition a varié, mais qui, depuis cette époque, n'a cessé de s'appeler tribunal de police ou de simple police.

116. La loi sur la police municipale et correctionnelle, du 19-22 juillet 1791, institua un tribunal de simple police composé de trois, cinq ou neuf officiers municipaux, suivant l'importance plus ou moins grande de la ville où il siégeait (2). Les fonctions du ministère public y étaient dévolues au procureur de la commune ou à son substitut.

Ainsi constitué, il jugeait toutes les infractions dont la connaissance lui était déférée, tant par sa loi d'institution que par le Code rural, et qui n'exposaient qu'à une amende assez légère ou à un emprisonnement de trois jours au plus (3).

On sentit bien vite l'inconvénient qu'il y avait à fractionner à l'infini la police répressive et à confier son administration à des hommes qui offraient en général peu de garanties au point de vue de l'intelligence et de la capacité. C'est sans doute ce qui décida le Code des délits et des peines à pro-

---

(1) Edit de Louis XIV du mois d'août 1699 (collection Isambert, tom. 20, p. 346). On trouvera, à la table, au mot *Police*, la nomenclature des principaux règlements de police. Ceux qui voudraient connaître avec détail les rouages de l'ancienne police consulteront avec fruit l'intéressant et volumineux *Traité de la police*, par Delamarre. On pourrait à bon droit dire de lui :
     Nourri dans le sérail, j'en connais les détours.

(2) V. art. 42 et 43 de la loi du 19 juillet (tit. 1). Ce luxe de juges avait le grave inconvénient d'allonger les débats et les discussions, de multiplier les chances d'acquittement, et de donner presque de la solennité à des affaires sans importance. La faculté laissée à ces tribunaux de juger au nombre de 3 (art. 43) ne renfermait qu'un léger palliatif. Ils étaient désignés par les corps municipaux.

(3) V. loi du 28 septembre-6 octobre 1791, tit. 2, art. 4 et 6; — loi du 19-22 juillet 1791, tit. 1, art. 19.

scrire cette organisation et à la remplacer par une autre dans, laquelle le juge de paix jouait le principal rôle.

Chaque tribunal de police fut composé du juge de paix, de deux assesseurs et du commissaire du pouvoir exécutif près l'administration municipale. Si dans la même ville il y avait plusieurs juges de paix, chacun d'eux, en commençant par le plus ancien, faisait le service pendant un mois (1). Les assesseurs ayant été supprimés par la loi du 29 ventôse an IX, le juge de paix resta seul. Il était, en cas d'empêchement, remplacé comme aujourd'hui par son suppléant. Les villes divisées en plusieurs justices de paix, continuèrent à n'avoir qu'un seul tribunal de simple police, moins fréquemment renouvelé, la loi du [28 floréal an X ayant statué que les juges de paix siégeraient tour à tour pendant trois mois (2).

117. Bien inspiré, le législateur de 1810 eût consacré une organisation qui, seule, était en état d'offrir à la société et aux justiciables de sérieuses garanties ; mais il n'en fut rien, et le Code d'instruction criminelle inaugura un nouveau système, qui tenait le milieu entre celui de la loi de 1791 et celui du Code de brumaire. A côté du tribunal de simple police, tenu par le juge de paix, il en établit un autre, tenu par le maire, qui, hors la commune, chef-lieu de canton, connaît, concurremment avec le juge de paix, de certaines contraventions peu importantes, imputées à des individus pris en flagrant délit ou commises par des personnes qui résident, ainsi que les témoins, dans la commune sur laquelle le maire étend sa juridiction (3).

Pourquoi rentrer dans une voie dont on s'était à bon droit écarté ? On le comprendrait difficilement, si on ne savait que le chef de l'Etat, favorable à cette division, avait fait pencher la balance de ce côté. L'Empereur espérait, par ce moyen, rehausser l'administration municipale, lui donner plus de relief et de considération (4).

---

(1) V. Code du 3 brumaire an IV, art. 150, 151, 152, 153 et 596.

(2) V. les art. 12, 13 et 14 de cette loi.

(3) V. les art. 166 et suivants du C. d'inst. crim., comparés avec les articles 139 et suivants du même Code.

(4) V. le rapport au Corps législatif, par M. Grenier, le 19 novembre 1808 — Morin, Répert., v° *Tribunaux de police*, n° 31.

La réflexion et l'expérience dissipèrent bien vite ces illusions et transformèrent en écueils ces prétendus éléments de stabilité. Conférées aux maires des communes les moins importantes, ces attributions tombèrent forcément en des mains inhabiles ou peu intelligentes. D'un autre côté, un tribunal composé d'un maire et d'un adjoint, dont l'un juge et l'autre requiert, ressemble trop à un tribunal de famille pour inspirer confiance et respect. On méconnaissait enfin le grand principe de la séparation des pouvoirs, en imprimant la qualité de juge à des administrateurs investis du droit de faire des règlements, dont ils doivent, comme juges de police, assurer l'exécution.

On ne s'étonnera pas après cela que cette institution, sans base dans nos mœurs, soit restée stérile et destituée d'effet.

Les juges de paix expédient, en général, toutes les affaires de cette nature, et fort peu de maires se sont montrés jaloux de partager avec eux un travail si peu attrayant. Le principe posé, on a compris qu'il était plus dangereux qu'utile; prudemment on l'a laissé dans l'oubli, et le gouvernement lui-même n'a pas songé à donner une sérieuse organisation à ces tribunaux (1).

En présence de pareils résultats, il n'y a plus à hésiter. Il faut supprimer ce rouage inutile, rétablir les juges de paix dans l'intégrité de leurs droits, et revenir au Code de brumaire, qui le premier avait posé les véritables principes.

118. Les tribunaux de simple police régulièrement constitués sont composés du juge de paix, du commissaire de police, qui remplit les fonctions du ministère public, et du greffier, qui tient la plume. En cas d'empêchement, ils sont remplacés, le juge de paix, par son suppléant; le commissaire

(1) Le compte-rendu de justice criminelle de l'année 1855 (part. IV, p. 197) fournit sur les tribunaux de police les renseignements suivants. — Ils sont au nombre de 2,681, bien qu'il existe 2,849 justices de paix. Cette différence de 168 tient à ce que 107 communes sont divisées en plusieurs justices de paix, de 2 à 12, et n'ont cependant qu'un tribunal de simple police, conformément à l'article 142 du C. d'inst. crim... « Aux termes de l'art. 166 du « même Code, dans les communes non chefs-lieux de canton, les maires peu-« vent dans certains cas connaître, concurremment avec les juges de paix, « des contraventions commises dans leurs communes; mais ils n'usent pres-« que jamais de cette faculté. »

de police, par le maire ou l'adjoint du lieu où siége le tribunal, et le greffier par un commis assermenté (1).

Cette organisation appelle-t-elle quelques modifications On ne voit pas trop sur quels motifs sérieux on pourrait se fonder. Cette institution fonctionne depuis longtemps déjà, et d'une manière satisfaisante; elle s'est tellement implantée dans nos mœurs, qu'il serait imprudent d'abandonner le bien pour courir après un mieux essentiellement problématique. Cette justice est bonne et expéditive, et si parfois elle peut paraître trop modérée, il n'y a pas lieu de s'en préoccuper; un peu d'indulgence ne sied pas mal au caractère paternel de cette juridiction; appliquée avec discernement, elle est plus utile que dangereuse. Augmenter le personnel du tribunal, ce serait ralentir l'action de la justice, et l'exposer, sans nécessité, aux écueils contre lesquels la loi du 29 ventôse an IX avait voulu la prémunir.

L'établissement des commissaires de police cantonaux a fait disparaître une des principales objections élevées contre l'institution. Les maires et adjoints qui, dans un grand nombre de cantons ruraux, remplissaient les fonctions du ministère public, n'offraient pas de suffisantes garanties à la société; leur indulgence systématique plaçait souvent le juge de paix dans une fausse position. Aujourd'hui que la poursuite est exercée par celui-là même qui a mission de surveiller et de constater les infractions, on rend à la société les garanties qu'elle est en droit de réclamer.

On dira avec plus de raison que la surveillance exercée sur le ministère public de simple police est quelque peu illusoire. Le procureur général qui en est investi, est trop éloigné pour l'exercer utilement. Confiée au procureur impérial dans chaque arrondissement, elle acquerrait cette efficacité dont elle est actuellement dépourvue. Auxiliaire du procureur impérial, le commissaire de police resterait son subordonné dans toutes les transformations que lui impose cette qualité.

(1) Si le greffier n'a pas de commis assermenté, ou s'ils sont l'un et l'autre empêchés, le juge de paix peut les remplacer momentanément par un citoyen âgé de 25 ans, auquel il fait prêter « serment de bien et fidèlement remplir les fonctions de greffier. » Morin, Répert., v° *Tribunaux de police*, n° 8.

119. Les tribunaux de simple police sont institués pour juger les contraventions. Les infractions de cette nature contiennent, comme toutes les autres, la violation ou la méconnaissance de prescriptions législatives ou réglementaires ; mais elles en diffèrent par un point essentiel et caractéristique : l'intention, qui est un élément essentiel de tout crime ou délit, n'est pas en cette matière prise en considération. « La loi de police ne recherche et ne voit que l'acte lui-même; « elle le punit dès qu'elle le constate ; elle ne s'inquiète ni de « ses causes, ni de la volonté qui l'a dirigé : la contravention « est toute matérielle. Il faut sans doute que l'inculpé ait « volontairement agi, quand c'est une action défendue; qu'il « ait pu agir, si c'est une omission qu'on lui reproche; car « on ne saurait punir un individu pour avoir cédé à une « force majeure, irrésistible, soit en agissant, soit en demeu- « rant inactif » (1). Toutes les fois qu'il y a eu possibilité d'agir, la matérialité du fait suffit pour qu'il y ait responsabilité pénale,

Aucune exception tirée de l'ignorance, de l'erreur, de la bonne foi ou du défaut d'intention, ne peut être admise, sauf au juge à prendre parfois ces circonstances en considération, pour atténuer la faute et abaisser la peine, dans les limites que la loi autorise. Un acquittement n'est possible que lorsque, en contestant l'existence du fait matériel, on parvient à le rendre douteux ou incertain.

120. La loi reconnaît elle-même deux grandes catégories de contraventions : les unes punies de 1 f. à 15 f. d'amende et parfois de 1 à 5 jours de prison; les autres punies de peines correctionnelles, souvent très sévères. Les lois sur la police de la presse, de l'imprimerie, des chemins de fer, et d'autres plus récentes, établissent de nombreuses infractions de cette nature; elles ne diffèrent des contraventions de simple police que par la pénalité. L'intention délictueuse n'est pas plus requise dans un cas que dans l'autre (2) ; il suffit

---

(1) V. Théorie du C. pénal, t. 8, p. 275. Morin, Répert., v° *Contraventions*, n° 2.

(2) Un certain nombre de contraventions exigent une volonté quelconque. Ainsi le jet de pierres ou d'immondices, le fait de râteler, grappiller, manger des fruits sur la propriété d'autrui, certains enlèvements de récoltes (art. 475,

de la méconnaissance ou de la violation d'une prohibition légale ou réglementaire. Cette distinction découle naturellement des règles de compétence édictées par le législateur; du moment où la peine dépassait le *maximum* de simple police, il fallait, pour ne pas méconnaître la règle tracée par la loi générale, placer ces contraventions dans les attributions des tribunaux correctionnels.

Au surplus, un bon nombre de ces contraventions ont, au point de vue social, une assez grande importance, pour mériter les honneurs d'une juridiction plus élevée. Le législateur devait seulement se montrer plus sobre de pareilles exceptions.

121. Malgré ces restrictions, les tribunaux de simple police jugent un très grand nombre de contraventions, qui vont toujours en augmentant. Le Code pénal, les lois anciennes et modernes apportent également leur contingent. Chaque jour de nouveaux arrêtés administratifs ajoutent un article à ce catalogue déjà si volumineux; il n'est pas étonnant dès lors que les chiffres des statistiques aillent grossissant chaque année (1). Au reste, ces affaires ne sont pas du nombre de

n° 15), le dommage causé aux propriétés mobilières (art. 479, n° 1), l'enlèvement d'affiches apposées par l'autorité, les violences légères, etc. Dans tous ces cas, la volonté est plus ou moins en jeu; mais on ne recherchera pas s'il s'agit d'une volonté tout à fait criminelle ou d'un mouvement irréfléchi et quasi-machinal. La pierre a été lancée, quelle que soit l'intention qui ait présidé à cet acte, le fait est légalement coupable et punissable.

(1) Le nombre des contraventions de simple police qui, en 1830, atteignait à peine 100,000, dépassait, en 1850, 230,000. Ce chiffre s'est encore accru depuis lors. En 1855, il s'est élevé à 396,497. Cette augmentation s'explique et par les lois nouvelles qui ont étendu le domaine des contraventions et par de plus puissants moyens d'action mis à la disposition de l'autorité publique. L'augmentation du personnel de la gendarmerie et des agents secondaires de toute nature y a contribué pour beaucoup. Il n'y a donc pas lieu de s'en affliger, comme le dit le rapport de 1850 (p. 77-78). Le document officiel ajoute ce qui suit : « Peut-être faut-il, au contraire, s'applaudir de « l'accroissement du nombre des jugements de simple police, parce qu'ils « attestent la sollicitude des magistrats pour assurer la sécurité et le bien- « être des habitants, et que, d'ailleurs, les actes que répriment ces jugements « n'offrent, en général, eux-mêmes *aucun caractère de perversité*. » Cette dernière observation est précieuse, elle vient à l'appui de ce que nous disions il n'y a qu'un instant (n° 118) sur la sévérité que le juge de simple police doit

celles qui suscitent de longs débats ou de sérieuses difficultés;
elles sont rapidement expédiées; chaque tribunal suffit à
sa tâche, et l'arriéré, si fréquent et souvent si considérable
devant les autres juridictions, est à peu près imperceptible
pour celles dont nous parlons. Il n'est pas inutile d'ajouter
que les grandes villes fournissent le plus fort contingent, et
qu'un bon nombre de cantons ruraux n'auraient presque rien
à juger, si la nouvelle loi sur le roulage n'avait un peu grossi
leur rôle.

122. Le Code pénal répartit les contraventions en trois
catégories, à chacune desquelles il inflige une pénalité distincte. Cette division est-elle utile ou nécessaire? est-elle surtout fondée en justice et en raison? Celui qui voudrait sur ce
point pleinement justifier le législateur, entreprendrait un
travail au-dessus de ses forces. Une nomenclature si longue
et si compliquée pèche toujours sur quelques points. Il est
difficile qu'un bon nombre d'appréciations ne soient pas
inexactes ou erronées, et que certaines contraventions, placées
au dernier rang, ou à un rang inférieur, ne méritent pas une
peine plus sévère. Par contre, on trouverait facilement plus
d'une infraction trop haut placée dans la hiérarchie des peines.
Appliquée aux différentes catégories établies par le Code
pénal, cette observation est exacte dans toute son étendue;
quelques exemples suffiront pour le démontrer.

123. Les art. 471, nᵒ 10, et 473 punissent d'une amende de
1 à 5 fr., et d'un emprisonnement facultatif de 1 à 3 jours,
« ceux qui auront glané, râtelé, grappillé dans les champs
« non encore entièrement dépouillés ou vidés de leurs ré-
« coltes. » Ce fait ressemble par trop à un vol pour que, dans
un bon nombre de circonstances, les magistrats ne sentent
pas le besoin d'épuiser sur les inculpés toute la rigueur des
peines de simple police.

Nous en dirons autant de l'infraction de même nature punie de 6 à 10 francs d'amende par l'art. 475, nᵒ 15. Ces enlèvements de récoltes constituent de véritables vols, contre lesquels il y a souvent lieu de sévir; ce n'était donc pas le cas

déployer. La statistique de 1850, que nous aurons plus d'une fois l'occasion
de citer, est d'autant plus précieuse qu'elle renferme le bilan de la justice criminelle en France pendant 25 ans.

de restreindre les pouvoirs du juge, en lui enlevant la faculté de prononcer un emprisonnement quelconque. On peut à bon droit s'étonner que la contravention, considérée comme la plus légère, soit en réalité plus sévèrement punie ; les méfaits de cette nature sont des plus graves dans l'ordre des contraventions ; il convient donc de laisser aux magistrats la plus grande latitude possible, afin qu'ils puissent, dans tous les cas, proportionner la peine à la gravité de l'infraction.

124. Ce qui a trait à la conservation des récoltes a une trop grande importance, pour ne pas mériter toute la sollicitude, et le cas échéant, appeler toute la sévérité du législateur. Les dégâts peuvent être considérables, et le maximum de simple police à peine suffisant, pour réprimer une infraction de cette nature. La loi contient sur ce point trois dispositions avec trois pénalités différentes, sans que, dans aucun cas, le juge puisse appliquer l'emprisonnement. Le n° 14 de l'art. 471 est trop semblable au n° 10 de l'art. 475 pour qu'il y ait nécessité de maintenir deux dispositions presque identiques ; la dernière plus compréhensible doit seule être maintenue.

L'art. 479, n° 10, contient une prohibition de même nature appliquée aux prairies artificielles, vignes, oseraies, câpriers, etc. Il serait raisonnable, ce semble, de fondre ces trois dispositions en une seule, en laissant toujours aux juges la faculté de prononcer une peine pécuniaire ou corporelle, ou même toutes les deux, si l'infraction le comporte. Il serait par trop dur, lorsque le dommage est causé par les bestiaux qui s'échappent sans la faute du conducteur, de soumettre ce dernier à une peine corporelle ; mais si le conducteur laisse aller ses bestiaux dans les récoltes d'autrui, si même il les y conduit, comme le suppose l'article 479, il peut y avoir, suivant la nature de ces récoltes, nécessité d'infliger une peine plus sévère ; souvent même le magistrat regrettera que la loi ne lui ait pas laissé une plus grande liberté d'action.

Il n'y a pas d'inconvénient, on ne saurait trop le répéter, à laisser au juge de répression une assez grande latitude entre le *maximum* et le *minimum*, tandis qu'il est dangereux de resserrer tellement ses pouvoirs, qu'il soit obligé, dans bien des cas, de déplorer son impuissance. Les circonstances atténuantes permettent d'abaisser la peine quand elle paraît

trop sévère; mais rien n'autorise à la modifier quand son insuffisance est reconnue; c'est à ce vice capital qu'il est urgent de remédier.

125. Il serait superflu de multiplier ces exemples, ou
d'insister longuement sur la seconde partie de notre propo-
sition; en examinant de près plusieurs catégories d'infractions, il n'est pas rare de rencontrer un certain nombre de
pénalités empreintes d'exagération. Nous citerons en première
ligne l'infraction au ban des vendanges, la simple omission
de la part des hôteliers et logeurs d'inscrire sur leur registre
les noms des voyageurs, le passage d'une personne sur une
propriété non dépouillée de sa récolte. Si l'on remarque,
d'une part, qu'avec un peu de précaution le dégât est nul ou
à peu près nul, et, d'autre part, qu'une contravention plus
grave, le passage des bestiaux ou des bêtes de trait ou de
charge, est punie d'une peine inférieure par l'art. 471, n° 14,
on arrive à croire que le législateur s'est quelque peu mépris
sur l'importance respective de ces méfaits.

Ne pas recevoir pour bonnes les monnaies nationales non
altérées est presque toujours un acte d'ignorance que la plus
légère peine de simple police punit suffisamment (1). Le fait
de déchirer les affiches apposées par l'autorité publique, ou
d'enlever un peu de terre ou de gazon sur un chemin (2), est
trop souvent un acte de légèreté pour mériter une peine plus
exemplaire. Cette sévérité, fût-elle tout à fait excessive, n'aurait au fond rien de dangereux, du moment où le juge peut,
en vertu de l'art. 483, abaisser la peine jusqu'au minimum
de simple police.

126. Le Code des délits et des peines avait évité cet écueil:
il avait laissé au juge de police une très grande latitude, sans
même recourir aux circonstances atténuantes, qui, à cette époque, n'existaient qu'en germe. L'art. 600 de ce Code est ainsi
conçu : « Les peines de simple police sont celles qui consis-
« tent dans une amende de la valeur de trois journées de
« travail et au-dessous, ou dans un emprisonnement qui
« n'excède pas trois jours. Elles se prononcent par les tribu-
« naux de police. »

(1) V. C. pénal, art. 475, n°ˢ 1, 2, 9 et 11.
(2) V. C. pénal, art. 479, n°ˢ 9 et 12.

L'art. 605 du même Code complétait cette disposition, en énumérant avec quelques détails les principales infractions punies des peines de simple police. Le législateur n'ayant pas infligé à chaque contravention une pénalité distincte, le juge restait libre de proportionner la peine à la gravité du méfait, en se renfermant dans les limites du minimum et du maximum (1).

On évite, par ce moyen, les complications et les difficultés contre lesquelles le Code pénal de 1810 a eu à lutter, et on ne s'expose à aucun reproche sérieux. On objectera peut-être qu'on ouvre, en procédant de cette manière, une nouvelle porte à l'arbitraire ; les magistrats investis de pouvoirs très étendus deviennent en quelque sorte omnipotents. Cette objection, déjà produite pour les infractions d'un ordre supérieur, a été pleinement réfutée par des motifs qui reçoivent ici leur entière application (2). Il suffira de remarquer que les peines de simple police n'ont qu'une mince importance, que la distance qui sépare le maximum du minimum est faible, et que cet arbitraire, contre lequel on réclame, ne représente que faiblement la grande latitude concédée aux magistrats en toute autre matière. Remarquons enfin que l'art. 483 laisse pour adoucir la peine une liberté illimitée (3), tandis que les magistrats sont désarmés toutes les fois qu'une contravention revêt un véritable caractère de gravité. Les circonstances atténuantes, aujourd'hui d'un si fréquent usage en simple police, perdraient leur importance pratique, elles n'auraient plus d'utilité que pour adoucir dans les cas favorables les peines de la récidive.

127. On s'est demandé bien souvent s'il ne conviendrait pas d'élargir le cercle de l'action des tribunaux de police, en donnant à leur compétence une plus grande extension ? Con-

---

(1) La peine, en matière de police, ne pouvait être inférieure à une journée de travail ou à un jour d'emprisonnement. V. art. 606 du C. du 3 brumaire au IV. Comp. art. 465 et 466 du C. pénal.

(2) V. supra, nos 86, 87, 88 et passim.

(3) Le § de l'art. 483, relatif aux circonstances atténuantes, a été ajouté en 1832. Il eût suffi de rédiger l'art. 463 d'une manière plus générale et de dire : Les tribunaux sont autorisés, au lieu de : Les tribunaux correctionnels sont autorisés.

statons tout d'abord que les tendances législatives sont contraires et qu'un bon nombre de lois récentes ont étendu la juridiction correctionnelle aux dépens de celle de simple police. Pour n'en citer qu'un exemple, la loi sur les falsifications des denrées alimentaires punit d'une amende de 16 à 25 fr. et d'un emprisonnement facultatif de 6 à 10 jours : « Ceux qui détiennent dans leurs magasins, halles, foires ou « marchés, des poids ou mesures faux, ou d'autres appareils « inexacts servant au pesage ou au mesurage » (1). La loi de 1851, trop exclusivement préoccupée des besoins de la répression, a parfois exagéré son principe. Si dans l'espèce on avait réfléchi à l'intensité respective de l'ancienne et de la nouvelle peine, on eût probablement reconnu que l'ancienne était en général suffisante, et qu'elle n'appelait une aggravation qu'en cas de récidive. La pratique a depuis confirmé ces appréciations, et la statistique, à laquelle il est toujours utile de recourir, constate que sur cent poursuites, en vertu de la loi de 1851, 18 seulement sont jugées avec quelque sévérité, tandis que les autres sont à l'aide des circonstances atténuantes réduites à de très minces proportions (2).

La sévérité de la loi est fondée sur cette supposition raisonnable, que la détention de faux poids en suppose l'usage et qu'il y a lieu, en raison de ce, de prononcer une peine plus sévère; mais comme les tribunaux ne se contentent pas de présomptions, et qu'ils n'usent de sévérité que lorsque la fraude, sans être prouvée, est à peu près certaine, on comprendra pourquoi la loi est si rarement appliquée dans toute sa rigueur, et on restera convaincu que, sous ce rapport comme sous beaucoup d'autres, la réforme dont nous parlons n'avait qu'une utilité contestable. Placés en présence d'infractions matérielles, les tribunaux sont plutôt portés à l'indulgence qu'à la sévérité.

128. Pour ne pas éluder la difficulté, nous l'avons, dès le début, posée sur son véritable terrain; il faut maintenant

---

(1) V. l'art. 3 de la loi du 27 mars 1851. Avant cette époque, la peine pouvait toujours atteindre le maximum de simple police, en vertu des art. 479, n° 5, et 480 du C. pénal.

(2) V. le compte-rendu de justice criminelle de l'année 1855. Rapport, p. 21.

l'attaquer de front et examiner s'il n'est pas plus opportun de modifier la règle générale, que d'augmenter constamment le nombre des exceptions qui y sont apportées. Aujourd'hui encore, alors que la compétence civile des juges de paix a subi de si notables augmentations, tout le monde réclame pour elle une nouvelle extension. Un juge de paix aurait au civil une aptitude suffisante pour trancher les questions les plus délicates, et il serait déclaré incapable de juger avec maturité quelques infractions un peu graves. De pareilles assertions sont trop contradictoires pour être prises au sérieux; il vaut mieux croire que le législateur n'a jamais songé à sortir de la vieille ornière dans laquelle il marche depuis si longtemps.

On objecterait sans plus de fondement que la justice répressive serait entre les mains des juges de paix énervée ou menacée d'impuissance; ils savent, comme les autres magistrats, départir avec une égale impartialité la sévérité et l'indulgence; s'ils regrettent parfois d'être obligés d'appliquer la loi pénale à des infractions sans importance ni gravité (1), combien de fois ne déplorent-ils pas que le législateur ait circonscrit leur action dans un cercle trop étroit !

Toutes les contraventions qui, de près ou de loin, touchent à la sécurité ou à la tranquillité publique, toutes celles qui revêtent un caractère particulier de gravité sont l'objet de l'attention et de la sévérité du juge de police. Si pour établir le niveau de la répression, on s'attachait exclusivement aux contraventions qui découlent des prescrip-

---

(1) Les commissaires de police, en général, se croient obligés de donner suite à tous les procès-verbaux dressés; le fait fût-il douteux, l'infraction dépourvue d'intérêt sous tous les rapports, et la loi d'une application contestable, l'affaire n'en est pas moins soumise au tribunal de police, sauf au juge à acquitter. Ne vaudrait-il pas mieux que le ministère public de simple police fît, comme les procureurs impériaux, un choix, et qu'il laissât *impoursuivies* les affaires qui ne méritent pas, même dans cette sphère restreinte, d'occuper les moments d'un tribunal. On pourrait même, administrativement, organiser un moyen facile d'arriver à ce résultat; il suffirait de prescrire aux commissaires de police de consulter le procureur impérial et de lui faire connaître les motifs pour lesquels il croirait devoir laisser sans suite tel ou tel procès-verbal. En plaçant le ministère public de simple police sous la surveillance directe du procureur impérial, le but serait tout aussi sûrement atteint.

tions ou prohibitions administratives, on courrait risque de s'égarer : qu'on défalque des statistiques les affaires qui aboutissent à un acquittement, ou à une très mince répression, et on arrivera à établir entre les condamnations à l'amende et à l'emprisonnement une assez juste proportion; surtout si l'on remarque que, dans l'état actuel de notre législation, l'amende est la règle et l'emprisonnement l'exception. Accordez aux juges de paix une plus grande liberté pour prononcer la peine de l'emprisonnement, et les chiffres de la statistique ne tarderont pas à subir de notables modifications (1).

129. L'utilité et l'opportunité de cette réforme une fois reconnues, il ne reste plus qu'à déterminer les limites dans lesquelles on doit la circonscrire. En fouillant dans le vaste recueil de nos lois, on trouverait des précédents à consulter, peut-être même des exemples à suivre. A soixante ans d'intervalle, deux lois importantes ont plus sévèrement puni qu'aujourd'hui de simples contraventions. Celle du 28 septembre-6 octobre 1791 (2) porte ce qui suit : « Les délits mentionnés « au présent décret, qui entraîneraient une détention de plus « de trois jours dans les campagnes, *et de plus de huit jours* « *dans les villes,* seront jugés par voie de police correction-« nelle, et les autres le seront par voie de police municipale.»

Sans nous arrêter à une distinction qui ne paraît guère justifiée, nous constatons que, dès l'origine de l'institution, certains tribunaux de police pouvaient condamner jusqu'à huit jours de prison.

La loi du 27 mars 1851, en se plaçant à un autre point de vue, conserve à la contravention qu'elle punit son caractère propre, et se contente de lui infliger une peine correctionnelle consistant en une amende assez légère et un emprisonnement

---

(1) La statistique de 1855 (Rapport, p. 28) constate les résultats suivants :
Les 396,497 affaires soumises aux tribunaux de simple police se sont décomposées ainsi qu'il suit :

Nombre des inculpés.	510,873
— des acquittés.	32,820
— des condamnés à l'emprisonnement.	27,643
— — à l'amende. . . .	449,484

V. ci-dessus les nos 118 et 121 et les notes.
(2) V. tit. 2, art. 6. V. aussi la loi du 19-22 juillet 1791, tit. 1, art. 19.

facultatif qui ne dépasse pas dix jours. Ceci est de nature à faire réfléchir ; il semble que, si le législateur trouve que certaines contraventions, sans mériter une peine disproportionnée avec la compétence normale des tribunaux de police, appellent cependant un châtiment un peu plus sévère, il vaudrait mieux entrer franchement dans cette voie et transformer une de ces exceptions en règle générale, plutôt que d'étendre constamment le nombre des exceptions. Qu'on adopte comme limite extrême de cette nouvelle pénalité celle de la loi de 1851, ou qu'on s'en tienne aux huit jours de la loi de 1791, peu importe, il en résultera toujours une amélioration sensible, et une plus grande latitude pour donner à la compétence de simple police l'extension qu'elle réclame.

Cette réforme a des allures si modestes, qu'on se demande sérieusement si elle est de nature à rencontrer quelque objection. On revient au point de départ de l'institution, et on permet à des hommes intelligents et capables, à de véritables magistrats, d'infliger des peines qui rentraient dans les attributions de juges d'emprunt n'offrant aucune des garanties que l'on rencontre aujourd'hui chez les juges de paix. Ce motif serait à lui seul suffisant, pour faire adopter cette modification, que le maximum fût porté à huit ou dix jours de prison. Le droit pénal, il ne faut pas s'en préoccuper, ne subirait que de légères modifications faciles à effectuer ; une disposition générale suffirait pour atteindre ce but et élever au niveau voulu toutes les peines de police simple ou correctionnelle.

130. La récidive, nous l'avons déjà dit (1), entraîne une aggravation de peine. Le Code pénal a érigé ce principe en règle générale, applicable à toutes les juridictions criminelles. Fort simple en elle-même, cette idée a été compliquée dans l'application, la loi n'ayant pas cherché autant que possible à édicter pour tous les cas une règle uniforme.

La législation intermédiaire doublait, en cas de récidive, la pénalité appliquée aux contraventions. Le Code pénal de 1810 se contentait de rendre l'emprisonnement obligatoire ; alors que, en matière correctionnelle, on prononçait le

---

(1) V. ci-dessus le § spécial consacré à la récidive. nos 104 et suivants.

maximum de la peine avec faculté de l'élever jusqu'au double (1). Si ce principe est bon, appliqué aux matières correctionnelles, on ne voit pas pourquoi il n'inspirerait pas la même confiance, appliqué aux contraventions (2). On pourrait même modifier moins profondément le système qui nous régit aujourd'hui, se contenter de rendre l'emprisonnement obligatoire, en laissant aux magistrats, s'ils le jugent convenable, la faculté d'élever la peine jusqu'au double du maximum de simple police. On simplifierait ainsi les dispositions légales en matière de récidive, en les ramenant de plus en plus à un principe uniforme. Pour les compléter et leur donner une efficacité plus grande encore, nous voudrions que tout individu condamné pour contravention au maximum de police fût, en cas de nouvelle infraction susceptible d'entraîner la même peine, déféré aux tribunaux correctionnels et puni d'un emprisonnement de quinze jours à six mois (3).

Les conditions apposées par la loi pour faire encourir les peines de la récidive paraissent quelque peu rigoureuses; le délai d'une année est bien restreint, surtout si on le rapproche de l'autre prescription qui veut que, dans un si bref délai, les contraventions soient commises dans le ressort du même tribunal de police. En supprimant une de ces conditions et doublant le délai déterminé par l'autre, on arriverait à des résultats plus satisfaisants. La preuve de la récidive incombe au ministère public; s'il ne fait pas les justifications voulues par la loi, il réclamera en vain une aggravation de peine.

---

(1) Comp. l'art. 58 du C. pén. avec les art. 474, 478 et 482 du même Code.

(2) Le législateur de 1832, qui a si fréquemment (art. 56, C. p.) appliqué à la récidive le maximum de la peine, aurait pu faire surgir de cette idée la règle générale suivante : La première récidive serait uniformément punie du maximum ; la deuxième élèverait la peine au degré supérieur. Il en serait de même si la peine n'avait pas de maximum ou s'il était déjà prononcé comme peine directe. Comp. *supra*, n° 111.

(3) Les quelques modifications que nous proposons, en matière de récidive, rendraient superflus un certain nombre de textes, et notamment le § 2 de l'art. 478. La peine normale, très suffisante pour la première infraction, serait doublée en cas de récidive, et ferait, à la troisième infraction, encourir la peine indiquée au texte, sans préjudice de l'amende, si on voulait l'y ajouter.

Quant au délai, nous avons adopté celui dans lequel la loi circonscrit l'efficacité des peines de simple police (1).

131. En entrant franchement dans cette voie, on pourrait sans difficulté donner à la compétence de simple police une plus grande extension, et déférer à cette juridiction un bon nombre d'infractions punies correctionnellement. Les suivantes nous paraissent de nature à être déclassées: 1° les injures et diffamations verbales envers les particuliers ; ces faits, en général peu graves, reçoivent par les débats de l'audience une publicité à laquelle ils n'eussent jamais atteint sans cela; 2° la plupart des délits de pêche, impoursuivis dans beaucoup d'arrondissements, ou suivis d'une répression qui reste habituellement dans les limites de simple police; 3° l'infraction punie par l'art. 135 du Code pénal, qui consiste, après vérification, à remettre en circulation une pièce de monnaie fausse reçue pour bonne. La peine pécuniaire prononcée est fort légère, rarement elle dépasse le minimum de police correctionnelle; quoique abaissée d'un degré, la peine serait plus répressive que celle édictée par l'art. 135, le juge ayant dans tous les cas la faculté d'infliger une peine corporelle.

Nous placerons sur la même ligne certains délits de coups et blessures, quelques-uns des vols punis par l'art. 388 du Code pénal, l'usage frauduleux d'un timbre-poste et certaines autres infractions sur lesquelles nous avons de plus amples observations à présenter.

132. Les violences de toute nature dont les personnes peuvent être victimes, diffèrent tellement par leur gravité et leur intensité, qu'il n'est pas étonnant de les voir figurer dans tous les degrés de l'échelle pénale. On peut se demander seulement si la répartition est exactement faite, et si la part attribuée aux tribunaux de simple police n'est pas trop exiguë (2).

La législation intermédiaire contenait sur ce point quelques dispositions utiles à consulter. La loi correctionnelle de

_____

(1) Les peines de simple police se prescrivent par 2 années, à compter du jour où elles sont devenues définitives. Art. 639, C. inst. crim. Ce délai expiré, on ne peut plus les faire exécuter.

(2) V. ce que nous avons déjà dit sur le même sujet, supra, n° 73.

1791 porte ce qui suit (1) : « En cas de rixe ou disputes avec
« ameutement du peuple; en cas de voies de fait ou violences
« légères dans les assemblées et lieux publics, en cas de bruit
« ou attroupement nocturnes; ceux des trois premières classes
« mentionnées en l'art. 3 seront, dès la première fois, punis
« ainsi qu'il sera dit au Titre *de la police correctionnelle*. Les
« autres seront condamnés à une amende du tiers de leurs
« contributions mobilières, laquelle ne sera pas au-dessous
« de 12 livres, et pourront l'être suivant la gravité du cas à
« une détention de trois jours dans les campagnes et de huit
« jours dans les villes. Tous ceux qui, après une première con-
« damnation prononcée par la police municipale, se ren-
« draient encore coupables de l'un des délits ci-dessus, seront
« renvoyés à la police correctionnelle. »

L'article 605 du Code des délits et des peines reproduit cette
disposition dans des termes à peu près identiques. « Sont
« punis des peines de simple police : ... 8° les auteurs de rixes,
« attroupements injurieux ou nocturnes, voies de fait et vio-
« lences légères, pourvu qu'ils n'aient blessé ni frappé per-
« sonne, et qu'ils ne soient pas notés, d'après les dispositions
« de la loi du 19 juillet 1791, comme gens sans aveu, suspects
« ou mal intentionnés, auquel cas ils ne peuvent être jugés
« que par les tribunaux correctionnels. »

Cet article, aujourd'hui encore en vigueur, restreint dans
de trop étroites limites les attributions de simple police. En
combinant ensemble ces deux dispositions, et en les complé-

---

(1) V. la loi du 19-22 juillet 1791, tit. 1, art 19. Pour bien comprendre
cet article, il faut le rapprocher des trois premiers articles du même Titre, qui
prescrivent la tenue de registres où chaque citoyen doit être inscrit, avec
l'indication de ses moyens d'existence. L'art. 3 dispose ainsi qu'il suit : « Ceux
« qui étant en état de travailler n'auront ni moyen de subsistance, ni métier,
« ni répondants, seront inscrits avec la note de *gens sans aveu*. Ceux qui refu-
« seront toute déclaration seront inscrits sous leur signalement et demeure
« avec la note de *gens suspects*. Ceux qui seront convaincus d'avoir fait de
« fausses déclarations seront inscrits avec la note de *gens mal intentionnés*.
« Il sera donné communication de ces registres à la gendarmerie dans le
« cours de ses tournées. — Art. 4. Ceux des trois classes qui viennent d'être
« énoncées, s'ils prennent part à une rixe, à un attroupement séditieux, à un
« acte de voie de fait ou de violence, seront soumis dès la première fois aux
« peines de la police correctionnelle, comme il sera dit ci-après » (V. Tit. 2).

tant l'une par l'autre, on arriverait sans doute à des résultats satisfaisants. On réserverait aux tribunaux de simple police les infractions commises dans les rixes, disputes et attroupements, pourvu que les coups ou les blessures n'eussent occasionné ni maladie, ni incapacité de travail. Les faits de cette nature, en général peu graves, sont presque toujours précédés ou accompagnés de torts réciproques de la part des contendants; en poursuivant, comme on le fait d'ordinaire, celui qui a fait le plus de mal, on se laisse dominer par les résultats; on s'expose même à favoriser les agresseurs. En les déférant les uns et les autres aux tribunaux de police, on met un terme à des récriminations et discussions sans fin, on coupe court à tous ces débats inutiles qui font perdre un temps précieux aux tribunaux correctionnels. Les auteurs, complices, provocateurs et instigateurs de faits de cette nature devraient être compris dans la même disposition. Si par ce moyen on ne coupe pas le mal dans sa racine, au moins parviendra-t-on à le diminuer ou à le réprimer plus sûrement. Une fois dans cette voie, on voudra peut-être aller plus loin, généraliser le principe que nous venons de poser et ne renvoyer aux juridictions supérieures que les infractions ayant occasionné une plus ou moins grande incapacité de travail. Cette conclusion, que la logique pourrait avouer, conduirait en pratique à des résultats inacceptables (1).

133. L'article 388 du Code pénal punit des méfaits nombreux et divers. Plusieurs des vols de récoltes déférés aux tribunaux correctionnels ont une si faible importance, qu'on ne peut dans la répression dépasser les peines de simple police. Cela est naturel, en présence d'un article qui punit des faits essentiellement différents par leur nature et leur intensité (2). Que celui qui enlève des récoltes à l'aide de charrettes, de bêtes de trait ou de charge, encoure une grave responsabilité, on le comprend; la manière dont le vol est exécuté témoigne d'une audace et d'une résolution également dangereuses. S'agit-il, au contraire, d'un de ces minces vols que l'occasion fait

---

(1) Ainsi, pour n'en citer qu'un exemple, un soufflet, qui constitue dans cet ordre d'idées une des plus graves infractions, rentrerait presque toujours dans la compétence de simple police.

(2) V. ce que nous avons déjà dit sur l'art. 388, supra, n° 88.

naître, l'indulgence est commandée par la force des choses.

Si, en passant près d'un jardin, d'un verger ou d'une vigne, je prends quelques fruits et les mange sur place, ce fait ne constitue qu'une simple contravention ; mais si, désireux de m'éloigner au plus vite, j'emporte le produit de mon vol dans un chapeau, une blouse ou un mouchoir, l'infraction s'aggrave et se transforme en délit correctionnel. Il y a là, il faut le reconnaître, une exagération évidente. Toute personne qui habite la campagne porte avec elle un vêtement qui peut, le cas échéant, recevoir cette destination. En pareille occurrence, les femmes ont toujours à leur disposition quelques sacs, paniers, tablier ou même le pan de leur robe ; or, la raison répugne à ce que des objets de cette nature puissent jamais être considérés comme une cause d'aggravation d'une infraction quelconque ; il faut, pour cela, que les objets aient été intentionnellement apportés pour aider à la perpétration d'un vol.

C'est dans cette idée que nous puiserions la ligne de démarcation entre les enlèvements de récoltes, rentrant dans les attributions de simple police, et ceux déférés aux tribunaux correctionnels. Cette manière de procéder est déjà suivie dans beaucoup de parquets, qui ne veulent pas renvoyer en police correctionnelle des faits de cette nature, et qui veulent cependant les réprimer pour ne pas leur assurer une fâcheuse impunité. En adoptant ces errements, le législateur remplacerait une peine, souvent dérisoire, par un châtiment suffisamment répressif, et rendrait de plus en plus rare l'application des circonstances atténuantes (1).

134. La loi du 16 octobre 1849 punit d'une amende de 50 à 1,000 francs « quiconque aura sciemment fait usage d'un « timbre-poste ayant déjà servi à l'affranchissement d'une « lettre. En cas de récidive, la peine sera d'un emprisonne- « ment de cinq jours à un mois, et l'amende sera doublée. »

Si cette loi était prise à la lettre et rigoureusement interprétée, les poursuites de cette nature n'aboutiraient presque

_____

(1) La statistique constate (Rapport de 1855, p. 21) que les circonstances atténuantes sont admises 77 fois sur 100 en matière de vol ; cela tient au minimum fort élevé de l'art. 401, et à l'art. 388, qui punit des infractions souvent dépourvues de gravité.

jamais. La fraude, élément essentiel du délit, doit être prouvée par le ministère public ; c'est à lui à établir que le délinquant a agi en parfaite connaissance de cause, sachant que le timbre-poste avait déjà servi. Les tribunaux, il est vrai, ne se sont pas montrés exigeants ; le fait matériel constaté, la fraude se présentait comme une conséquence naturelle, à laquelle on ne pouvait échapper qu'à la faveur d'une justification pleine et entière. En se plaçant sur ce terrain, la répression était sûre, mais forcément indulgente. Les circonstances atténuantes, constamment appelées au secours du juge (1), réduisent l'amende à de si minces proportions, que la peine côtoie le domaine de la simple police, quand elle n'y rentre pas. En présence de pareils résultats, on peut dire que la réforme que nous sollicitons, déjà consommée en pratique, n'attend plus que la sanction du législateur. Les peines de simple police suffiront, même au cas de récidive, en présence de l'emprisonnement assez élevé que nous laissons à la disposition du magistrat.

Si d'un autre côté on veut bien remarquer que le dommage causé par ce délit est infiniment minime et d'une réalisation très difficile, pour ne pas dire impossible, on restera de plus en plus convaincu que le législateur n'a pas donné à cette infraction la place qui lui convenait dans l'échelle des peines. Ajoutons enfin que l'administration des postes devrait prendre des mesures énergiques pour arrêter un mal toujours croissant (2). Elle y parviendrait facilement, en apposant sur chaque figurine un timbre noir qui altérât tellement sa couleur, que nul ne songerait plus à en faire usage. On ne doit

(1) La statistique de 1855 (Rapport, p. 21) constate que, sur cent affaires de cette nature, 91 sont modifiées par l'admission des circonstances atténuantes. Voilà la meilleure critique de la loi ; elle prouve combien le législateur s'est exagéré l'importance de ce délit.

(2) On peut en juger par les chiffres suivants. On a poursuivi, en 1851, 345 délits de cette nature ; en 1853, 1,553, et en 1855, 5,146. Le rapport de 1855 (p. 16), effrayé de cette progression, ajoute : « Il est bien désirable « que l'administration des postes trouve le moyen de diminuer le nombre de « ces infractions en les rendant plus difficiles par une altération plus apparente des timbres déjà employés. » — Plusieurs des critiques ci-dessus ont déjà trouvé place dans quelques observations sur le casier judiciaire, insérées au *journal du ministère public*, au nº de juillet dernier.

induire personne en tentation ; les légers et presque imperceptibles points qui existent sur les timbres-poste déjà employés n'avertissent pas suffisamment les personnes ignorantes, et laissent toujours un prétexte ou une excuse à la mauvaise foi. Une empreinte fortement appliquée écarterait jusqu'à la pensée de la fraude, et bannirait presque complétement du sanctuaire de la justice les infractions de cette nature (1).

135. On s'est souvent demandé s'il ne conviendrait pas de faire subir une semblable transformation aux délits de vagabondage et de mendicité. A l'appui de cette innovation, on dit que les circonstances atténuantes sont accordées avec une égale prodigalité aux délits de cette nature (2) ; qu'il paraît fort simple, un individu arrêté, de le conduire devant le juge de paix du canton, qui, après avoir entendu l'inculpé et ses témoins, applique immédiatement la peine portée par la loi. Tout cela semble de prime abord raisonnable; mais, en y réfléchissant un instant, on voit bien vite surgir des difficultés. La mendicité et le vagabondage, nous l'avons déjà dit, constituent une plaie sociale qui appelle une surveillance active et un mode particulier de répression (3). Sous la veste du mendiant ou du vagabond se cachent très souvent de dangereux malfaiteurs ayant subi de nombreuses condamnations, et dont il importe de connaître les antécédents. Une infor-

(1) Quelques administrations publiques ont droit de transiger avec une certaine catégorie de délinquants. Cette faculté étendue au délit dont nous parlons aurait-elle quelque inconvénient? Nous ne le pensons pas. Ces transactions seraient consenties de gré à gré sur des bases déterminées par la loi ; la récidive exclurait la possibilité de pareils arrangements. La somme à payer par le délinquant ne pourrait être moindre de 15 fr. ni excéder 30 fr. — Comme l'administration des postes transmet elle-même les pièces au ministère public et prend ainsi l'initiative de la poursuite, elle ne se dessaisirait des procès-verbaux qu'après qu'un arrangement amiable serait devenu impossible.

(2) Il résulte du document précité (p. 21) que les circonstances atténuantes sont accordées au délit de vagabondage 85 fois sur 100, et au délit de mendicité 89 fois sur 100.

(3) V. ce que nous avons précédemment dit sur le vagabondage, la mendicité, la surveillance et les transformations qu'on doit leur faire subir (nos 43-55 et suivants).

mation plus ou moins longue devient dès lors nécessaire ; et on ne peut pas, sans les distraire de leurs principales occupations, imposer aux juges de paix ou aux commissaires de police un travail qui ne rentre pas directement dans la sphère de leurs fonctions. Il faudrait enfin multiplier le nombre des dépôts provisoires, ce qui serait encore un grave inconvénient. Ces difficultés d'exécution suffiraient à elles seules pour empêcher le déclassement des délits de cette nature.

136. On insistera avec plus de raison pour faire rentrer dans le droit commun les délits forestiers, qui en ont été distraits sans motifs bien plausibles. Qu'une infraction soit poursuivie à la requête d'une administration publique ou d'un simple particulier, la gravité intrinsèque reste la même ; et on ne voit pas sur quel fondement sérieux on pourrait établir des règles différentes, au point de vue de la compétence (1). Les infractions de cette nature constituent des vols, ordinairement sans importance, et qui ne peuvent même en acquérir par le déplacement de juridiction. Les procès-verbaux des agents forestiers étant crus jusqu'à inscription de faux, faire juger ces affaires par plusieurs magistrats, c'est leur imposer un travail fastidieux et inutile ; c'est forcer des hommes intelligents à s'incliner devant le mauvais vouloir ou l'entêtement d'un garde forestier (2). Ce déclassement serait-il essentiellement préjudiciable à l'administration forestière ? On ne voit pas trop comment : obligés à de fréquentes courses pour la surveillance du service et la direction des travaux, les employés de cette administration feraient coïncider leurs tournées avec les audiences, qui ne seraient ni longues ni nombreuses. On pourrait même, pour faciliter le travail de l'administration et ne pas trop le scinder, décider que, dans le cas où une forêt empiéterait sur plusieurs cantons, toutes les affaires seraient déférées au même tribunal, à celui dans le ressort duquel se trouverait la partie principale de la forêt. Ces restrictions permettraient sans doute d'atteindre plus sûrement le but que nous poursuivons.

137. Nous ne pousserons pas plus loin nos investigations ;

(1) Voy. et comp. les art. 171 et 190 du C. forestier avec l'art. 139-4° du C. pénal.

(2) V. les art. 176 et 177 du C. forestier.

ce qui précède suffira pour démontrer qu'il y a ici, comme partout ailleurs, quelque chose à faire. Une révision de notre droit criminel apporterait de notables améliorations dans l'administration de la justice, simplifierait plus d'un rouage compliqué, établirait enfin une plus exacte répartition entre les différentes juridictions, soulagerait les unes, donnerait aux autres ce qui leur manque pour prendre cette consistance si nécessaire aux institutions judiciaires.

138. La qualité de juge de police n'absorbe pas, chez le juge de paix, celle d'officier de police judiciaire. Auxiliaire fort utile du procureur impérial, il reçoit des plaintes, dresse des procès-verbaux; aussitôt qu'un fait grave se produit, il en avise le ministère public, se transporte sur les lieux, et recueille tous les renseignements de nature à mettre la justice sur les traces des coupables. S'agit-il d'une de ces affaires essentiellement délicates, que tout retard compromet, son intervention est plus nécessaire encore, pour saisir immédiatement les éléments si fugitifs d'un crime, les constater et empêcher qu'ils ne s'affaiblissent ou ne disparaissent au grand détriment de la vindicte publique (1). L'action de la justice sociale pourrait être compromise, si elle était privée de ce moyen puissant d'investigation; plus la compétence territoriale des tribunaux sera étendue, plus l'action des juges de paix devra être prompte et efficace.

Des attributions si nombreuses et si variées donnent à cette institution une importance dont on ne se rend pas toujours suffisamment compte, et qui exige chez ceux qui sont investis de cette magistrature un ensemble de qualités qui ne sont pas souvent réunies sur la même tête.

II. TRIBUNAUX CORRECTIONNELS.

139. Dans chaque arrondissement, les tribunaux civils jugent, sous le nom de tribunaux correctionnels, une catégorie

---

(1) Cette expression trop fréquemment employée est inexacte. La société ne se venge pas, c'est un sentiment plus élevé qui la dirige; elle remplit un devoir sacré en protégeant et défendant tous les intérêts qui lui sont confiés. V. *supra*, n° 38.

particulière d'infractions qualifiées délits. Les tribunaux correctionnels datent de la même époque que les tribunaux de police; ils furent institués les uns et les autres par la loi du 19-22 juillet 1791. Avant cette époque, la répression était morcelée entre les juridictions seigneuriales, royales, ecclésiastiques, spéciales et exceptionnelles, qui se partageaient inégalement les personnes et les choses. Cette organisation n'avait rien de commun avec la belle et féconde simplicité qui caractérise nos institutions modernes (1).

140. D'après la loi d'institution, le tribunal correctionnel se composait, en principe, du juge de paix et de ses deux assesseurs; ceux-ci n'étaient appelés que pour compléter le nombre de trois. S'il y avait plus de trois juges de paix dans la commune où siégeait le tribunal, ils faisaient alternativement le service, en commençant par le plus ancien. Le procureur de la commune, ou son substitut, remplissait les fonctions du ministère public. Le tribunal se complétait par l'adjonction du greffier de la justice de paix ou d'un greffier spécial nommé par la municipalité. L'appel se portait au tribunal de district, et, à Paris, à un tribunal particulier institué par la même loi (2).

Le Code des délits et des peines s'éloigne peu de cette organisation première; la composition n'est modifiée que par l'introduction d'un président pris dans le tribunal de district, et renouvelé tous les six mois (3).

Notre organisation actuelle date de l'an VIII. La Constitution consulaire supprima les anciens tribunaux et posa les nouveaux principes, qui furent développés dans la loi du 27 ventôse de la même année. Chaque arrondissement est doté d'un tribunal, qui est en même temps tribunal civil, correctionnel, et remplit vis-à-vis des juges de paix les fonctions de tribunal d'appel. Il est composé, au minimum, de trois juges, d'un

---

(1) Les présidiaux, dont en dernier lieu on augmentait fréquemment les attributions aux dépens des juridictions inférieures, ne sont pas sans quelque ressemblance avec nos tribunaux d'arrondissement.

(2) V. pour plus de détails la loi de 1791, tit. 2, art. 46 et suivants, 61 et suivants.

(3) V. les art. 167 jusque et y compris l'art. 179 du Code du 3 brumaire an IV.

certain nombre de suppléants, outre le ministère public et le greffier. Tous les tribunaux d'arrondissement n'ont pas le même nombre de magistrats; il en est qui se divisent en plusieurs chambres qui concourent simultanément à l'expédition des affaires. Dans ce cas, l'une d'elles remplit les fonctions de tribunal correctionnel. Quel que soit le nombre des magistrats qui composent une chambre, on ne peut rendre aucune décision sans le concours et la présence de trois juges, du ministère public et du greffier.

141. Les tribunaux correctionnels jugent aujourd'hui comme sous l'empire du Code d'instruction criminelle toutes les infractions classées par la loi au rang des délits ; les restrictions apportées à ce principe par les lois subséquentes ont été abrogées par le décret du 25 février 1852 (1). Nous en sommes revenus sous ce rapport aux règles simples et uniformes édictées par le législateur de 1810.

Le nombre de ces infractions est considérable; il va toujours en grossissant. Il était en 1826 de 108.390 ; en 1853 ce chiffre s'est élevé à 208,699, et la légère diminution qui s'est manifestée depuis cette époque (2) n'est pas de nature à rassurer complétement, en présence de la triste expérience du passé. La statistique de 1850, dans sa partie rétrospective (3), nous montre la criminalité suivant toujours, sous ce rapport, une progression ascendante depuis 1826 ; et si parfois il y a eu un temps d'arrêt, elle n'a pas tardé à reprendre son cours: ainsi, de 1850 à 1853, il y a eu une augmentation de plus de 33,000 affaires. Ces symptômes, quoique graves, n'ont rien de bien alarmant ; ce serait les exagérer outre mesure que de leur attribuer une trop grande importance. Plusieurs causes ont contribué à cette augmentation ; indiquons les principales, pour restituer aux chiffres leur véritable valeur.

142. La population de la France, depuis 1826, a augmenté d'un sixième environ. Le luxe et la corruption ont apporté leur

---

(1) V. également les décrets du 31 décembre 1851 et du 17 février 1852.

(2) Le nombre des délits déférés aux tribunaux correctionnels s'élevait en 1854 à 206,794; en 1855, à 189,515; de 1850 à 1852, on était arrivé aux chiffres suivants : 175,025 , — 171,777 ,— 197,394. L'année 1856 offre encore une réduction assez notable sur 1855 (181,610).

(3) V. le compte-rendu de just. crim., (rapp., p. 104).

contingent. De nombreuses lois , surtout dans ces dernières années, ont ajouté de nouvelles infractions à celles déjà existantes, et contribué pour une bonne part à cette augmentation. Nous citerons notamment les lois sur les chemins de fer ; celles de la presse, qui ont édicté des dispositions contre le colportage et les fausses nouvelles ; les lois sur l'enseignement, le roulage, l'usage de timbre-poste falsifié, l'ouverture des cabarets, et la loi fort importante du 27 mars 1851, sur les fraudes commerciales et la détention de poids et mesures faux. Ajoutons enfin que depuis 1852 toute une catégorie de délits, les délits de presse, précédemment déférés aux cours d'assises, ont été placés dans les attributions des tribunaux correctionnels.

De nouveaux et plus puissants moyens d'investigation mis à la disposition de l'autorité judiciaire n'ont pas peu contribué à ce résultat. L'action de la police répressive, fortifiée par la création récente de nombreux auxiliaires, est devenue plus prompte et plus sûre. Ces auxiliaires, mieux dirigés et constamment tenus en haleine par leurs chefs, ont fait pénétrer la surveillance sur les points les plus reculés du sol français, et assuré la répression d'un plus grand nombre de méfaits. Cette observation était trop pressante pour échapper aux regards investigateurs de ceux qui président à la rédaction de nos comptes-rendus de justice criminelle. Nous extrayons de celui de 1853 le passage suivant (1) : «La création, dans ces « dernières années, de 223 brigades de gendarmerie et de « 715 commissariats de police cantonaux, en étendant sur « tous les points de la France une surveillance active, a dû « assurer la répression d'un plus grand nombre de délits, en « attendant qu'elle les prévienne, en faisant comprendre aux « malfaiteurs que l'impunité a cessé d'être acquise à leurs « méfaits. »

Certains délits qui, avant cette époque, n'occupaient qu'une faible place dans la statistique, ont éprouvé de notables augmentations. Dans cette catégorie il faut placer les délits de chasse (2), qui figurent pour près du huitième dans le rô!

(1) V. Rapp., p. 15.
(2) Le nombre des poursuites exercées en vertu de la loi du 3 mai 184?
sur la chasse a dépassé 25,000 en 1853.

général des tribunaux correctionnels; quelques délits assez légers contre les personnes, les propriétés, et même contre les agents de l'autorité, qui, plus rapprochés des malfaiteurs, sont plus exposés à leur ressentiment.

143. L'atmosphère politique n'est pas étrangère aux oscillations de la criminalité ; le calme et la tranquillité exercent leur salutaire influence sur tous les esprits et refoulent bien loin de nombreux délits qui se font à peine jour en temps ordinaire. Mais que l'horizon s'assombrisse, que le désordre paraisse à la surface, que le nerf du gouvernement se détende, aussitôt les infractions de cette nature se multiplient, et les tribunaux sont obligés de déployer une grande vigueur pour réprimer les atteintes de toute nature dirigées contre l'autorité. De pareils résultats se produisent au lendemain de chaque révolution. Après 1830, l'augmentation fut si forte (1), que quinze années se sont écoulées avant qu'on soit revenu au chiffre de 1831. Il fallut la calamiteuse année de 1847 avec sa disette, sa misère et leur cortége inévitable, pour dépasser les chiffres antérieurs les plus élevés.

Après les événements de 1848, des symptômes analogues se manifestèrent ; le pouvoir, faible et désarmé, fut l'objet d'incessantes attaques ; son autorité et celle de ses agents étaient également méconnues ; l'anarchie, en un mot, avait pénétré partout. Du moment où le pouvoir fut rétabli sur ses véritables bases, les écarts de cette nature ont sensiblement diminué, et ils diminueront certainement encore, tant que le calme intérieur n'éprouvera aucune atteinte. Un pouvoir fort et puissant imprime le respect; mais s'il se laisse entamer, les mauvaises passions ne tardent pas à le déborder.

144. Les affaires déférées aux tribunaux correctionnels sont aussi nombreuses que variées ; délits contre les personnes, les propriétés, les mœurs, l'ordre public, délits de presse, infractions nombreuses que des lois spéciales placent journellement dans leurs attributions, tel est en peu de mots le cercle fort large dans lequel se meut cette juridiction. La plu-

---

(1) De plus d'un 5e. — Presque tous ces renseignements sont puisés dans la partie rétrospective de la statistique de 1850. Les détails curieux et intéressants qu'elle contient jettent un grand jour sur la marche de la criminalité en France pendant les 25 années qui précèdent.

part de ces affaires sont d'une solution simple et facile. La lecture d'un procès-verbal, l'audition d'un petit nombre de témoins, suffisent, en général, pour leur entier éclaircissement. Mais il en est qui, compliquées en droit, délicates en fait, font surgir des débats hérissés de complications et de difficultés. Les escroqueries, les filouteries, les abus de confiance, certaines tromperies sur les marchandises, les délits d'usure, et bien d'autres infractions, peuvent mettre en jeu des intérêts aussi graves que ceux qui se débattent devant une cour d'assises.

Nous n'aurions qu'une idée incomplète des attributions des tribunaux correctionnels, si nous n'ajoutions que, vis-à-vis des tribunaux de police, ils remplissent les fonctions de juges d'appel, et que, naguère encore, certains d'entre eux jugeaient les appels d'autres tribunaux de même degré. La loi du 17 juin 1856 a supprimé cette ancienne organisation et introduit dans cette branche de l'administration de la justice l'unité, la simplicité, dont un législateur prudent ne doit jamais s'écarter (1).

145. Cette loi, qui entraînera de notables réductions dans le personnel judiciaire, a inspiré, dans un but de conservation (2), l'idée que voici : On voudrait déférer à un tribunal unique tous les délits, pour n'avoir dans chaque département qu'un tribunal correctionnel. Ce n'est pas incidemment, mais principalement et directement, qu'on pose des questions aussi délicates. La justice civile et la justice criminelle étant intimement liées dans notre organisation moderne, il fallait, allant droit au but, se demander si un tribunal par département était en état de suffire à toutes les exigences de la justice. Placée sur son véritable terrain, cette question appelle un examen approfondi, auquel nous pourrons nous livrer ultérieurement, mais qui nous éloignerait trop aujourd'hui du but principal de nos recherches.

(1) On peut voir dans la *Revue pratique* cahier de juin 1856) les critiques que nous adressions à l'ancienne loi et les motifs sur lesquels se fonde la législation actuelle.

(2) Ce système, pour conserver quleque importance aux tribunaux chefs-lieux judiciaires, voudrait, en leur réservant leurs attributions actuelles, étendre leur compétence correctionnelle à tout le département.

Nous nous contenterons de dire, pour le moment, que les tribunaux civils et correctionnels sont assez nombreux pour qu'il soit possible de leur faire subir une large réduction ; mais ce serait peut-être aller trop loin que de n'en maintenir qu'un par département (1).

Cela est surtout vrai pour les tribunaux dont le trop grand éloignement du lieu du délit se traduirait par une augmentation notable des frais de justice. C'est pour ce motif, sans doute, que le législateur de l'an III avait maintenu plusieurs tribunaux correctionnels par département, alors qu'il n'y laissait subsister qu'un seul tribunal civil (2).

146. Objectera-t-on, comme fin de non-recevoir, l'importance du rôle correctionnel ? Numériquement, il est peut-être plus chargé que celui des tribunaux civils ; mais il faut, ici ou jamais, peser au lieu de compter. Les affaires correctionnelles s'expédient avec une grande rapidité : chaque jour suffit à sa peine, et rarement on arrive à la fin de l'année sans avoir entièrement épuisé ce rôle. L'arriéré si important en matière civile est presque inconnu devant les juridictions répressives. Chaque année lègue bien à celle qui la remplace quelques affaires à juger ; mais, outre qu'il est impossible qu'il en soit autrement, cela ne saurait constituer un retard. Il surgit journellement de nouvelles affaires : celles qui se produisent dans le dernier mois de l'année sont rarement en état d'être jugées. Des renseignements nécessaires, une instruction plus ou moins longue, ou même le défaut d'audience disponible, peuvent différer de quelques jours le jugement sans qu'il y ait réellement retard.

Et cependant, il faut le dire, les juges ne consacrent qu'une faible partie de leur temps à cette branche du service. Une audience par semaine suffit au plus grand nombre ; quelques tribunaux ont une section exclusivement occupée d'affaires de cette nature. Le tribunal de la Seine seul exige le concours

(1) Cette question revient à plusieurs reprises dans notre travail précité de 1848 ; elle avait alors un intérêt d'actualité dont elle est aujourd'hui dépourvue.

(2) V. l'art. 167 du C. des délits et des peines, qui reproduit l'art. 233 de la Constitution. V. également l'art. 230, qui est relatif aux tribunaux civils.

de trois Chambres pour épuiser un rôle encombré de plus de
11,000 affaires.

Ce fait suffirait à lui seul pour donner la mesure de la rapidité avec laquelle on peut procéder en pareille matière.
Chaque chambre, à Paris, juge près de 4,000 affaires ; or nul
tribunal, même avec le rôle forestier le plus chargé, n'arrive
à un chiffre aussi élevé (1).

On ne peut plus douter, après cela, qu'il ne soit possible
de réduire notablement le nombre des tribunaux correctionnels. En laissant de côté Paris, on trouvera peu de départements qui exigent pour l'expédition des affaires plus d'une
chambre correctionnelle. Les objections produites contre ce
système se tirent de considérations accessoires, qui ne sont
pas dépourvues de valeur, surtout quand elles se fondent sur
l'augmentation des frais de justice. Cette objection réellement
sérieuse arrêtera quelque temps notre attention.

147. Trois causes principales contribuent, dans des proportions différentes, à grossir la somme des frais de justice criminelle : le transport des magistrats sur des points éloignés
de leur résidence, la translation des prévenus et condamnés,
et les taxes accordées aux témoins.

Si le déplacement des magistrats ne s'effectue que dans
des cas rares et exceptionnels, les frais de justice ne subiront
qu'une très faible augmentation. On comprend la nécessité
d'un transport quand il s'agit d'une affaire grave et épineuse;
mais pour le plus grand nombre, la présence des officiers de
police judiciaire, et surtout des juges de paix, offrira à la société des garanties telles qu'on ne regrettera pas les transports
coûteux des magistrats plus haut placés. Les juges de paix,
quelle que soit la position qu'on leur fasse, jouent un rôle très
important dans notre organisation judiciaire. Dans la plupart
des cantons ruraux, ils ont aujourd'hui si peu d'occupation,
qu'en étendant sensiblement leurs attributions on ne rendra
pas le fardeau trop lourd. Il suffira de n'investir de ces fonctions que des hommes actifs, intelligents et présentant toutes
les garanties désirables.

148. Les individus sur lesquels la justice étend son bras

_____

(1) Pour tous ces détails statistiques, V. le compte-rendu de justice crim.
de l'année 1850, dans sa partie rétrospective.

puissant se divisent en deux catégories : les uns sont soup-
çonnés de quelques méfaits, les autres en sont convaincus;
les premiers sont admis à se justifier, les seconds sont comptables vis-à-vis de la société d'une expiation, qui s'effectue
dans les lieux déterminés par la loi ou par des règlements administratifs. Pour les uns comme pour les autres, il peut y avoir
nécessité de leur faire subir des déplacements dont l'Etat
supporte les frais, d'une manière définitive et sans recours.

Les prévenus sont conduits devant leurs juges pour rendre
compte de leur conduite et se justifier, s'il y a lieu. C'est la
gendarmerie qui les transfère, en vertu de mandats de justice; ce travail, un peu pénible pour la gendarmerie, coûte
fort peu à l'Etat. Le transport des condamnés n'est guère
plus onéreux ; il s'effectue en général par les voitures cellu-
laires, qui prennent le condamné au lieu où il est actuellement détenu, pour être conduit dans une maison centrale.
Si tous les condamnés étaient dans la même maison, il y aurait sous ce rapport plutôt économie que surcroît de dépense;
là n'est pas l'écueil, tout le débat se concentre sur le troisième point, qui nous reste à examiner.

149. Les témoins sont le nerf de la justice criminelle, la
base de toutes les poursuites, des acquittements comme des
condamnations : sans eux la répression serait compromise et
l'action de la justice paralysée. Ce concours étant indispensable, il fallait le subir et l'organiser.

L'instruction est orale ou écrite. L'instruction orale se fait à
l'audience, devant les magistrats chargés d'appliquer la loi. Les
affaires qui comportent cette manière de procéder ne présentent ni difficulté ni complication ; un petit nombre de témoins
suffisent pour arriver à une conviction pleine et entière ; parfois même le débat est si simple que l'on peut se contenter du
procès-verbal, qui subsiste tant qu'il n'est pas combattu par
la preuve contraire.

L'instruction écrite, quand on y recourt, n'est qu'un moyen
de faciliter et de préjuger l'instruction orale. Obligatoire
pour les crimes, elle reste facultative pour les délits. Le ministère public peut toujours, si l'affaire lui paraît assez claire,
citer directement le prévenu devant le tribunal correctionnel; mais si elle est délicate et compliquée, s'il veut faire

arrêter le délinquant, il provoque une information et réclame le concours du juge d'instruction.

Le magistrat instructeur se livre à toutes les investigations propres à élucider l'affaire. Il agit directement par lui-même ou avec le secours d'auxiliaires que la loi met à sa disposition (1). Le témoin est-il domicilié hors du canton de sa résidence : il peut, pour recevoir cette déclaration sans déplacement et presque sans frais, déléguer un de ses collègues ou un juge de paix. Mais si le témoignage est essentiel, et qu'il ne puisse être utilement reçu que par le juge d'instruction, si des confrontations sont nécessaires, il appellera le témoin devant lui, à quelque distance qu'il se trouve. Cette mesure onéreuse pour le trésor porte en elle-même sa justification, et nul n'oserait critiquer un magistrat d'avoir fait usage d'une faculté qui souvent se transforme en devoir impérieux. En dehors de ces cas assez rares, le juge d'instruction délègue ses pouvoirs, et les témoins même les plus éloignés n'occasionnent aucun surcroît de frais.

150. L'affaire une fois terminée et déférée à la juridiction compétente, les témoins sont appelés devant les magistrats chargés de la répression. Le débat oral reprend tout son empire, et on ne peut faire état de la déclaration d'un témoin qui n'aurait pas été cité devant le tribunal. Tout témoignage essentiel, pour être pris en sérieuse considération, a besoin d'être oralement reproduit.

Le ministère public doit surveiller avec une attention soutenue cette partie de son service, examiner scrupuleusement les affaires avant l'audience, pour en extraire les témoins réellement indispensables. Il s'attachera surtout aux points contestés et appellera un nombre convenable de témoins pour les établir ; c'est ici le cas de dire « abondance nuit ; » il y aurait, en effet, nocuité pour le trésor qui supporterait des frais inutiles. Connaissant les habitudes des magistrats auxquels il s'adresse, le ministère public satisfera leurs justes exigences sans aller au-delà. En s'attachant strictement à une règle si sage, on atténuerait de beaucoup les effets fâcheux que pourrait produire sur l'augmentation des frais de justice le trop grand éloignement des témoins.

---

(1) V. les art. 82 et 84 du C. d'inst. crim.

Que devant les assises et en présence des exigences du jury en matière de preuve, il y eût plus d'obstacles à surmonter, on le comprendra facilement ; mais en restant dans la sphère des tribunaux correctionnels, on reconnaîtra, sans doute, que la vigilance du ministère public, secondée par la perspicacité et la grande expérience des tribunaux correctionnels, contribuera à réduire cette objection à de minces proportions.

151. Ces inconvénients, fussent-ils plus sérieux, sont rachetés par d'incontestables avantages. L'action de la justice, plus concentrée, sera plus égale et plus uniforme ; on cessera de punir dans un arrondissement des méfaits auxquels on ne fait pas attention dans l'arrondissement voisin ; il s'établira un niveau dont on s'écartera peu. Chaque tribunal veut avoir quelque chose sur son rôle ; quand les grosses affaires font défaut, on poursuit les petites et même celles qui sont dépourvues d'importance et d'intérêt. Si toutes les infractions de cette nature disparaissaient du rôle criminel, il subirait une notable réduction. Chaque tribunal, ayant un nombre suffisant d'affaires, n'aurait plus d'intérêt à enfler son rôle ; et la répression n'atteindrait que les faits qui, par leur gravité, portent une atteinte réelle à l'ordre public.

Cette question, nous le répétons, ne peut être résolue incidemment ; c'est à propos des tribunaux civils qu'elle se pose naturellement. Il suffira, pour le moment, d'avoir démontré que le travail des tribunaux correctionnels n'est pas de nature à opposer un obstacle sérieux à la large réduction qui peut être opérée dans le nombre des tribunaux d'arrondissement.

152. Il serait facile, au surplus, d'alléger le fardeau des tribunaux correctionnels : d'une part, en déclassant et renvoyant en simple police de nombreuses infractions dépourvues de gravité (1) ; d'autre part, en introduisant pour certains délits un mode particulier de transaction, dont nous allons en terminant dire quelques mots :

Fréquemment pendant la saison de la chasse, les membres du parquet reçoivent la visite de délinquants qui viennent, disent-ils, *faire leur soumission* : ils reconnaissent le délit qui leur est imputé et demandent à payer l'amende que la loi leur inflige, pour être immédiatement quittes vis-à-vis la

_____
(1) V. ce que nous avons déjà dit sur ce point, *suprà*, nᵒˢ 130 et suivants.

justice. La chose leur paraît si naturelle, qu'ils ne prévoient aucun obstacle ; aussi leur surprise est-elle grande, quand le magistrat leur répond qu'il ne peut accéder à leur demande, que la loi n'admet pas ces soumissions, et que forcément le tribunal correctionnel est appelé à statuer.

Si le ministère public a les bras liés sous ce rapport, il peut d'une autre manière venir en aide à ces délinquants empressés, n'appeler aucun témoin pour établir un délit avoué, autoriser même le prévenu à comparaître volontairement devant le tribunal, pour se voir condamner presque sans frais (1).

153. En procédant ainsi, le procureur impérial fait acte de juridiction gracieuse et concède ce que plus d'un magistrat se fait scrupule d'accorder (2). Il peut, en effet, ne pas se préoccuper d'un aveu qui n'a rien de définitif et suivre dans la répression la marche habituelle. Ce *summum jus* est d'une rigueur excessive ; pourquoi ne pas encourager les actes de déférence et de respect à la loi ! Celui qui confesse sa faute mérite quelques égards ; le dispenser du cortége des formalités judiciaires, c'est le pousser et le maintenir dans une voie avantageuse pour tout le monde : il y a donc lieu d'accepter et de régulariser ces soumissions.

En nous attachant exclusivement aux délits de chasse, qui les premiers ont suggéré cette idée, nous demanderons tout d'abord quelle doit être l'étendue de cette mesure. Faut-il l'appliquer à tous les délits prévus par la loi du 3 mai 1844, ou bien à un certain nombre seulement? Une règle générale ne peut prévoir que les cas généraux, c'est donc aux art. 11 et 12 de la loi qu'il faut s'en référer. Tout délit de chasse en temps prohibé ou sans permis jouirait de ce bénéfice; nous n'en exclurions que les délits contre lesquels la loi prononce une aggravation de peine, à raison des circonstances dans lesquelles ils se sont produits. Ainsi, qu'il y ait récidive,

---

(1) Expressément autorisée pour les tribunaux de police, la comparution volontaire a été étendue par la jurisprudence aux tribunaux correctionnels (cassat., 18 avril 1822, 25 janvier 1828).

(2) La Cour d'Amiens a proscrit cette manière de procéder, par son arrêt du 22 novembre 1851. V. Codes annotés Sirey-Gilbert, sur l'art. 182 C. inst. crim. Comp. nos 8, 9.

usage de faux noms, menaces ou violences envers les personnes, qu'on ait chassé la nuit, méconnu l'obstacle qu'op-
posait une clôture ou un enclos; dans tous ces cas, le délinquant, ayant encouru une peine plus sévère, doit en subir les
conséquences et ne pas profiter d'une disposition introduite
en vue d'infractions moins graves.

On pourrait, il est vrai, donner une plus grande extension
à cette règle et l'appliquer aux cas nombreux où la loi prononce une aggravation facultative. Mais il faut en même
temps établir entre ces deux hypothèses une distinction que
la raison commande. Placé dans la règle commune, le délinquant n'aura qu'à faire sa soumission pour qu'elle soit acceptée; s'il se trouve dans l'exception, le concours du ministère
public sera nécessaire pour déterminer la somme, qui ne
peut être fixée d'une manière invariable que pour le premier
cas.

154. Le principe posé, il faut passer aux détails et aviser
aux moyens d'exécution. Un délit de chasse sans permis ou
en temps prohibé, une fois constaté, il naît pour le délinquant
le droit de déclarer qu'il se soumet à payer l'amende déterminée par la loi. Cette amende, nous la fixons à 30 ou 65 fr.,
suivant qu'il s'agit d'un délit de chasse sans permis ou en
temps prohibé.

Lorsque la loi prononce une aggravation facultative, il faut,
pour conserver à ces infractions leur caractère propre, permettre de doubler les amendes qui viennent d'être indiquées.
Pour tous les délits qui rentrent dans cette catégorie, le ministère public reprend son rôle actif; c'est lui qui détermine les
conditions de la soumission et fixe, contradictoirement avec
le prévenu, la somme à payer. L'amende, fixée à 30 ou 65 fr.
pour les cas ordinaires, pourra être portée à un chiffre supérieur, qui n'aura d'autre limite que le double de ce minimum.
Si la transaction échoue, si les parties ne peuvent tomber
d'accord sur la somme à payer, l'affaire reprend son cours
ordinaire, comme s'il n'y avait pas eu de pourparlers.

Toutes les infractions contre lesquelles une peine plus
sévère est édictée restent sous l'empire de la loi qui les régit
actuellement. On trouvera peut-être que nous sommes allé
trop loin en autorisant ces soumissions dans les cas où la loi
prononce un emprisonnement facultatif; mais comme les

tribunaux ne l'appliquent que dans des cas fort rares, ils rentreront probablement par ce côté dans l'exception; en sorte que cette considération ne nous arrête pas.

155. La somme portée dans la transaction représente, pour le chasseur, le montant de toutes les condamnations que le tribunal pourrait lui infliger : 1° l'amende;—2° la confiscation des instruments de chasse;—3° les frais de poursuites. Nos chiffres sont presque calqués sur ce qui se passe journellement; les tribunaux, en pareille matière, ne dépassent que très rarement ils minimum de l'amende; les frais de la poursuite et la confiscation de l'arme n'élèvent guère la condamnation au-delà de 30 ou 35 francs dans un cas et 65 ou 70 dans l'autre. Quoique le jugement prononce la confiscation du fusil et autres instruments de chasse, on arrive presque toujours, sous ce rapport, à des résultats illusoires. Le procès-verbal contient, il est vrai, le signalement du fusil; mais les indications manquent, en général, de précision, et leurs termes vagues ne permettent pas qu'on se montre très rigoureux lors de la réception des armes. Pour un fusil on dira : simple, à piston, en bon ou mauvais état; ou bien : double, en bon ou médiocre état. Ce signalement convient à des milliers de fusils; celui qui voudrait élever des contestations en s'appuyant sur une base aussi fragile risquerait fort d'échouer dans ses prétentions (1).

Cet état de choses a donné naissance à une industrie assez singulière; des armuriers se procurent des fusils sans valeur ni solidité, qui trompent à première vue et qu'il est difficile de refuser, parce qu'ils ont pour eux les apparences extérieures. Ces armes, une fois déposées au greffe, n'en sortent que pour être brisées; or, tout le monde sait ce que les opérations de cette nature produisent au trésor. La mesure que

---

(1) La loi prononce bien la confiscation des armes et autres instruments de chasse (art. 16); mais, comme il est défendu de désarmer les chasseurs (art. 25), on aboutit forcément à ces résultats. On aurait concilié tous les intérêts, maintenu les droits du chasseur et de la justice en insérant dans la loi la disposition suivante : « Tout chasseur qui, sur l'avertissement à lui « donné, ne remettrait pas entre les mains du rédacteur du procès-verbal ses « armes ou instruments de chasse, sera déchu du droit de les déposer et con- « damné à en payer la valeur légale. »—Comp. loi du 15 avril 1829, art. 21.

nous proposons met un terme à cette industrie ; sans modifier la position des chasseurs, elle améliore celle de l'État, et remplace pour lui une valeur souvent négative par une somme médiocre, il est vrai, mais bien supérieure à celle que produit la vente des fusils confisqués (1). Cette mesure fût-elle favorable aux chasseurs, il n'y aurait pas lieu de s'en préoccuper du moment où elle ne profiterait qu'à ceux qui reconnaissent leurs torts et font amende honorable.

156. La procédure en pareille matière doit être simple et facile. Voici celle que nous proposons : Un délit de chasse une fois commis, le délinquant peut, dans les dix jours qui suivent (2), se présenter au greffe du tribunal compétent pour juger l'affaire et déclarer qu'un délit de chasse a été constaté à son encontre par X....., garde ou gendarme, qu'il se reconnaît coupable du délit qui lui est imputé et se soumet, conformément à la loi, à payer, à titre d'amende, la somme de... (3). Le greffier dresse acte de cette déclaration, elle est signée par lui et par le déclarant, ou mention est faite du motif qui l'en empêche. Elle est également signée par le procureur impérial, qui figure dans l'acte, soit comme partie principale, soit pour fixer au besoin le montant de l'amende encourue.

Dans les cas ordinaires, le ministère public n'a aucun véto

---

(1) Tout en maintenant aux amendes correctionnelles la destination qui leur est affectée, il est bien entendu que l'État continuerait à prélever sur les sommes payées par les délinquants *soumissionnaires*, la part qui lui revient aujourd'hui et qui représente les frais de poursuite et les confiscations prononcées. La loi désignerait, pour représenter l'amende, une somme égale, ou de quelques francs supérieure au minimum de la peine, et l'État prendrait le surplus.

(2) Ce terme n'est pas de rigueur : il a pour but de déterminer le délai pendant lequel il serait sursis à toute poursuite. Tant qu'il n'est pas condamné, le délinquant peut effectuer sa soumission ; mais alors il doit, en plus, payer les frais occasionnés par son retard. Ce délai de 10 jours, si court qu'il soit, est plus que suffisant pour réfléchir et se décider en parfaite connaissance de cause. En l'étendant outre mesure, on pourrait entraver ou paralyser l'action du ministère public.

(3) Si le délinquant est mineur, il doit être accompagné de la personne civilement responsable. Sous cet autre rapport, il y aurait encore intérêt à faire la distinction indiquée dans la précédente note.

à opposer : le délinquant s'oblige à payer 30 ou 65 fr., suivant qu'il s'agit d'un délit de chasse sans permis ou en temps prohibé. Dans les cas exceptionnels, alors que l'amende peut être doublée, le ministère public intervient pour indiquer le surcroît de peine encourue, régler de gré à gré les conditions de la soumission, sans pouvoir jamais imposer sa volonté. Si le délinquant trouve l'amende trop forte, il lui sera loisible de ne pas se soumettre (1) et de subir les chances d'une condamnation plus ou moins sévère. Si difficile que l'on soit, d'ailleurs, ces prescriptions semblent de nature à sauvegarder tous les droits.

157. Les actes dont nous parlons auraient au fond la même valeur qu'un jugement, ils trouveraient place dans le casier judiciaire (2), serviraient de base à la récidive et obligeraient le chasseur à payer sans retard l'amende convenue (3). On les inscrirait toutefois sur un registre particulier visé pour timbre, non soumis à l'enregistrement ou enregistré gratis. Dans le cas où le chasseur ne s'exécuterait pas volontairement, une expédition du jugement-transaction, rendu exécutoire par le président du tribunal, serait transmise au receveur de l'en-

(1) Cette combinaison n'obtiendra pas les sympathies des personnes toujours disposées à suspecter le ministère public; elles voudraient, sans doute, que son refus ne fût jamais péremptoire, ou établir une autorité supérieure pour vider le débat. Cette autorité est et ne peut être autre que le tribunal. Sans cela, on enlèverait au ministère public la liberté d'action qui lui est si nécessaire. Au surplus, qu'on se rassure, le ministère public préfère toujours à une poursuite douteuse un résultat positif, et rarement ses exigences entraveront un arrangement de cette nature.

(2) Cette institution fort utile est presque étouffée sous le poids de bulletins insignifiants qui encombrent le casier en pure perte. On aurait pu écarter toutes ces condamnations pécuniaires, qui souvent ne dépassent pas les limites de simple police, ou qui ont pour base des faits auxquels l'opinion publique n'attache aucune importance. D'un autre côté, nous n'hésiterions pas à décider, en présence de la compétence nouvelle que nous accordons aux tribunaux de simple police, que toute condamnation qui prononcerait un emprisonnement de 4 ou 5 jours au moins serait à l'avenir classée au casier judiciaire. V. nos observations précitées dans le *Journal du ministère public.*

(3) Si le prévenu offre de payer immédiatement, il est prudent d'accepter. Le greffier, légalement autorisé à recevoir, indiquerait en marge de l'acte la somme reçue ; et la signature du receveur de l'enregistrement apposée au bas de cette mention vaudrait quittance pour l'officier public.

registrement pour assurer le recouvrement de l'amende. Les frais de cette nouvelle poursuite, à compter de l'expédition et de son enregistrement, incomberaient au condamné ; il les supporterait comme une suite ordinaire et inévitable de sa morosité ou de sa résistance aux ordres de la justice.

158. Cette réforme très simple produirait en pratique d'excellents résultats. Les délits de chasse si nombreux (1) se termineraient presque toujours de cette manière ; le rôle des tribunaux correctionnels cesserait d'être encombré par une foule d'affaires sans importance, qui obstruent la voie et éparpillent l'attention des juges sur des sujets qui n'en valent pas la peine. Si quelques infractions de cette nature arrivent encore à l'audience, elles devront cet honneur aux circonstances qui accompagnent le délit. Que le fait ait une gravité relative, ou qu'il soulève au point de vue de la preuve de sérieuses difficultés, le débat acquiert un véritable intérêt et réclame toute la sollicitude des magistrats.

159. L'utilité de cette mesure une fois constatée, on cherchera à lui donner une plus grande extension (2), en l'appliquant à des infractions qui n'occupent pas un rang plus élevé dans l'échelle des peines. Nous indiquons comme pouvant être placés dans cette catégorie les délits forestiers, l'usage des timbres-poste déjà employés à la même destination (3), et généralement toutes les infractions contre les-

---

(1) Les infractions de cette nature se sont élevées, en 1855, à près de 25,000, et en 1854, à plus de 26,000. — V. les statistiques, rapports.

(2) Dans l'état actuel, on pourrait presque arriver à ce résultat, en s'attachant à une ancienne jurisprudence de la Cour suprême (arrêt du 28 messidor an XIII), qui déclare n'y avoir concussion dans le fait d'exiger illégalement le paiement d'une amende à raison d'une contravention régulièrement constatée. V. le Répert. de droit crim. de M. Morin, v° *Concussion*, n° 12.

(3) La mesure dont nous parlons est indépendante de la transaction administrative dont il a été parlé (n° 134). Dans un cas, le délit est réputé non avenu ; dans l'autre, la soumission équivaut à une condamnation. On comprend, dès lors, que la transaction administrative soumette à une amende plus forte. En tenant compte des frais de toute nature que comporte une poursuite en simple police, nous fixerions à 15 fr. le montant de la soumission. Pour les délits forestiers et autres, cette somme varierait suivant la nature des infractions et la quotité de l'amende.

quelles la loi ne prononce directement qu'une peine pécuniaire. En plaçant sur la même ligne les contraventions, on
réduirait presque à rien le rôle de la plupart des tribunaux
de police.

Les délits forestiers réprimés par une loi spéciale n'entraînent presque jamais de condamnations corporelles ; les
peines qu'elle prononce restent souvent, nonobstant leur sévérité relative, dans la sphère de simple police. Si l'on remarque, en outre, que les procès-verbaux font foi jusqu'à inscription de faux, et qu'un grand nombre de délinquants se
laissent condamner par défaut, persuadés que toute résistance
échouera contre le texte impératif de la loi, on restera convaincu que cette mesure peut être la base et le point de départ
d'une réforme, destinée à exercer une grande influence sur
les juridictions inférieures et à les débarrasser de tout ce qui
les encombre sans les occuper sérieusement.

III. DES COURS D'ASSISES ET DU JURY.

160. Au sommet de la hiérarchie criminelle (1) se placent
les cours d'assises ; leurs décisions souveraines et définitives
sont à l'abri de toute réformation pour mal jugé, mais restent
soumises à la censure de la Cour suprême, toutes les fois
qu'il y a violation de la loi ou des formes protectrices qu'elle
établit.

Le législateur, ordinairement sage et prévoyant, s'est montré sous ce rapport d'un rigorisme, on pourrait presque dire
d'une méfiance excessive, en ouvrant de nombreux moyens
de cassation, qui entravent et énervent l'action de la justice,

---

(1) Nous laissons de côté les juridictions d'exception, ainsi que la haute
Cour de justice, organisée par le sénatusconsulte du 10 juillet 1852, et in-
vestie par un sénatusconsulte plus récent (4 juin 1858) d'une juridiction fort
étendue sur les hauts dignitaires et fonctionnaires de l'État. « Aux hommes
politiques placés au premier rang dans la Constitution de l'Empire, il fallait
une juridiction distincte, » a dit le rapport qui précède ce dernier sénatusconsulte. Cette juridiction ne peut être saisie que par un décret impérial ; si
la haute Cour n'est pas convoquée, la justice ordinaire suit son cours, lors
même qu'il s'agirait des plus graves attentats, comme le prouvent surabon-
damment les affaires Pianori et Orsini.

sans ajouter aucune garantie sérieuse. Pour être protectrice, la loi ne doit pas être tracassière ; tant d'écueils semés comme à plaisir sur les pas de la justice rendent sa démarche chancelante, et la font hésiter, alors qu'elle devrait être libre de toute entrave, et uniquement préoccupée de l'importance et de la gravité du débat qui s'agite devant elle.

161. Les cours d'assises étendent leur juridiction sur toutes les infractions qualifiées crimes. Les accusations graves demandent à être jugées avec solennité : le salutaire appareil de la justice impose à la foule, commande à tous une respectueuse réserve, fait rentrer le coupable en lui-même et commence l'expiation qui est la conclusion légitime du débat. Deux éléments essentiellement distincts entrent dans la composition des cours d'assises : le jury, qui déclare le fait, et les magistrats, qui en déduisent les conséquences légales. Chacun de ces éléments est si variable que rarement, à la session qui suit, on trouve une des figures de la session précédente. Cette mobilité n'est pas sans influence sur la manière dont, au fond, la justice est administrée.

162. Les cours d'assises établies en 1810 ne représentent pas une idée nouvelle; taillées sur d'anciens modèles, elles continuent sous un nom différent les institutions judiciaires fondées par l'Assemblée constituante. La loi du 16-29 septembre 1791 (1) instituait un tribunal criminel par département; il était composé d'un président, de deux juges, du jury, outre le ministère public et le greffier. A quarante ans d'intervalle, la loi du 4 mars 1831 rendait aux cours d'assises cette organisation primitive qui les régit encore aujourd'hui.

Les lois intermédiaires n'ont que faiblement modifié cet état de choses. Voici les différences qu'il est utile de signaler : Le Code des délits et des peines portait de 3 à 5 le nombre des juges (2). En l'an XII les tribunaux criminels devenaient cours

---

(1) Cette loi, qui n'a pas moins de 300 articles, est un petit code de procédure criminelle. La plupart de ses dispositions ont passé dans le Code de brumaire, et plus tard dans le Code d'instruction criminelle. Le tit. 2 de la 2e partie de cette loi s'occupe de la composition des tribunaux criminels.

(2) V. les art. 266 et 272 du C. du 3 brumaire an IV, et les art. 252 et 253 du C. de 1808. On a beaucoup critiqué le législateur de 1831 d'avoir

de justice criminelle, pour se transformer, quelques années
après, en cours d'assises. Une différence plus saillante mérite
une mention particulière. Les anciens tribunaux criminels
étaient constamment organisés ; ils avaient un président à
poste fixe, des juges toujours désignés ; le jury seul était convoqué périodiquement, pour expédier les affaires en état (1),
tandis que les cours d'assises ne se constituent qu'au moment
où elles vont entrer en fonction , et sous la présidence d'un
magistrat périodiquement désigné pour chaque session.

163. Cela dit, nous passons aux détails de l'organisation
actuelle. Chaque département a sa cour d'assises, qui devait,
d'après le Code d'instruction criminel (art. 258), siéger au
chef-lieu du département. Cette règle souffre plusieurs exceptions. Les unes sont fondées sur le principe même qui sert de
base à l'institution des cours d'assises ; démembrements de
la Cour impériale, elles se confondent avec elle dans tous les
départements où il en existe, quel que soit d'ailleurs le lieu
de leur résidence. Les autres ont pour base la loi du 20 avril
1810, qui, désireuse de respecter le plus possible les droits acquis, décidait que les assises se tiendraient dans les villes où
siégeaient alors les cours de justice criminelle, ces villes fussent-
elles autres que le chef-lieu de département. Il suit de là que,
dans un certain nombre de départements , le chef-lieu administratif est distinct du chef-lieu judiciaire (2).

réduit d'une manière si notable le personnel des cours d'assises ; la loi de
1791 répondait à l'avance à ces critiques. Le rôle des assesseurs est trop passif
pour qu'on cherche à l'imposer à un grand nombre de magistrats.

(1) Le jury de jugement se réunissait une fois par mois. Le 1er de chaque
mois, on formait le tableau, et le 15 la session s'ouvrait s'il y avait des
affaires à juger. V. loi du 29 septembre 1791, part. 2, tit. 6, art. 17-18 ;
C. de brum., art. 503 et 510 ; décr. du 16 frim. an XIV.

(2) V. la loi du 20 avril 1810, ch. 3, art. 17 , et les art. 251 et suivants
du C. d'inst. crim. La double exception que nous signalons se traduit par les
résultats suivants : 4 cours imp., Douai (Nord), Riom (Puy-de-Dôme), Aix
(Bouches-du-Rhône), et Bastia (Corse), résident hors du chef-lieu du département ; 9 cours d'assises, séparées de la Cour imp., siègent hors du chef-lieu
administratif, dans les villes dont le nom suit : Châlon-sur-Saône (Saône-et-
Loire), Coutances (Manche), Charleville (Ardennes), Carpentras (Vaucluse),
Reims (Marne), Saintes (Charente-Inférieure), Saint-Flour (Cantal), Saint-
Mihiel (Meuse), Saint-Omer (Pas-de-Calais). Récemment une exception nou-

En quelque lieu que siégent habituellement les assises , la Cour impériale peut momentanément les déplacer, dans des circonstances exceptionnelles et pour des motifs dont elle apprécie la gravité. C'est le procureur général qui prend l'initiative de cette mesure ; la cour, toutes chambres réunies, statue sur les conclusions du ministère public, et désigne, si elle les adopte, un autre tribunal dans le même département, où se tiendront les assises prochaines. Elle indique en même temps le jour de l'ouverture. Cet arrêt est public et affiché comme tous les actes relatifs à l'ouverture des assises en temps normal (1).

164. Les cours d'assises ne sont pas constamment en fonctions. La permanence est le triste privilége de la cour d'assises de la Seine, qui, à raison du lourd fardeau qui l'accable, a besoin d'être toujours à l'œuvre. Dans les autres départements, elles se réunissent à des époques périodiques assez rapprochées, c'est-à-dire une fois tous les trois mois ; ces réunions trimestrielles forment les sessions *ordinaires* , qui sont parfois et à des époques essentiellement variables suivies de sessions *extraordinaires,* pour expédier les affaires urgentes ou en retard. Les sessions ordinaires ont lieu aux époques déterminées par un règlement, émané, dans chaque ressort, de la Cour impériale. On doit les disposer de manière à ce qu'il n'y ait, si cela est possible, qu'une seule session ouverte en même temps (2).

Le premier président fixe pour chaque session le jour et l'heure de l'ouverture des assises ; il a, sous ce rapport, un

velle s'est introduite en faveur de la ville de Montbrison, qui, en cessant d'être chef-lieu du département de la Loire, n'en continue pas moins à être chef-lieu judiciaire.

(1) V. la loi du 20 avril 1810, art. 21-22 ; l'art. 258 du C. d'inst. crim., et l'art. 90 du décret du 6 juillet 1810, dont le tit. 2 est entièrement consacré aux cours d'assises. La Cour impériale dans le ressort de laquelle nous nous trouvons a une fois, dans des circonstances exceptionnelles, fait usage des pouvoirs que la loi lui confère, en ordonnant, par arrêt du 29 novembre 1815, que les assises de Vaucluse, pour le 1er trimestre de 1816, se tiendraient à Apt au lieu de Carpentras. La session s'ouvrit le 29 janvier 1816, sous la présidence de M. le conseiller de Noailles, assisté de M. Ferrand-Demissol , conseiller auditeur spécialement délégué, et des membres du tribunal d'Apt.

(2) V. l'art. 259 du C. d'inst. crim. ; la loi du 20 avril 1810, art. 19 ; le décret du 6 juillet 1810, art. 83. — V. également ce que nous avons déjà dit sur ce point *suprà*, nos 12 et suivants.

pouvoir discrétionnaire, et si habituellement il consulte le procureur général, c'est uniquement dans l'intérêt du service et pour choisir avec plus de certitude le moment opportun. S'agit-il de sessions extraordinaires, la position est un peu modifiée ; le procureur général prend l'initiative de la mesure et réclame pour elle la sanction du chef de la cour. Les ordonnances une fois rendues doivent être publiées de manière à obtenir une grande notoriété. La loi veut qu'elles soient lues à l'audience de tous les tribunaux du département, insérées dans les journaux de la localité et ensuite affichées dans les communes les plus importantes du département (1). Chaque session doit expédier les affaires en état lors de son ouverture (2) ; si, à ce moment, il n'en existait aucune, comme cela arrive parfois, les assises seraient immédiatement closes, et toutes les personnes convoquées rendues à leurs occupations ordinaires.

165. Qu'il s'agisse d'une session ordinaire ou extraordinaire, la cour d'assises est toujours composée de la même manière ; il y a seulement à distinguer entre le cas où elle siége au chef-lieu de la Cour impériale, et celui où elle réside dans un autre département. Au premier cas, elle est exclusivement composée de magistrats qui siégent ou peuvent siéger en robe rouge. Des trois conseillers appelés dans ce but, l'un remplit les fonctions de président ; il est nommé par le garde des sceaux, ministre de la justice, pour chaque trimestre, et préside toutes les sessions qui s'ouvrent pendant ce temps. Les deux autres sont désignés par le premier président ; ils figurent dans l'ordonnance portant ouverture des assises, et subissent une publicité qui ne leur était guère destinée. Les fonctions du ministère public sont remplies par le procureur général ou un membre de son parquet ; la plume est tenue par le greffier ou l'un des commis-greffiers de la cour (3).

(1) V. loi du 20 avril 1810, art. 22.—Décret du 6 juillet 1810, art. 79-80-88-89. Ces dispositions ont modifié l'art. 260 du C. d'inst. crim., qui autorisait le président des assises à fixer le jour de leur ouverture.

(2) V. art. 260, § 2, 261 et 272, C. d'inst. crim.

(3) V. les art. 16 et suivants de la loi du 20 avril ; 81 du décret du 6 juillet, et 252 du C. d'inst. crim.

Au second cas, la cour d'assises est composée d'un conseiller de la Cour impériale, délégué par le ministre dans la forme qui vient d'être indiquée, de deux membres du tribunal de la ville où siégent les assises, aujourd'hui (1) désignés par le premier président, d'un membre du parquet, du greffier ou d'un commis-greffier du tribunal.

166. La plupart des règles que nous venons de rappeler, peuvent subir des modifications plus ou moins notables. Ainsi, 1° si le ministre ne nomme pas en temps utile le président d'une session, il est suppléé par le premier président. D'autre part, le ministre peut, en nommant le président des assises, désigner également deux magistrats pour l'assister. — 2° Il est loisible à la Cour impériale de déléguer deux de ses membres pour siéger dans un autre département avec le président des assises. — 3° Le procureur général peut toujours, par lui-même ou par un de ses substituts, siéger dans toutes les cours d'assises du ressort. — Ces modifications, quoique autorisées par la loi (2), sont rarement usitées, et ce n'est que très exceptionnellement que les cours d'assises subissent en tout ou en partie l'influence de la composition spéciale qui vient d'être signalée.

167. Bien que, dans chaque ressort, les assises soient présidées par un nombre restreint de conseillers, le ministre a une liberté illimitée et peut indistinctement confier cette mission à tous les membres de la cour ; il n'est pas même obligé de reculer devant l'art. 257 du Code d'instruction criminelle. L'incapacité que prononce cet article étant tout à fait relative, le conseiller qui a voté la mise en accusation doit, comme le juge d'instruction, s'abstenir de siéger dans cette affaire : il est alors momentanément remplacé par un de ses assesseurs ou par le président du tribunal; il reprend ensuite son siége jusqu'à ce qu'un nouvel empêchement se produise.

_____

(1) D'après l'art. 253 du C. d'inst. crim., le service des assises était fait par les membres du tribunal de première instance dans l'ordre du tableau. Si les plus anciens étaient légitimement empêchés, on appelait ceux qui venaient après eux. La loi du 21 mars 1855 a proscrit cette manière de procéder : aujourd'hui les assesseurs sont toujours désignés par le premier président. La loi précitée exige seulement que, dans les cas qu'elle prévoit, il prenne l'avis du procureur général. V. suprà, n° 12.

(2) V. la loi de 1810, art. 16 à 22; décret du 6 juillet, art. 79 à 97. — V. aussi les art. 253 et 265 du C. d'inst. crim.

Cette incompatibilité est-elle fondée en justice et en raison ? Elle est si généralement critiquée par les hommes spéciaux, qu'il serait difficile de la maintenir, et de ne pas considérer comme excessifs les scrupules législatifs qui l'ont dictée. En cour d'assises, le jury occupe le premier plan ; les magistrats n'y jouent qu'un rôle secondaire, leur mission principale consiste à appliquer la loi aux faits déclarés constants par le jury. Une notion antérieure à l'audience, qu'elle soit plus ou moins complète, n'est pas de nature à influer sur la direction des débats. Le magistrat qui a voté la mise en accusation ne connaît une affaire que très imparfaitement ; la discussion orale et contradictoire seule fait surgir une conviction pleine et entière.

Quant au juge d'instruction, s'il peut sans inconvénient siéger au correctionnel, dans les affaires qu'il a instruites, à plus forte raison doit-il être apte à appliquer en cour d'assises une peine dans les mêmes circonstances. Ces incompatibilités, qui souvent entravent le service d'une manière fâcheuse, n'ont aucun fondement sérieux : nous estimons dès lors qu'il y a lieu de les faire disparaître.

168. La cour se complète par l'adjonction de jurés étrangers à la magistrature et choisis parmi les simples particuliers. Quoique récemment introduit dans nos institutions modernes, le jury remonte à une haute antiquité. On en trouve des traces non équivoques dans l'organisation judiciaire des Grecs et surtout des Romains. A une époque où les pouvoirs publics étaient électifs et temporaires, il était naturel que les fonctions judiciaires fussent déléguées à des hommes momentanément investis du droit de juger.

A Rome, cela se pratiquait aussi bien au civil qu'au criminel, et sauf la pompe, l'appareil, et le nombre des *judices*, on procédait à peu près de la même manière. Pour être *judex* ou juré, il fallait réunir les conditions voulues par la loi, appartenir à telle ou telle classe de la société ; tout le monde sait qu'il y eut des luttes incessantes entre les patriciens et les plébéiens pour restreindre ou étendre les décuries des juges, et on comprend qu'elles n'étaient pas sans intérêt, puisque au fond il s'agissait de savoir si l'on serait jugé par des amis ou par des adversaires politiques.

« Ces décuries de juges (*decuriæ judicum*) ont une ressem-

11

« blance frappante avec nos listes du jury. Elles étaient dressées
« chaque année et affichées au *forum* par le préteur qui jurait
« de n'y admettre que les gens de bien. Dans l'origine, et
« quand les juges étaient exclusivement tirés de l'ordre des
« sénateurs, leur nombre était de 300. Dans la suite, il aug-
« menta beaucoup : du temps d'Auguste, il s'élevait à 1,000;
« plus tard il y en avait plusieurs milliers » (1).

169. Les juges étaient désignés ou acceptés par les parties;
il fallait qu'il y eût accord sur ce point : « Neminem voluerunt
« majores nostri, *dit Cicéron*, non modo de existimatione
« cujusquam, sed ne pecuniaria quidem de re, neminem esse
« judicem, nisi inter adversarios convenisset » (2). Le magistrat lui-même ne pouvait l'imposer d'office aux plaideurs,
leur refus était péremptoire, il n'y avait pas de motifs à donner. Voilà bien l'origine de nos récusations d'aujourd'hui;
cela est si vrai qu'on a même conservé l'expression *recusare vel
rejicere*, alors usitée pour repousser le *judex* proposé par la
partie ou par le magistrat.

Si l'on ne s'entendait pas sur le choix, le sort en décidait.
Cette règle, d'une application incontestable aux matières criminelles, était sans doute étendue aux affaires civiles, comme
cela paraît ressortir de ce passage de Pline le Naturaliste :
« Plurimum refert sortiatur aliquis judicem an eligat » (3).
Au temps d'Adrien, la question fut nettement tranchée ; on
dut, en vertu d'un rescrit, recourir à l'empereur, qui vidait ce
premier débat et empêchait que le cours de la justice ne fût suspendu par l'entêtement ou la mauvaise foi d'une des parties (4).

(1) V. le Traité des actions, ou théorie de la procédure privée chez les Romains, par Zimmern, traduction de M. Étienne, § 9. V. aussi les §§ 8 et
10, ainsi que les nombreux textes ou citations qui les accompagnent. —
Comp. art. 887, C. d'inst. crim.

(2) *Pro Cluentio*, c. 43. — V. aussi au Dig. la loi 57, *De re judicata* (42-1),
qui parle du choix du magistrat accepté par les parties, *ex consensu*.

(3) V. Pline, au début de son Histoire naturelle. Quoique les *decuriæ judicum* des Romains ne ressemblassent pas parfaitement à nos listes de jurés, les
points de contact sont si nombreux, qu'il est impossible de ne pas y trouver
l'origine et le point de départ de l'institution qui nous régit. Nul n'ignore
cependant que lorsque l'Assemblée constituante institua le jury, c'est en
Angleterre, et non pas à Rome, qu'elle fut chercher ses modèles.

(4) V. Digeste, l. 47 *De judiciis* (5-1).

170. Les empereurs, dont le but constant fut de concentrer en leurs mains tous les pouvoirs, cherchèrent de bonne heure à ruiner cette organisation, en restreignant insensiblement le cercle de son action. Chaque jour elle perdait du terrain ; et chose singulière, bien digne de remarque, ce fut le jury criminel qui, sourdement miné, succomba le premier. Il avait déjà disparu du temps de Paul et des grands jurisconsultes de cette époque. Le sénat, l'empereur et les préfets s'étaient partagé ses dépouilles, et avaient fini par attirer à eux toutes les affaires criminelles un peu graves (1).

Au civil, cette révolution s'opéra plus lentement ; elle fut favorisée par l'établissement de magistrats plus stables, institués par l'empereur. Les juges temporaires, n'ayant plus alors de raison d'être, disparaissaient peu à peu en présence de personnes investies de fonctions spéciales auxquelles elles se consacraient entièrement. Cette transformation, dont le point de départ remonte à l'origine de l'Empire, était consommée au moment où le christianisme montait sur le trône avec Constantin.

171. La Gaule, qui avait déjà fait connaissance avec le jury sous la domination romaine, se trouva bientôt en contact avec des peuples en possession d'institutions analogues. Les Barbares, en envahissant l'Europe, y apportaient des idées de liberté et d'indépendance, qui depuis longtemps n'étaient plus de mise dans ce monde corrompu et dégénéré. Leurs institutions, image vivante de leurs idées, donnaient à l'homme libre une importance en harmonie avec sa position. L'homme libre était tout ; rien ne se faisait que par lui, il ne pouvait être jugé que par ses pairs. Or, comme chez ces peuples tout était électif, les mêmes causes produisant en général les

---

(1) V. Zimmern, loc. cit., § 9, et note 8. — V. aussi la l. 8, au Dig., De public. judiciis, ainsi conçue : « Ordo exercendorum publicorum capitalium, in « usu esse desiit ; durante tamen pœna legum, cum extra ordinem crimina probantur « (48-1). » Il n'est pas inutile d'ajouter que, même au plus beau temps du système formulaire, parfois la justice était exceptionnellement rendue par le magistrat (extra ordinem) ; c'est cette exception, fort rare anciennement, que les empereurs cherchèrent à généraliser, et qui finit par détruire l'ordo judiciorum. Le judex devenait inutile, du moment où l'on établissait des magistrats en quelque sorte permanents.

mêmes effets, il était naturel qu'on trouvât dans le nord de l'Europe une institution, ou du moins le germe d'une institution, qui pendant longtemps avait régi les peuples du midi.

172. En s'assimilant le jury, la féodalité le transforma en privilége aristocratique. A cette cause de décadence et de ruine, il s'en adjoignit bientôt une autre, qui porta le dernier coup à l'institution : ce fut la création de juges et de tribunaux permanents, institués en vue d'assurer à chacun une bonne et prompte justice. Ainsi, à plusieurs siècles d'intervalle, dans le monde chrétien comme dans le monde païen, les mêmes résultats se sont produits, amenés par la force des choses, et par la logique rigoureuse, qui veut que le juge temporaire s'efface et disparaisse en présence de magistrats exclusivement et définitivement consacrés à ces délicates fonctions.

L'Angleterre seule a résisté à ce courant, guidée par la tradition et pénétrée d'un respect quasi superstitieux pour ces anciennes lois qui se perdent dans la nuit des temps ; elle a, à travers les révolutions, conservé le jury et cette organisation antique qui imprime à ses institutions un cachet tout particulier.

Dans le reste de l'Europe, les derniers vestiges du jury avaient complétement disparu dès le xve siècle, et laissé le champ libre aux nombreux tribunaux institués par la féodalité. Leur cortége accessoire, représenté par la torture, l'inquisition, les procédures secrètes, les débats à huis-clos, et couronné par le plus déplorable arbitraire, n'était pas de nature à populariser une institution qui ne reculait pas devant de pareils moyens. Cette organisation, battue en brèche par les publicistes et les philosophes, fut proscrite au lendemain d'une révolution qui voulait porter la lumière partout, et revendiquer les droits imprescriptibles de l'humanité.

173. L'œuvre de la destruction accomplie, il fallait reconstituer l'édifice social ; c'est à cette tâche pénible et difficile que se consacra l'Assemblée constituante. Imbue des idées philosophiques et libérales qui exaltaient la Constitution anglaise, dernier débris des libertés publiques échappées à un naufrage général, elle paraissait disposée à transporter chez nous des institutions ayant obtenu chez nos voisins la consécration du temps et de l'expérience.

Le jury, qui occupait une place importante dans cette organisation, attira tout d'abord son attention. Après une mémorable discussion, la première et peut-être la plus grande de nos Assemblées, décréta (1) l'institution du jury au criminel, après l'avoir repoussée au civil. Le seul modèle vivant fut copié avec beaucoup trop de servilité : le jury anglais servit de patron au jury français ; le pays fut même doté du jury d'accusation, qui n'a jamais pu s'implanter dans nos mœurs, et qui a été proscrit en 1808, après une existence éphémère (2).

En instituant le jury criminel et en repoussant le jury civil, alors qu'elle rendait la magistrature élective et temporaire (3), l'Assemblée constituante tombait dans une contradiction manifeste. Remontant au point de départ de l'institution, la logique aurait voulu qu'elle fût rétablie dans sa pureté native. Mais, ici encore, le bon sens l'emporta sur la logique rigoureuse. On comprit que notre droit civil était trop compliqué pour être appliqué par des hommes dépourvus de connaissances juridiques : on respecta donc la magistrature au civil, après l'avoir tronquée et mutilée au criminel.

174. Décrété en 1790, le jury criminel ne fut organisé que par la loi du 16-29 septembre 1791, et entra en fonction le 1er janvier 1792. Conservé depuis cette époque, il a traversé avec des chances bien diverses le temps qui s'est écoulé depuis son institution. Tantôt restreint, tantôt étendu, aujourd'hui organisé d'une façon, demain de l'autre, il a suivi les fluctuations politiques du pays et subi le contre-coup de toutes les révolutions. L'Empire, la Restauration, le gouvernement de Juillet et celui de 1848 ont successivement modifié son organisation ; instrument d'influence et d'action politique, chacun voulait le façonner à sa manière et le constituer d'après ses idées.

Si nous voulions faire ici l'histoire de ses variations, nous serions sans utilité réelle entraîné au-delà de notre but. Ceux

---

(1) Le 30 avril 1790. V. la l. du 16-24 août 1790, tit. 2; art. 15, et la Constitution des 3-14 septembre 1791, tit. 3, ch. 3, art. 9.

(2) Le jury d'accusation, dont tout le monde reconnaissait les vices, abandonné en 1808 par ceux-là mêmes qui avaient été ses promoteurs, fut supprimé sans réclamation. V. *infrà*, nº 225.

(3) V. la Constitution de 1791, t. 5, ch. 5, art. 2.

qui désireraient connaître les lois promulguées et les changements survenus depuis cette époque, consulteront avec fruit
un ouvrage spécial (1); ils y trouveront la nomenclature des
lois qui se sont succédé et le résumé de leurs principales
dispositions. Il suffira pour le moment de mettre en relief les
points les plus saillants de l'organisation actuelle, de faire
ressortir ses avantages et ses inconvénients. Cet examen critique nous reportera plus d'une fois vers le passé, toujours
utile à consulter. Il jaillit parfois de ces rapprochements, des
enseignements précieux et des traits de lumière dont il n'est
jamais prudent de se priver.

175. La loi du 9 août 1848 modifia profondément l'organisation du jury, élargit le cercle des admissions, et institua pour
cette magistrature temporaire un nouveau mode de recrutement. Celle du 4 juin 1853, qui nous régit aujourd'hui, a
complété ce système en le rendant plus compacte, plus homogène, en donnant enfin une plus grande efficacité aux
prescriptions relatives au choix des jurés.

La désignation est faite par une commission composée de
magistrats de l'ordre administratif et judiciaire. L'élément
judiciaire, représenté par les juges de paix, n'est pas suffisant. Des scrupules peu fondés ont fait éloigner le procureur
impérial, qui figurait dans le projet primitif. Mais par une
contradiction difficile à comprendre, alors que la loi écartait
ce magistrat de la commission ordinaire, elle le conservait
dans la commission spécialement chargée de désigner les
jurés supplémentaires (2). Utile, son concours devait être
réclamé dans tous les cas; dangereux, il fallait pour le même
motif le proscrire d'une manière absolue. Le bon sens et la
raison protestent également contre une transaction qui n'a
aucune espèce de motif. A l'origine de l'institution, on s'était
montré moins scrupuleux : le ministère public avait sur le
choix des jurés une influence plus décisive (3).

---

(1) V. le nouveau répertoire de MM. Dalloz, v° *Inst. crim.*, tit. 2,
p. 326 et suivantes, ainsi que les nombreuses autorités citées à l'appui, et
qu'il serait trop long de rapporter ici.

(2) V. la loi du 4 juin 1853. Comp. les art. 11 et 13 et le projet primitif.

(3) V. la loi du 16-22 septembre 1791, tit. 11, art. 9; C. des délits et
des peines, art. 503.

176. Depuis la loi du 2 mai 1827, la liste du jury est permanente, en ce sens qu'on ne forme plus une liste spéciale pour chaque session, mais bien une liste qui doit fonctionner pendant une année entière (1). A la fin de chaque année, la liste est complétée ou rectifiée de la même manière, et pour une égale durée (2). Une autre innovation plus importante a été introduite par la dernière loi : le choix des commissions n'est plus soumis à aucun contrôle ; toute personne placée sur la liste doit y rester, pourvu qu'elle réunisse les conditions d'aptitude et de capacité voulues par la loi. Ceux qui sont écartés ne sont plus fondés à réclamer leur inscription sur la liste ; quand on est juré, on n'exerce plus un droit (3), on remplit une obligation. Cette idée est incontestablement plus morale, et plus conforme à la nature des fonctions, que celle qui en faisait un appendice de la capacité électorale (4). Ainsi se trouve définitivement consommée la séparation complète entre les listes électorales et celles du jury. Les choses étaient tellement dissemblables, qu'on ne comprend guère qu'il y ait jamais eu entre elles un point quelconque de contact. C'est à la législation de 1848 que revient tout l'honneur de cette salutaire innovation, que nul ne songe plus à critiquer ou à mettre en question.

177. Chaque département a, pour faire le service de sa cour d'assises, une liste spéciale de jurés. Le mode de recrutement, complétement changé en 1848, a subi, en 1853, de nouvelles modifications, qui ont perfectionné l'institution, et assuré de meilleurs choix, en donnant une plus grande latitude aux fonctionnaires investis de cette importante mission. Voici comment on procède : le contingent du département, fixé à raison de sa population (5), est réparti par le préfet en.

(1) V. l'art. 387 du C. d'inst. crim., rectifié par la loi de 1827. Comp. avec l'ancien article et les articles des lois citées en la note précédente.

(2) V. loi du 4 juin 1853, tit. 2, art. 6 et suivants.

(3) La loi de 1791 se plaçait au même point de vue quand elle disait : « Nul citoyen désigné par la loi pour le service de juré ne peut se refuser à cette obligation » (tit. XI, art. 1).

(4) V. loi du 2 juin 1827 ; C. pénal, art. 386 et 387.

(5) V. l'art. 6 de la loi du 4 juin 1853. La liste qui, dans le département de la Seine, est composée de 2,000 noms, se trouve réduite, dans les autres

conseil de préfecture, entre les arrondissements et les cantons proportionnellement au tableau officiel de la population.

Dans chaque canton, le juge de paix assisté de tous les maires forme une liste triple du contingent cantonal. Cette liste, immédiatement envoyée à la préfecture ou à la sous-préfecture, est réduite à un tiers par une nouvelle commission, composée du préfet ou du sous-préfet président et de tous les juges de paix de l'arrondissement. La liste close et arrêtée est envoyée à la préfecture, où toutes les listes d'arrondissement sont fondues et disposées par ordre alphabétique. Ces opérations s'effectuent dans les mois d'octobre et de novembre, afin que les listes puissent en décembre être déposées au greffe de la Cour d'assises, et fonctionner au besoin dès le commencement de l'année suivante.

178. La liste déposée au greffe est immédiatement dépouillée et les noms dont elle se compose placés dans une urne. L'urne est ensuite fermée pour n'être plus ouverté qu'au moment du tirage. Cette dernière opération s'effectue périodiquement, à une époque rapprochée de l'ouverture de chaque session. Une fois indiquées par l'autorité compétente, les assises sont annoncées dans tout le ressort; après quoi on songe à procéder au tirage du jury destiné à compléter la cour. La loi nouvelle, comme la loi ancienne (1), veut que le tirage soit fait au moins dix jours avant l'ouverture des assises; mais comme ce délai serait insuffisant pour accomplir toutes les prescriptions légales et faire connaître aux jurés souvent éloignés qu'ils sont portés sur la liste, d'ordinaire on procède à cette opération 20 à 25 jours avant l'ouverture des assises.

Le tirage, qui précédemment n'avait lieu qu'au chef-lieu de la Cour royale ou d'appel, s'effectue en l'état, en audience publique, au chef-lieu de chaque cour d'assises (2); on tire pour chaque session 36 jurés titulaires et 4 supplémentaires. — Les jurés, convoqués par les soins de l'autorité administrative (3),

---

départements, à 500, 400 ou 300, suivant l'importance de leur population. Comp. décret du 7 août 1848 et art. 387, C. d'inst. crim.

(1) Comp. art. 388 du C. d'inst. crim. et 17 de la loi du 4 juin 1853.

(2) V. et comp. art. 388, C. inst. crim., 20 du décret du 7 août 1848 et 17 de la loi du 4 juin 1853.

(3) Le procureur impérial transmet la liste au préfet, qui la fait notifier

sont tenus de se présenter devant la Cour aux jour et heure indiqués dans la convocation qui leur est notifiée à personne ou à domicile, huit jours au moins avant celui de l'ouverture de la session (1). En cas d'absence ou de retard non justifiés, la Cour condamne le défaillant à une amende, qui, anciennement, ne pouvait être moindre de 500 fr., et que la loi de 1853 permet de réduire à 200 fr. (2).

179. Le jour de l'ouverture de la session, on procède à l'appel de tous les jurés; ordinairement il en manque quelques-uns, qui ont fait parvenir à l'avance des excuses plus ou moins plausibles, sur le mérite desquelles la Cour est appelée à statuer. Cet incident permet de déterminer avec précision le nombre des jurés appelés à prendre part au service de la session. 30 jurés au moins sont nécessaires (3) pour la formation du tableau. Si, par suite des défauts ou des excuses, le nombre des jurés titulaires se trouvait réduit à un chiffre inférieur, on appellerait pour les compléter les jurés supplémentaires, et au besoin des jurés complémentaires, dont le nom serait immédiatement tiré par le président de la Cour dans la boîte des jurés supplémentaires qui tous résident dans la ville où siègent les assises.

La Cour ainsi mise en mesure de fonctionner procède au jugement des affaires qui lui sont soumises. C'est le sort qui désigne pour chaque accusation les douze jurés de jugement. Une affaire terminée, on recommence de la même manière pour les autres et on continue ainsi jusqu'à épuisement complet du rôle des assises. Un juré qui, dans le cours d'une session, se retirerait, sans y être autorisé, encourrait l'amende comme s'il avait fait défaut le premier jour. Le jury ne doit abandonner son poste que lorsque le président de la Cour a déclaré la session close, et rendu aux jurés leur pleine et entière liberté (4).

par la gendarmerie, conformément à l'art. 108 du décret du 1er mars 1854 sur le service de cette arme, qui place l'opération dont nous parlons parmi les attributions essentielles de la gendarmerie.

(1) V. l'art. 388 du C. d'inst. crim.

(2) V. les art. 396 du C. d'inst. crim., et 19 de la loi du 4 juin 1853.

(3) V. art. 393 et suivants du C. d'inst. crim.

(4) V. l'art. 398 du C. d'inst. crim. On croit vulgairement que les sessions

180. En principe, 12 jurés seulement concourent au jugement d'une affaire, ce qui n'empêche pas qu'on ne puisse exceptionnellement en appeler un plus grand nombre. Lorsqu'un procès criminel est de nature à entraîner de longues discussions, la cour peut, en vertu de l'art. 394 du C. d'inst. crim., ordonner l'adjonction de un ou deux jurés qui suivront les débats, mais ne prendront part à la délibération et au vote que dans le cas où quelques jurés titulaires se trouveraient définitivement empêchés.

Cette disposition a son origine dans la loi du 25 brumaire an VIII, qui s'appliquait au tribunal criminel comme au jury ; du moment où le législateur doutait des forces humaines, il n'y avait pas de motif pour ne pas placer sur la même ligne les juges et les jurés (1). Cette mesure salutaire n'ayant pas été renouvelée par le Code de 1808, on se demanda si ce silence équivalait à une abrogation. Une loi spéciale fondée sur des motifs aussi plausibles survit à la loi générale, une abrogation implicite ne se présume guère : expression d'un besoin réel

d'assises ne peuvent se prolonger au-delà de 15 jours, et que, passé ce délai, les jurés sont libres de rentrer dans leurs foyers. C'est une grave erreur, qui se fonde ou sur les usages pratiqués à Paris, ou sur la loi du 14 mars 1793, qui limitait à ce délai la durée du service des jurés. Les lois intermédiaires sont la base d'un bon nombre de croyances, dont plus d'une pourrait passer à l'état de légende ; telle est celle fondée sur le C. pén. de 1791 (part. 1, tit. 5, art. 7), qui nous montre un vieillard quasi-centenaire sortant de sa prison par la seule force de la loi, et bénissant le législateur d'avoir laissé pénétrer au fond de son cachot une lueur bienfaisante qui empêchait que la douce espérance ne fût tout à fait exilée de son cœur. Si ces deux lois sont également abrogées, celle de 1793 reste comme raison écrite. C'est un avertissement donné aux magistrats de recourir à des sessions extraordinaires lorsqu'une session doit dépasser sensiblement cette durée normale.

(1) Cette loi prescrit d'une manière générale et absolue l'adjonction de trois jurés et de deux juges seulement. La loi du 2 mai 1827 a réduit ce nombre à deux, et permis de n'en appeler qu'un seul. Sous l'empire de la loi de l'an VIII combinée avec le Code du 3 brumaire an IV, le jury pouvait, dans ce cas exceptionnel, être composé de 18 membres : 12 titulaires, 3 adjoints pour parer à une éventualité que nous signalons (n° 215), en parlant du vote (V. Cod. de brum., art. 337 à 340 et 415), et enfin les 3 suppléants institués par la loi du 25 brum. D'après le Code de l'an IV, les adjoints n'avaient pas qualité pour remplacer les titulaires, tandis que les suppléants établis par la loi de l'an VIII remplaçaient également les uns et les autres.

et permanent, elle subsiste tant que le législateur n'a pas manifesté une volonté contraire. Les cours d'assises se rangèrent sans difficulté à cette interprétation, et continuèrent à recourir à la loi de brumaire. La Cour de cassation hésita d'abord ; mais après des décisions contradictoires (1), elle finit par sanctionner la jurisprudence des cours d'assises, en exigeant toutefois que cette mesure eût l'assentiment exprès des accusés et du ministère public. La loi du 2 mai 1827 mit un terme à ce débat, en insérant dans l'art. 394 la disposition qui nous régit actuellement. En l'état de cette législation, les magistrats sont appréciateurs suprêmes de l'opportunité de cette mesure : elle peut bien être provoquée, mais l'arrêt qui statue sur cet incident est définitif et à l'abri de tout contrôle (2).

181. Cette première difficulté résolue, celle relative à l'adjonction des magistrats restait entière et devenait de plus en plus épineuse. Le silence du Code d'inst. crim., le silence plus significatif du législateur de 1827 qui, ravivant une partie de la loi de l'an VIII, laissait l'autre dans l'oubli, et enfin celui non moins fâcheux de toutes les lois ultérieures qui ont révisé nos Codes criminels ou déterminé la composition des cours d'assises, donnaient une force nouvelle à l'opinion qui proscrivait comme illégale cette composition anormale des cours d'assises. Cette abondance de documents législatifs augmentait les complications, jetait le trouble dans les meilleurs esprits, et transformait en problème (3) une question qui aurait dû être tranchée d'une manière claire et précise.

La jurisprudence fort heureusement ne partagea pas ces scrupules ; le motif sur lequel se fondait la loi existant toujours, il lui parut convenable et régulier de la maintenir vigoureusement et de la défendre contre toutes les attaques dont elle était l'objet. Les nombreux arrêts rendus par la Cour

---

(1) V. pour les détails et l'état de la jurisprudence, soit avant la loi de 1827, soit depuis, Dall., *loc. cit.*, n°ˢ 1828 et suivants.

(2) *Ibidem*.

(3) M. Carnot, dans ses observations sur l'art. 251, C. inst. crim., dit que la solution de cette question est difficile et même *problématique* ; ce qui augmente sa perplexité, c'est que la loi de brumaire ordonne l'adjonction de deux juges,

suprême témoignent d'une lutte longue et acharnée (1). Ceux qui veulent rendre cinq magistrats aux cours d'assises devraient, comme correctif, les autoriser à statuer au nombre de trois si cela devenait nécessaire. La loi de brumaire n'ayant alors plus d'objet, cette discussion cesserait faute d'aliment.

182. Quoique douze jurés suffisent pour composer le jury de jugement, il est très rare que douze noms seulement sortent de l'urne, la loi accordant à l'accusé et au ministère public un droit fort étendu de récusation. Ce droit n'a d'autre limite que la nécessité de conserver douze jurés pour le jugement de l'affaire. S'il y a 30 jurés, on peut, par suite des récusations, en écarter 18, l'accusé 9 et le ministère public 9. Si les jurés sont en nombre impair, la fraction profite à l'accusé qui exerce une récusation de plus. Au reste, les accusés, si nombreux qu'ils soient, n'ont pas un droit plus étendu ; ils doivent s'entendre pour exercer leurs récusations ; à défaut, le sort en décide et détermine l'ordre dans lequel ils doivent procéder.

Le droit de récusation existe donc sans contrôle et presque sans limite ; la loi défend de les motiver. Un accusé peut récuser un juré parce qu'il craint sa juste sévérité, sa probité, son impartialité, voire même parce qu'il lui déplaît ; que le motif soit bon ou mauvais, peu importe, il n'en doit compte à personne (2).

alors que la jurisprudence se contente d'un seul. M. Rauter, dans son *Traité de droit criminel* (n° 775, note), n'approuve pas cette composition tout à fait extraordinaire ; il la considère comme illégale. M. le Sellyer (*Traité du droit criminel*, n° 982) l'approuve sans réserve : à l'appui de son opinion, il invoque le motif qui a dicté la loi et de nombreux arrêts de la Cour de cassation. Quelques mots ajoutés par la loi de 1827 à la suite de l'art. 394 eussent coupé court à toutes ces discussions.

(1) V. les nombreux arrêts rendus sur ce point, dans les Codes annotés Sirey Gilbert, art. 251 : l'un des derniers est du 12 décembre 1840. Ce qui donnait plus de prise à la critique, c'est l'art. 5 de cette loi de brumaire, qui conférait aux adjoints qu'elle instituait capacité pour remplacer, soit les juges, soit les membres du ministère public. Lorsqu'une éventualité de cette nature se produisait et nécessitait un remplacement, les juges du tribunal et les juges adjoints réunis nommaient parmi eux au scrutin celui qui devait combler ce vide.

(2) V. les art. 399, 400 et 401, C. inst. crim.

183. Ce procédé, fort simple de prime abord, produit en pratique les résultats les plus fâcheux. L'intérêt privé, toujours vigilant et généralement bien servi, s'en fait une arme meurtrière contre la société. Le tirage du jury ayant lieu en audience publique environ vingt jours avant l'ouverture des assises, il est facile de connaître à l'avance le nom des jurés et d'organiser des intrigues, trop souvent couronnées de succès. En pareille occurrence, rien n'est oublié ; parents, amis, connaissances, tout est mis à contribution : chacun agit dans sa sphère, et cherche à se concilier la bienveillance ou l'indulgence du jury ; on le prévient à l'avance en dénaturant l'affaire, en jetant du ridicule sur les principaux témoins : on va même jusqu'à la calomnie qui laisse des traces plus durables.

Les jurés, qui ne connaissent guère les formes graves et lentes que la justice appelle à son secours pour arriver à la découverte de la vérité, sont disposés à croire que les magistrats ont cédé à quelque secrète influence, et ils se prennent à dire : « Voilà encore une de ces poursuites comme il y en « a tant » (1). Dans cette position, une affaire est complétement discréditée avant l'audience. Les jurés, à peine réunis, en font l'objet de leurs conversations ; ils se communiquent leurs impressions et se livrent à une propagande d'autant plus fâcheuse qu'elle est sans contrôle et semble désintéressée. A peine la cour constituée, on voit partir des bancs du jury des interpellations qui témoignent une opinion préconçue et inspirent aux magistrats des craintes fondées au point de vue d'une solution juste et impartiale. La cour aura beau insister sur les témoignages essentiels, mettre en relief les intentions perverses de l'accusé, ses efforts s'émousseront presque toujours contre une opinion préconçue, d'autant plus difficile à déraciner qu'elle aura été plus longtemps caressée.

184. S'il se trouve dans le jury quelques hommes graves, pénétrés de l'importance et de la sainteté de leur mission, ils s'abstiendront de parler des affaires dont la connaissance leur est dévolue, ne répondront pas aux avances qui leur seront

---

(1) Il existe une certaine catégorie de crimes ou de délits (nous reviendrons bientôt sur ce point) que le jury ne comprend guère et qu'il ne prend presque jamais au sérieux.

faites à cet égard, éviteront de subir les influences de quelque
nature qu'elles puissent être ; ils voudront, en un mot, arriver aux débats, exempts de toute espèce de préventions ou
préoccupations. Cette sage réserve, loin de rassurer, inspirera
de sérieuses craintes. Ces jurés seront signalés, et cette conduite, aussi loyale qu'impartiale, leur vaudra l'honneur de
figurer en première ligne sur les tablettes de proscriptions.
Cinq ou six récusations faites à propos écarteront du jury tout
ce qu'il y a de ferme et d'intelligent ; il se trouvera dès lors
composé de manière à n'offrir que très peu de garanties à la
société.

En présence de pareils faits, la justice est presque toujours
impuissante et désarmée ; elle aura bien vent de toute cette
trame, elle connaîtra les auteurs et instigateurs de ce petit
complot, qui seront écartés du jury ; mais comme les influences se sont exercées sur une vaste échelle, le ministère
public ne pourra pas récuser tous les jurés circonvenus. Pour
atteindre ce but, il lui faudrait dix-huit ou vingt récusations,
alors qu'il ne dispose guère que de neuf ou dix. Ces intrigues
sont parfois momentanément déjouées : la justice, émue à
bon droit de tant d'audace, saisira la première occasion qui
se présentera pour différer le jugement de l'affaire et la renvoyer à une autre session ; cette mesure sera toujours facile
à justifier.

185. Dans les affaires de cette nature, tous les ressorts sont
mis en mouvement ; les témoins comme les jurés deviennent
l'objet d'obsessions incessantes ; on les circonvient, on cherche
à leur suggérer des observations qui altèrent ou modifient
sensiblement leurs déclarations primitives ; on essaie d'a-
méliorer par tous les moyens possibles la position de l'accusé
et d'atténuer les charges qui pèsent sur lui. Ces manœuvres
coupables, trop souvent couronnées de succès, compliquent
de débat et tendent à placer les témoins en contradiction, les
uns avec eux-mêmes, et les autres avec des témoignages essentiels, dont la véracité ne peut être révoquée en doute.

Les incidents de cette nature se dénouent presque toujours
d'une manière tragique. Une fois engagés dans une voie aussi
pernicieuse, les témoins n'ont pas le courage de revenir sur
leurs pas ; les exhortations des magistrats ne suffisent plus
pour les ramener à de meilleurs sentiments, et le président

de la cour se voit dans la dure nécessité de recourir à un de
ces moyens extrêmes que la loi met à sa disposition. Il ordonne l'arrestation des témoins qui méconnaissent si ouvertement la vérité, et la cour, après cela, ne fait aucune difficulté de renvoyer l'affaire à une autre session. En instruisant
le faux témoignage, de nouveaux renseignements sont re-
cueillis sur l'affaire principale : on déconcerte l'intrigue ; on
laisse, en un mot, aux préventions le temps de se dissiper,
et plus d'une fois la justice s'applaudit à bon droit d'avoir
recouru à un pareil moyen.

Fréquemment, d'autres influences viennent s'agiter autour
de la nouvelle affaire, pour la rattacher à l'ancienne, dont
elle n'est plus qu'un épisode ou un accessoire que l'on veut
protéger par les mêmes moyens ; et, d'ordinaire, deux acquittements montrent que les efforts des magistrats restent impuissants, en présence d'intrigues combinées avec une habileté
et une audace inouïes (1).

186. Ces faits, dira-t-on, ne sont pas sans gravité ; mais on
leur attribuerait une importance exagérée, si on voulait les
transformer en règle générale ; ce sont, au contraire, de rares
exceptions, des écueils que le jury rencontre sous ses pas et
qu'il ne sait pas toujours éviter. —L'honneur de l'institution
voudrait que cette objection fût tout à fait fondée, et que le
jury ne subît ces influences qu'accidentellement et à des
intervalles très éloignés. Mais malheureusement il n'en est
rien, et la pratique de chaque jour montre que les intrigues
ont leur place dans presque toutes les affaires soumises au
jury.

L'accusé qui peut recourir à ces moyens les met en œuvre ;
c'est donc avant tout une question d'influence personnelle et
de position sociale. Que les accusés, sans feu ni lieu, aban-
donnés de Dieu et des hommes, soient jugés sans préventions,
cela se conçoit facilement ; réduits à leur individualité, qui
ne peut inspirer que de très faibles sympathies, ils sont traités
suivant leur mérite, c'est-à-dire avec justice et impartialité.

---

(1) Il n'est pas nécessaire d'avoir longtemps suivi la marche des affaires
devant une cour d'assises pour faire de pareilles remarques. Celles-ci sont le
résultat d'observations qui nous ont été suggérées par des expériences nombreuses et réitérées.

S'agit-il, au contraire, d'accusés qui ont une famille, des parents, en un mot, qui veulent bien s'occuper d'eux, si odieux que soit le crime dont ils se sont rendus coupables, on se remue, on s'agite en leur faveur, on cherche à excuser et à atténuer leurs torts, on pose à l'avance des jalons pour obtenir des circonstances atténuantes et quelquefois mieux (1): les influences agissent toujours, les résultats seuls sont différents.

187. En l'état de nos mœurs et de nos habitudes, certaines accusations ouvrent un plus libre cours aux intrigues : dans cette catégorie, il faut placer tous les attentats aux mœurs commis sur des personnes nubiles, les viols, et plus encore, les tentatives, les coups et blessures, les concussions, corruptions, faux en écriture, banqueroutes, etc... Ces crimes, assez souvent commis par des personnes riches ou aisées, qui occupent par elles-mêmes ou les leurs une certaine position sociale, permettent aux influences de s'organiser sur une vaste échelle. La solidarité qui existe entre tous les membres de la même famille porte un chacun à prendre fait et cause pour celui qui a forfait à l'honneur; on veut éloigner de la famille le déshonneur qui peut rejaillir sur elle, et on recourt à des manœuvres qui ont pour but d'entraver le cours régulier de la justice et d'égarer ceux aux mains desquels elle a momentanément confié son glaive. Une fois lancé dans cette voie, on n'est plus arrêté par rien.

188. S'agit-il d'un attentat à la pudeur, on attaque la victime; on en fait une femme ou une fille perdue de mœurs, ayant dans sa vie noué un bon nombre d'intrigues, se donnant presque au premier venu. On insinue que cette affaire cache une spéculation; que la prétendue victime veut rançonner l'accusé et sa famille; que des propositions d'arrangement ont été faites, et des sommes considérables réclamées pour prix d'un silence intéressé. Ces bruits, ces propos, propagés et colportés de toutes parts, finissent par acquérir une certaine consistance. Témoins, jurés, magistrats, tout le monde s'en préoccupe; mais quand on veut remonter à leur source et

---

(1) J'ai vu récemment (1857) devant la cour d'assises de Vaucluse acquitter un faux en écriture avoué, sous le singulier prétexte que l'accusé avait nécessairement eu l'intention de rembourser la somme qui faisait l'objet du faux.

les contrôler, on se trouve invariablement en présence de rumeurs vagues, récemment divulguées et à raison de ce essentiellement suspectes. Malgré cela, la calomnie a suivi son cours; elle a laissé, comme d'habitude, des traces difficiles à effacer, et finit par exercer une grande influence sur la décision du jury.

Il n'est pas devant la cour d'assises de position plus triste que celle d'une femme arrivée à l'âge nubile, qui se plaint d'un attentat à la pudeur. Quelque irréprochables que soient sa vie et sa conduite, quelle que soit la pureté de ses mœurs et de ses intentions, elle est en butte à une foule de soupçons injurieux, de suppositions blessantes, d'insinuations perfides ou malveillantes. Si avant de porter plainte les femmes réfléchissaient un instant aux déboires et aux déceptions qui les attendent, un très petit nombre oserait affronter la publicité des débats, et le libertinage serait affranchi du dernier frein qui puisse le retenir. Il n'est presque pas d'affaires de mœurs devant une cour d'assises qui ne présentent le triste et déplorable tableau que nous venons d'esquisser à grands traits.

189. Les coups et blessures offrent des ressources d'une autre nature ; on a recours à des inimitiés imaginaires, à des haines invétérées, l'accusé est victime d'intrigues habilement ourdies par ses adversaires. Les faits sont-ils trop évidents pour être niés, on les transforme, on les dénature, les rôles sont intervertis et l'accusé pose en victime. Pendant longtemps il a méprisé les injures, dédaigné les menaces et les excitations incessantes dont il était l'objet, et n'a cédé qu'à un mouvement de vivacité, bien excusable en présence des provocations dont il était constamment assiégé. Parfois même les magistrats sont mis en suspicion, on insinue qu'ils pourraient bien céder à quelque influence secrète, ou faire du zèle à contre-temps.

Veut-on ensuite contrôler ces allégations aussi audacieuses que téméraires, on se trouve en présence d'inimitiés feintes, de propos vagues, ou de légères difficultés remontant assez loin et effacées par des relations subséquentes. Mais l'impression, une fois produite, ne s'efface pas complétement ; les intrigues font le reste et expliquent un acquittement, qui, sans cela, resterait incompris.

190. S'agit-il de concussions ou de corruptions, la tactique change. On s'occupe peu du fait criminel, c'est à peine si on songe à le nier ; on va plus loin, on veut l'amnistier en prétendant que partout on agit de même, et qu'il ne faut pas qu'un seul paie pour tous. — Faudrait-il donc, parce que la police judiciaire est impuissante à constater tous les crimes et à saisir tous les coupables, n'en punir aucun ? Qu'un garde forestier, champêtre, ou tout autre agent d'un ordre subalterne, reçoive ou exige des sommes qu'il n'est pas en droit de réclamer, misère que tout cela, dira-t-on : tous les gardes en font autant, et nous ne pouvons en accepter un seul à titre d'expiation.

Ce langage est fort singulier, et susceptible, en outre, de recevoir une extension démesurée. Faut-il, parce que beaucoup de voleurs échappent à l'œil vigilant de la police, renvoyer absous tous ceux qui ont pu être saisis et traduits devant les tribunaux ? Vous, rigoureux partisans du principe égalitaire, qui paraissez si bien connaître les concussionnaires, que ne les signalez-vous aux magistrats, et vous verrez alors s'ils savent faire leur devoir. Votre conduite, si peu en harmonie avec vos paroles, prouve que vous cherchez un prétexte, une excuse pour abriter votre conscience si facilement influencée ; et que la rigueur dont vous faites étalage vis à vis d'inconnus, d'êtres chimériques peut-être, n'a d'autre but que de cacher une faiblesse coupable. Voilà la vérité : que chacun fasse son devoir et la loi sera mieux exécutée.

191. Les écueils, on le voit, sont nombreux ; et les jurés, il faut bien le reconnaître, ne font aucun effort pour les éviter ; parfois même ils vont au devant du danger comme pour succomber plus facilement. La pratique de chaque jour montre que, devant une cour d'assises même médiocrement chargée, il ne se passe pas d'année sans que plusieurs acquittements ne soient amenés par des intrigues de cette nature, au grand scandale de la justice, et malgré les efforts persévérants des magistrats. Qu'une erreur se produise, si les intentions sont pures, on la déplore ; mais en pareille occurrence il ne peut être question d'erreur, le débat a éclairé tous ceux qui ne veulent pas fermer les yeux à la lumière.

Des écarts de cette nature fréquemment répétés finissent par démonétiser une institution et lui faire perdre les sympathies auxquelles elle pouvait prétendre. Il n'est pas de magistrat qui, après avoir concouru quelque temps aux travaux d'une cour d'assises, ne soit en mesure de citer un bon nombre d'affaires suivies d'acquittements par suite de sollicitations coupables et persistantes (1), si parfois le résultat n'est pas complet, c'est que la culpabilité est tellement évidente qu'il ne peut y avoir ni doute ni hésitation. Dans ces cas mêmes, par suite d'une déplorable faiblesse, la cour n'a pu appliquer qu'une peine dérisoire. Le jury ne fonctionne d'une manière convenable que lorsque, accusés, témoins, plaignants lui sont également inconnus; il examine alors attentivement les affaires, suit les débats sans prévention, s'éclaire volontiers des documents de la procédure, et juge ensuite avec intelligence et maturité.

192. Pourquoi les sollicitations sont-elles si puissantes sur le jury, alors qu'appliquées aux magistrats leur action est presque nulle? Le magistrat est pénétré du respect de la loi; pour lui, c'est une véritable religion. Sa conviction, il le sait, doit exclusivement se fonder sur les débats; c'est aux preuves qu'il s'attache, et non à certaines rumeurs qui viennent du dehors. Si les preuves sont insuffisantes, il ordonne de les compléter et décide ensuite en parfaite connaissance de cause. Les influences extérieures arrivent bien quelquefois jusqu'à lui; mais, en pénétrant dans le sanctuaire de la justice, il doit s'en dépouiller, ou s'il en conserve souvenir, c'est pour contrôler plus exactement les allégations produites, et les faire disparaître lorsqu'elles sont dépourvues de fondement.

Le magistrat a une responsabilité sérieuse : ses décisions peuvent être réformées, si elles sont mauvaises, et l'opinion publique est toujours là pour signaler un magistrat incapable ou prévaricateur. Que de puissantes et honorables recommandations inspirent quelque intérêt en faveur de la personne qui en est l'objet, et parviennent à lui concilier la faveur et l'indulgence de ses juges, cela se voit quelquefois et se comprend dans certaines limites; mais un acquittement n'est jamais le résultat de démarches ou d'influences pratiquées à l'encontre des magistrats.

193. La position du jury est essentiellement différente: pris dans la foule pour prêter un instant son concours à la justice, il n'assume aucune responsabilité sérieuse. Les cris

de sa conscience et les murmures improbateurs qui l'accompagnent parfois au sortir de l'audience, sont les seules expiations de ses erreurs et de ses faiblesses. Son verdict rendu, il rentre dans la foule, nul ne se rappelle plus son nom, et celui qui plus tard voudrait le rechercher, serait obligé d'affronter la poussière de volumineux dossiers entassés dans un greffe. Du reste, on a tellement parlé au jury de son omnipotence, qu'on peut presque s'étonner de ne pas lui en voir faire un plus mauvais usage. L'omnipotence n'existe que pour faire le bien, elle s'arrête là où commence l'injustice et la violation de la loi. Le jury se méprendrait étrangement s'il se croyait en droit d'acquitter ou de condamner suivant son bon plaisir.

Les décisions du jury, il est vrai, ne sont soumises à aucune révision. Son verdict est souverain; bon ou mauvais, il doit être accepté et respecté comme l'expression de la vérité. C'est sur cette idée que repose son omnipotence; mais à ce compte, le tribunal qui rend une décision en dernier ressort, est au même titre omnipotent; les uns, comme les autres, jugent souverainement le fait, et ne sont soumis à la censure de la Cour suprême que pour violation des prescriptions légales. Jamais cependant on ne songe à parler aux tribunaux de leur omnipotence, tandis que chaque jour ce mot pompeux résonne à l'oreille du jury. A force de l'entendre dire, il doit finir par y croire.

194. Le jury, par nature, est essentiellement accessible aux influences; parents, amis, connaissances, il écoute tout le monde avec une égale facilité; aussi est-il toujours possible d'arriver jusqu'à lui. En agissant ainsi, un juré peut être animé des meilleures intentions; il ne croit pas faire mal, il suppose qu'on lui dit la vérité, s'en pénètre et arrive à l'audience avec une opinion faite, alors qu'il devrait y entrer libre de préoccupations et disposé à subir les impressions du début. Le juré ne peut opposer aux sollicitations une grande force de résistance : juge par accident, il n'a ni la fermeté ni l'impartialité qui distinguent les magistrats. Si en outre il est bon et doux par tempérament, disposé à considérer l'indulgence comme le meilleur moyen de ramener les accusés dans la voie du bien, il se laissera aller à cette pente fâcheuse au point de vue de la justice, dangereuse au point de vue social,

d'autant plus facilement qu'il ne tient pas à faire acte de rigueur et qu'il a horreur des peines sévères.

Le sentiment du devoir, le respect de la loi, la défense de la société ne le retiennent que médiocrement, tandis que le magistrat leur subordonne tout; c'est là ce qui lui donne la force de repousser péremptoirement les sollicitations. Alors que le jury se montre si faible et si désarmé, le magistrat n'aime pas plus que le jury à prononcer un châtiment terrible : volontiers il se voilerait la face, avant de remplir cette pénible mission; mais il sait, dans ces moments suprêmes, s'inspirer du sentiment du devoir qui ne trompe jamais, et y puiser le courage nécessaire pour accomplir ce que la loi exige de lui.

195. Le jury a un autre travers, il ne témoigne pas une très grande confiance envers les magistrats : facilement il les tient en suspicion. Le ministère public surtout est, dans beaucoup de localités, l'objet d'une méfiance particulière; on le considère comme une espèce d'ogre disposé à tout dévorer. Ces appréciations sont aussi deraisonnables que mal fondées, on ne peut les attribuer qu'à l'ignorance de la plupart des jurés, qui n'ont aucune idée des formes essentiellement protectrices que la justice appelle à son secours. S'ils connaissaient les phases différentes que traverse une affaire, les convictions nombreuses qu'elle doit affronter, leurs préventions se dissiperaient et feraient place à des sentiments d'une autre nature. Le procureur impérial, le juge d'instruction, le procureur général et la Cour sont successivement appelés à examiner la même affaire. Comme ils connaissent les uns et les autres les exigences du jury en matière de preuves, qu'ils veulent également éviter des poursuites sans résultat, ils ne prononcent la mise en accusation que lorsqu'il existe à leurs yeux des charges suffisantes pour motiver une condamnation.

Les magistrats qui sont imbus de ces idées, qui savent combien on apporte de soin à cette partie importante du service judiciaire, les examens nombreux et successifs auxquels sont soumises les procédures avant d'arriver aux assises, sont disposés à croire à la culpabilité des accusés, et font tous leurs efforts pour manifester la vérité et assurer son succès. Si les jurés prennent cela pour de l'acharnement, ils s'abu-

sent étrangement. Le magistrat est, avant tout, ami de la vérité ; il est aussi désolé de voir acquitter un coupable, qu'il le
serait de voir condamner un innocent : c'est parce que le jury
ignore ces détails intimes, qu'il apprécie si mal les intentions
des magistrats.

196. Le ministère public n'obéit pas, quoiqu'on dise, à
d'autres inspirations. Ceux qui vivent dans le monde judiciaire peuvent fréquemment constater que les membres du
parquet ne sont pas toujours les plus sévères ; parfois même
leur modération contraste avec certaines exigences locales,
bien propres à mettre en relief leur véritable sentiment.
Comment se ferait-il donc que le ministère public, dont les
conclusions sont si souvent adoptées au civil et au correctionnel, fût si grandement distancé au criminel ? Nous l'avons
déjà dit : lui, magistrat, proclame hautement son opinion,
en présence de personnes qui ne se guident pas d'après les
mêmes idées et ne subissent pas les mêmes influences : il ne
peut donc pas y avoir communauté de sentiments. Pour être
convenablement apprécié, chacun doit être placé dans sa
sphère propre ; pas plus que toute autre personne, le magistrat ne doit être distrait de ses juges naturels.

Le ministère public veut, par tous les moyens à sa disposition, maintenir le respect de la loi et faire triompher la
vérité. Sa conviction est d'autant plus ferme, qu'elle est rai-
sonnée ; il connaît l'affaire de longue main, il a examiné tous
les détails de la procédure ; parfois même il lui a été donné
d'en suivre toutes les phases depuis son origine, jusqu'au
moment où elle se déroule devant la Cour d'assises. Sous
aucun rapport, sa compétence ne saurait être récusée. S'il
met de la chaleur dans ses observations, de l'animation dans
ses développements, si même il se laisse aller à un moment
d'entraînement, c'est qu'il ne peut refuser une issue à la conviction qui déborde, ou rester indifférent en présence d'une
discussion qui, pour se rendre possible, altère la vérité et
s'évertue à travestir les faits qui paraissent le mieux établis (1).

(1) Il ne faudrait pas donner à cette observation une portée qu'elle ne
peut avoir ; elle fait allusion à un cas tout à fait exceptionnel, celui dans
lequel une défense à peu près impossible amène les avocats à faire de ces

197. Devant les jurés comme devant les juges, le ministère public a une grande liberté d'action. C'est à sa conscience seule qu'il doit demander ses inspirations ; si après son examen il est convaincu, il cherchera à faire partager ses impressions ; s'il doute, ses paroles se ressentiront de ses hésitations ; s'il croit à l'innocence de celui qui est poursuivi, il aura le courage de le dire. A l'audience nul n'a le droit de lui imposer une opinion; libre comme tous les magistrats, il n'a de compte à rendre à personne, si ce n'est au juge suprême, à celui qui sonde le cœur et les reins. Peut-on supposer que, sourd aux inspirations de la conscience, il ira de gaîté de cœur réclamer une condamnation injuste ou faire tomber une tête dont le spectacle sanglant serait pour toute sa vie un objet de remords? Non, cent fois non ; en agissant ainsi, il méconnaîtrait le plus impérieux de ses devoirs. N'a-t-on pas vu des magistrats très-haut placés exposer eux-mêmes, après une faible défense, des moyens justificatifs qui obtenaient un succès complet, ou amélioraient sensiblement la position d'un accusé? Le ministère public est le représentant de la société; il doit protection et appui à tout le monde. Si un accusé est mal défendu, il entre encore dans ses attributions de compléter sa défense. Voilà le véritable caractère du ministère public ; il n'a pas plus que la société intérêt à se trouver en présence du coupable ; il est heureux de voir prononcer un acquittement mérité, mais il déplore un acquittement immérité, parce qu'il renferme une violation flagrante de la loi qu'il est chargé de faire respecter.

198. Vainement voudrait-on déconsidérer l'institution en jetant à la face de ses membres, et à titre d'injure, les mots

---

tours de force que l'on admire d'autant plus qu'ils reposent sur une base plus fragile. Il y a entre le barreau et la magistrature trop de points de contact, trop de liens sympathiques, pour qu'il pût venir à la pensée d'une personne qui a appartenu aux deux corps de rehausser l'un aux dépens de l'autre. L'avocat qui connaît le terrain sur lequel il se meut sait avec un tact infini nuancer son langage; il n'ignore pas que le jury est accessible à une foule de considérations péremptoirement écartées par le magistrat ; il développe donc devant lui des moyens auxquels il ferait à peine allusion s'il s'adressait à des juges. En cour d'assises, cette idée ne doit jamais être perdue de vue quand on veut apprécier le langage des défenseurs.

d'accusateurs publics; il n'y a que l'ignorance ou la mauvaise foi qui puisse recourir à de pareils moyens. Le ministère public accuse, il est vrai, mais il n'accuse pas quand même, et pour le plaisir d'accuser; il remplit un devoir qui a des limites rigoureuses; et, quoi qu'on en dise, il reste en deçà, bien loin d'aller au-delà des bornes dans lesquelles la loi circonscrit son action.

Que pour la poursuite son action soit un peu forcée, on le comprend jusqu'à un certain point, parce qu'il faut éclaircir les faits qui de prime abord paraissent criminels (1). Mais quand la lumière est faite, c'est lui qui est le juge de son intensité; il violerait toutes les règles du bon sens et de la raison si, par animosité ou pure tracasserie, il se livrait à des poursuites téméraires; il compromettrait ainsi le saint nom de la justice, servirait très mal les intérêts sociaux à la garde desquels il est préposé; il ne tarderait pas enfin à être victime de ses excès; bien informé, le gouvernement briserait un auxiliaire qui le dépopularise et le fait haïr, bien loin de lui concilier des sympathies.

Ajoutons, pour en finir sur ce point, que les membres du parquet ne sont pas obligés de soutenir à l'audience une opinion contraire à leur conviction. Si après examen d'une affaire le magistrat estime en conscience que l'accusation n'est pas soutenable, il en réfère à son chef qui, s'il y a lieu, avise à son remplacement. Si, par hasard, tous les membres du parquet partageaient ce sentiment, ce serait le cas de s'en rapporter à la sagesse du tribunal ou de la Cour, après avoir manifesté ses doutes et ses hésitations. Voilà la théorie, voilà la pratique; il n'est pas de magistrat qui, dans le cours d'une carrière même assez restreinte, n'ait eu l'occasion d'user d'un droit aussi certain qu'incontestable (2).

199. La vérité rétablie sous son véritable jour, les préjugés

---

(1) Une infraction constatée, le procureur impérial peut, sous sa responsabilité personnelle et le contrôle de ses chefs, ne lui donner aucune suite. Chaque parquet a ses affaires impoursuivies dont le chiffre n'est guère inférieur à celui des affaires poursuivies. Cela est si conforme aux intentions de l'autorité supérieure, que les comptes annuels de justice criminelle contiennent un tableau spécialement consacré aux affaires de cette nature.

(2) V. sur ce point le décret du 6 juillet 1810, art. 48-49.

n'ont plus de raison d'être ; on comprend difficilement les suspicions qui existent à l'encontre du ministère public, et la méfiance avec laquelle on accueille ses paroles, à côté de l'accueil sympathique réservé à tout ce qui émane des avocats. La défense a certainement droit à beaucoup d'égards ; celui qui se justifie doit être écouté avec faveur : si les résultats que nous signalons n'avaient pas d'autre cause, nul n'aurait le droit de s'en plaindre; mais après l'audition des témoins il n'y a plus de place pour les illusions ; c'est sur cette partie du débat que la conviction se forme, tout ce qui suit ressemble fort à un tournoi où chacun lutte d'adresse et d'habileté pour éluder les coups portés par le débat oral.

L'avocat ne peut décliner le périlleux honneur qui lui est conféré, son ministère est forcé. Tout individu traduit devant la cour d'assises doit être pourvu d'un défenseur ; si l'accusé néglige de le choisir, le président lui désigne d'office un conseil qui doit l'aider dans sa défense (1) ; il ne faut pas que les intérêts les plus sacrés puissent être mis en péril par l'inexpérience ou l'inertie. A moins de motif reconnu valable, l'avocat doit répondre à l'appel qui lui est adressé ; il ne peut déserter la défense de son client ; et si, devant les jurés, il se contentait de dire : « Je crois mon client coupable, je l'aban-« donne à votre justice, » nul ne penserait qu'il a rempli son devoir au vœu de la loi. Si mauvaise que soit une affaire, il y a toujours quelque côté faible, un point sur lequel la discussion est possible.

Le barreau trouve, au surplus, dans les circonstances atténuantes, une mine inépuisable; il peut toujours, sans paraître abandonner la défense au fond, se replier sur les circonstances atténuantes; en face d'un juge qui ne peut manifester son opinion, il doit, en faisant toutes les réserves convenables, se placer en présence de toutes les hypothèses et discuter toutes les éventualités. L'aveu même ne saurait le réduire au silence ; souvent il lui fournira des ressources imprévues pour jeter de l'intérêt sur la personne de l'accusé et ui attirer la commisération et l'indulgence de ses juges.

Le ministère public, au contraire, quand une poursuite est

(1) V. es art. 293 et 294 du C. d'inst. crim. Comp. art. 321 du C. du 3 brumaire an IV; Ord. du 20 novembre 1822, art. 41; et cassat., 12 mai 1828.

reconnue mal fondée, se grandit et s'honore en abandonnant
une accusation qui ne paraît plus soutenable.

200. Les positions ainsi nettement tranchées, il n'est plus
douteux que le beau rôle ne soit du côté du ministère public :
organe de la société, il la défend contre les attaques dont elle
est l'objet, fait respecter les principes fondamentaux sur lesquels elle repose, et n'a pas de peine à démontrer que les
délinquants déférés aux tribunaux de répression les ont ma-
licieusement méconnus. Si le ministère public s'adressait à
des magistrats, il se contenterait, dans la plupart des affaires,
de requérir l'application de la loi ; mais devant le jury, un
langage aussi concis n'est pas de mise ; on craint toujours une
équivoque. Si le ministère public n'insiste pas, le jury est
disposé à ne pas considérer l'accusation comme sérieuse : il la
croit dépourvue d'importance, et un acquittement pourrait
être le résultat de cette erreur ; afin d'éviter toute méprise, le
magistrat prend la parole pour requérir aussi brièvement que
possible une condamnation qui ne saurait être refusée.

Le défenseur a ordinairement fort peu de choses à dire ;
quelques observations générales, quelques considérations sur
les faits accessoires que le débat met en lumière, et enfin,
dans presque tous les cas, la question subsidiaire, nous
dirions volontiers la question principale des circonstances
atténuantes : tel est le fond commun de toutes les défenses
qui ne reposent pas sur des arguments décisifs ou à l'appui
desquelles on n'invoque aucun moyen justificatif plausible.

201. Les influences et les récusations sont, devant les assises, les grands écueils contre lesquels viennent échouer tous
les projets ou se briser les espérances les plus légitimes et les
mieux fondées. Aucune affaire, quelle que soit l'évidence de la
preuve, fût-elle même appuyée sur un aveu bien précis, n'est
à l'abri d'un échec. Le législateur, on le comprend, ne s'occupe des influences que pour les proscrire et les frapper
lorsqu'elles se manifestent par des moyens criminels. Quant
aux récusations, comme elles rentrent complétement dans
son domaine, il est plus facile de les réglementer d'une manière conforme à la justice et à l'équité. En permettant de
récuser sans motif et par pur caprice, notre loi criminelle
pose un principe peu rationnel, dont l'accusé abuse contre la
société ; ses récusations ne s'adresseront pas à des jurés faibles

et incapables, mais bien à des hommes connus par leur intelligence, leur fermeté, leur impartialité, qui s'inclinent
devant la volonté du législateur et veulent la faire respecter.

Dans les premiers jours d'une session, les récusations sont
en général peu nombreuses; mais, après quelques audiences,
le personnel commence à être connu; les hommes fermes et
intelligents sont alors signalés et immédiatement inscrits sur
les tablettes des avocats, qui se les passent les uns aux autres.
Un juré est ainsi mis à l'index et empêché de faire son service, précisément parce qu'il est trop capable de le faire :
que dirait-on du plaideur qui récuserait son juge en ces
termes : « Vous êtes un homme trop capable, trop intelli-
« gent, trop ferme, trop peu accessible aux influences exté-
« rieures, vous n'avez pas les qualités requises pour juger
« mon affaire; en conséquence je vous récuse. » Il n'y aurait
pas assez de risées pour l'effronté plaideur qui tiendrait un
pareil langage à un juge. Et cependant, au criminel, le juré,
juge du fait, est, de par la loi, traité d'une façon aussi cava-
lière, et beaucoup de personnes trouvent cela naturel (1)! En
vérité, c'est presque démolir d'une main ce que l'on édifie de
l'autre, pervertir une institution et empêcher le développement des bons germes qu'elle peut recéler.

202. Bien que le jury délibère en particulier et vote au
scrutin secret, on n'en connaît pas moins tous les détails du
débat intérieur; on sait qui a été favorable ou défavorable à

---

(1) Le président de Montesquieu revient souvent sur cette idée, dans son
remarquable traité de l'*Esprit des lois* (liv. VI et XII) : « Il veut que l'accusé
soit jugé par ses pairs, c'est-à-dire par un tribunal momentanément tiré du
sein de la nation, et destiné à y rentrer. Car s'il est jugé par un corps permanent ou par une classe privilégiée, il pourra se dire opprimé. Il faut, de
plus, qu'il ait le droit de récuser ceux de ses juges qu'il peut soupçonner de
haine ou de partialité. »

Juste et exacte, cette idée doit recevoir toute l'extension qu'elle comporte et s'appliquer au civil comme au criminel. Dans l'hypothèse inverse, la
logique veut qu'elle soit proscrite d'une manière absolue. Tous les droits sont
respectables et réclament une efficace protection. Cette contradiction n'existait pas dans l'ancienne législation romaine, plus que la nôtre conforme aux
règles d'une rigoureuse logique; elle avait évité cet écueil, en assurant les
mêmes garanties à tous les droits devant quelque juridiction qu'ils fussent dé-
battus. V. sup. n° 169.

l'accusé. Ceux qui ont pesé sur la délibération sont signalés,
leur fermeté et leur énergie est prônée par les uns, critiquée
par les autres; on connaît même de quelle manière les votes
se sont répartis et dans quel camp chacun s'est placé. Au bout
de quelques jours, la position est bien tranchée, les sévères
et les indulgents, les fermes et les faibles sont parfaitement
connus de tous ceux qui veulent se mêler aux jurés, sonder
leurs opinions, celles de leurs collègues, et en faire, au besoin, leur profit. C'est à partir de ce moment que les récusations deviennent meurtrières; les jurés fermes et sévères,
presque toujours les mieux dotés au point de vue de l'intelligence, sont invariablement récusés, et arrivent souvent au
terme d'une longue session sans avoir siégé plus d'une ou
deux fois. A l'appui de ces différentes propositions, nous
pourrions citer un bon nombre d'exemples (1), qui feraient
ressortir une fois de plus l'ensemble avec lequel procèdent
les avocats, quand ils veulent, comme ils le disent, procéder
à l'épuration du jury (2). Tel est le résultat de cette tactique
contre laquelle le ministère public ne peut pas lutter, parce

(1) En 1853, M. Estève, un des membres les plus distingués du barreau
de Carpentras, qui était en même temps juge suppléant, fut désigné par le
so t pour faire partie du jury..Comme on le savait ferme et incapable de
transiger avec ses devoirs, il fut constamment récusé. Vers la fin de la session cependant, presque honteux de procéder ainsi à son encontre, ses con-
frères le laissèrent siéger une ou deux fois, ce dont ils eurent lieu de se repentir après coup; car le verdict portait des traces non équivoques de
l'influence par lui exercée sur ses collègues.

Bientôt après, nommé juge titulaire, M. Estève, n'a joui que très peu de
temps du repos qu'il avait conquis par trente-cinq années de travaux cons-
ciencieux et soutenus. Il a été enlevé, il y a peu de temps (nov. 1857), au
tribunal de Carpentras dont il était une des plus vives lumières. Ce souvenir,
si pénible qu'il soit, je le recueille avec plaisir, puisqu'il me permet de payer
un juste tribut de sympathies et de regrets à celui qui fut pour moi un ami
et presque un père.

(2) Lorsque le jury est suffisamment connu, les avocats forment une liste
de récusation qu'ils se repassent des uns aux autres; souvent même, pour
qu'il y ait plus d'ensemble dans cette opération, un seul est chargé de l'effectuer. Un juré, homme d'esprit, doué de cette fermeté que l'on rencontre
souvent chez les personnes qui ont subi la salutaire influence de la discipline
militaire, se voyant toujours récusé par le même avocat, avait fini par lui
donner le surnom pittoresque de *grand récusateur*.

que la dignité de ses fonctions et le respect de la loi l'empêchent également de se mêler à de pareilles intrigues.

203. D'autres et non moins graves inconvénients résultent de ces exclusions systématiques. La marche de la justice est entravée et presque paralysée; le jury, dépourvu de boussole, ne sait plus se diriger; il hésite et chancelle à chaque pas, et a constamment besoin d'une main secourable pour le redresser et le remettre dans la bonne voie. Les formes judiciaires, même les plus simples, appellent une direction suffisamment intelligente. Si l'impulsion cesse un instant de se faire sentir, tout va à la dérive, et les solutions les plus graves et les plus délicates sont abandonnées au hasard et à l'imprévu, alors que la maturité et la réflexion devraient seules présider aux décisions. Un exemple fera bien saisir la portée de ces observations.

On juge devant les assises un grand nombre d'affaires qui, sans être au fond délicates ou difficiles, comportent un très grand nombre de questions, dont le mécanisme n'est pas toujours facilement compris par tout le monde. Si on écarte du jury tous les hommes intelligents et qu'il n'en reste pas un seul capable de présider à la discussion, le jury perdra un temps infini, recourra fréquemment au président des assises, et finira par se présenter devant la Cour avec un verdict informe qui l'obligera presque à recommencer.

Nous avons vu, en pareille occurrence, alors que l'affaire ne comportait aucune discussion sérieuse, le jury rester une nuit entière (1) pour répondre à des questions nombreuses et compliquées dont il ne pouvait pas saisir l'utilité respective, alors que tel ou tel juré récusé eût en quelques heures dirigé la délibération et préparé le verdict. Les avocats, obligés d'attendre pendant une nuit, qui eût été plus utilement consacrée au repos, furent les premiers punis : malheureusement beaucoup d'autres personnes, étrangères à ce petit complot, subirent également les conséquences les plus fâcheuses. Des manœuvres de cette nature, quel qu'en soit le résultat, por-

(1) Dans l'affaire à laquelle nous faisons allusion, les prévenus, au nombre de six ou sept, étaient poursuivis pour association de malfaiteurs et aussi pour divers vols avec circonstances aggravantes ; les questions, forcément nombreuses et compliquées à raison de ce, dépassaient deux cents.

tent atteinte à la dignité de la justice et sèment sur ses pas des écueils dangereux , alors même qu'on parvient à les éviter.

204. Sans supprimer les récusations souvent nécessaires, ne peut-on pas les modifier de manière à les renfermer dans de justes limites? Telle est la difficulté qu'il faut tout d'abord examiner. Les récusations ne sont pas, quoi qu'on en dise, de l'essence du jury; on comprend très bien un jury sans récusations, et la pratique de chaque jour nous montre un grand nombre d'affaires expédiées sans qu'on ait songé à user de ce droit. Souvent même les récusations sont une affaire de pure complaisance ; leur utilité se fait réellement sentir lorsqu'elles s'appuient sur des intrigues et des influences permettant d'écarter, en parfaite connaissance de cause, les jurés naturellement peu portés à l'indulgence , ou ceux dont on redoute l'impartiale sévérité. Examinées à ce point de vue, les récusations sont un moyen de vicier l'institution et de se faire juger par des juges prévenus, alors que l'impartialité la plus complète devrait présider à leurs décisions.

Le jury offre aujourd'hui par sa composition et par la manière dont il est recruté, de plus sérieuses garanties. L'arbitraire administratif a été proscrit et remplacé par des règles précises qui déterminent les conditions d'aptitude, de capacité, et fixent la sphère dans laquelle doivent se mouvoir les commissions investies de cette délicate mission. A une époque où les jurés étaient en même temps électeurs, on pouvait craindre que, dominés par des influences et des préoccupations étrangères, ils n'apportassent dans le sanctuaire de la justice des dispositions peu compatibles avec l'impartialité qui doit présider à toutes les décisions judiciaires. Ce reproche n'a plus de raison d'être du moment où il n'y a rien de commun entre les deux listes.

Un législateur, qui veut que chacun puisse être jugé par ses pairs, fait naturellement entrer ces considérations en ligne de compte, et permet à l'accusé d'exercer un nombre suffisant de récusations pour écarter du jury ceux qui, par position, préjugés ou habitude, peuvent lui paraître suspects. Ces idées ont toujours cours en Angleterre, et on le comprend dans un pays où l'esprit de caste se maintient avec persistance et exerce une incontestable influence. Mais là où tout est nivelé, où la fortune et la naissance ne confèrent aucun privilége, on n'aperçoit plus guère l'utilité d'une pareille mesure.

205. Lorsque le jury prit rang parmi nos institutions, la France se trouvait au milieu d'une crise sociale qui menaçait de tout engloutir. Cet état de choses tout à fait anormal créait des sympathies et des antipathies de circonstances d'autant plus vives, qu'elles étaient plus éphémères. En considérant les récusations comme un moyen d'atténuer ce fâcheux état de choses, on devait leur donner en matière politique la plus grande extension possible; or, c'est précisément dans les affaires de cette nature qu'on a plus ouvertement méconnu le principe auquel on paraissait attacher une si grande importance. Les restrictions apportées devant le tribunal révolutionnaire (1) au droit de récusation équivalaient presque à une suppression.

(1) Il fut institué par la loi du 10 mars 1793, avec des attributions si peu définies, qu'il aurait pu supplanter presque tous les autres tribunaux. Si en la forme il ressemblait à un tribunal criminel ordinaire, il y avait au fond des différences capitales. Le jury votait à haute voix en public et décidait à la simple majorité; les juges, quoiqu'au nombre de cinq, pouvaient statuer quand trois étaient présents; les peines étaient celles prononcées par le Code pénal (de 1791) et les lois en vigueur.

La loi du 22 prairial an II (10 juin 1794), trouvant ce régime trop doux, élargit encore les attributions du Tribunal révolutionnaire, réduisit à onze le nombre des jurés, pour enlever aux accusés une dernière lueur d'espérance, et décida que la mort serait la seule peine appliquée par ce tribunal aux nombreux délits qui lui étaient dévolus (art. 17). Ses décisions, au surplus, étaient souveraines; elles échappaient même au contrôle de la Cour de cassation (L. du 5 avril 1793). Le service du tribunal était fait pendant quinze jours, au moins, par douze jurés titulaires et quatre suppléants, que désignait la Convention, suivant le mode prescrit par la loi du 16 septembre 1793. Les quatre jurés supplémentaires remplaçaient les absents, les malades et les récusés. Les récusations ainsi restreintes ne s'exerçaient même pas en pleine liberté; elles devaient être motivées, produites à peine de déchéance au moment de l'interrogatoire (L. 1793 et an II) et de la communication de la liste. Le tribunal, s'il y avait lieu, statuait dans les vingt-quatre heures sur la valeur de ces récusations.

Au point de vue de la preuve, le tribunal avait, surtout depuis la loi de l'an II, une liberté illimitée; il lui était loisible de ne pas entendre de témoins; il suffisait qu'il y eût des preuves matérielles ou morales (art. 13). De la défense, il n'en était question que pour la proscrire. « La loi, porte

Religieusement conservées devant les tribunaux ordinaires, les récusations furent organisées sur de larges bases. Cette latitude accordée dans un cas contrastait étrangement avec la rigueur extraordinaire déployée dans l'autre. L'accusé justifiait-il que la liste du jury était dressée en haine de sa personne, il pouvait l'écarter tout entière (1) ; il pouvait également écarter le jury spécialement désigné pour le juger ; son droit péremptoire et illimité ne s'arrêtait que lorsqu'il avait exercé vingt récusations (2). S'il voulait aller plus loin et récuser un plus grand nombre de jurés, il devait déduire ses motifs et les faire sanctionner par le tribunal (3).

206. Au milieu de ces dispositions compliquées et quelque peu contradictoires, on voit surgir une idée juste, capable de satisfaire à toutes les exigences, si elle était convenablement appliquée : nous voulons parler des récusations motivées, exceptionnellement admises dans la législation intermédiaire qu'il conviendrait d'ériger en règle générale et absolue. Les récusations, n'ayant plus qu'un but moral, deviendraient rares et cesseraient d'être exercées avec cet ensemble et cette latitude par trop illimitée, qui en fait souvent une arme meurtrière contre la société.

l'article 16 du décret du 22 prairial, accorde pour défenseurs aux patriotes calomniés des jurés patriotes ; elle n'en accorde point aux conspirateurs. » Pendant plus de deux ans, cette législation infernale a pesé sur la France (du 10 mars 1793 au 31 mai 1795) ; pour s'en faire une idée exacte, il faudrait lire les textes qui la constituent, spécialement la loi du 22 prairial et le rapport qui la précède : on verrait alors avec quelle froide et sauvage ironie on se joue des principes les plus sacrés en matière de justice.

(1) D'après la loi du 16-29 septembre 1791, titres XI et XII, et le C. de brum., art. 502 et suivants, le jury pouvait être convoqué tous les mois ; la liste du jury était alors dressée le 1er de chaque mois, puis communiquée à l'accusé, qui exerçait, s'il y avait lieu, le droit à lui conféré par l'article 7 du titre XII de la loi de 1791. Le jury spécial de l'affaire étant tiré hors de la présence de l'accusé, on lui en donnait immédiatement connaissance ; il était ainsi mis en demeure d'user dans les vingt-quatre heures de son droit de récusation. Au surplus, le texte des deux lois est à peu près identique. Il valait mieux à cette époque être un grand scélérat que le plus petit de tous les suspects.

(2) V. l. de 1791, tit. XI, art. 11. — C. de brum., art. 504-505.

(3) V. les mêmes articles et le décret en forme d'instruction qui accompagne cette loi in fine.

Cette mesure est du nombre de celles qui échouent ou réussissent, suivant qu'elles sont bien ou mal servies par les moyens d'exécution. Le succès sera d'autant plus probable, que les moyens d'exécution seront simples et exempts de complication; conserver les récusations, leur accorder une latitude suffisante sans surcharger la loi de dispositions in-habiles à tout prévoir et d'une exécution difficile, tel est le but qu'il faut poursuivre et atteindre. Le seul moyen de tout concilier, serait de s'en rapporter à la sagesse des tribunaux, qui, *arbitrio boni viri*, apprécieraient les récusations, les motifs sur lesquels elles se fondent, et décideraient en dernier ressort s'il y a lieu de les accueillir ou de les rejeter. Le dé-cret en forme d'instruction, du 29 septembre-21 octobre 1791, justifiait comme il suit cette mesure pour les cas où elle était adoptée : « C'est aux tribunaux criminels à juger le mérite de cette récusation, et la seule règle que l'on puisse indiquer à ce sujet, c'est le principe éternel de justice, qui doit prési-der à toute instruction criminelle. D'après ce principe, tout ce qui conduit à chercher de bonne foi la vérité doit être admis; tout ce qui expose à commettre une erreur ou à con-sacrer une injustice, doit être soigneusement réprouvé; et une liste de jurés insidieusement composée serait le piège le plus dangereux que la loi pourrait tendre à un accusé (1). »

207. Ce principe fort simple requiert la même simplicité dans les moyens d'exécution; on jugera si ceux que nous présentons peuvent atteindre le but proposé. La liste du jury une fois notifiée, toutes les parties en cause seront par ce seul fait mises en demeure d'adresser au président de la Cour leurs récusations motivées. La forclusion, toutefois, ne se-rait définitivement encourue qu'au moment où le président annonce qu'il va procéder au tirage du jury. Cette formalité accomplie sans réclamation, on passerait outre, et le sort dé-signerait sans contrôle les douze jurés de jugement.

Si des récusations sont présentées, la Cour se retire en chambre du conseil, entend les motifs sur lesquels on les fonde et décide souverainement : elle fera, au besoin, appeler

---

(1) Cette observation, bien qu'elle ait spécialement trait au cas où l'on récusait l'entière liste du jury (V. n₀ précédent), n'en conserve pas moins toute sa valeur, appliquée à l'hypothèse que nous discutons en ce moment.

les jurés reprochés, et réclamera d'eux toutes les explications propres à faciliter la solution. Une récusation est-elle fondée ? la Cour permet de l'effectuer à l'audience, si le nom du juré sort de l'urne ; si elle n'est pas fondée, la Cour la rejette purement et simplement. Dans l'un comme dans l'autre cas, il suffira, pour la régularité de la procédure, de faire mention de ces différentes circonstances dans le procès-verbal d'audience. Toute récusation plausible et quelque peu justifiée sera admise ; mais on écartera rigoureusement toutes celles qui n'auraient d'autre but que d'éloigner du jury un homme dont on redoute la fermeté et l'impartialité.

On admettrait facilement, sans même que le législateur eût besoin de s'en expliquer, la récusation des jurés nés ou domiciliés dans l'arrondissement ayant fourni aux assises le crime qui va faire l'objet des investigations de la justice. Les jurés des communes limitrophes ou circonvoisines, fussent-ils dans un autre arrondissement, seraient placés sur la même ligne : pour les uns comme pour les autres, il y aurait présomption qu'ils ont directement ou indirectement eu connaissance de l'affaire, et manifesté une opinion quelconque. Par ce moyen on met un terme à cette manie de récusations, tout en conservant un principe d'une incontestable utilité. Le ministère public, en l'état, n'a pas d'autre règle de conduite, il n'use de son droit que pour déjouer les intrigues, écarter des jurés suspects ou influencés.

208. Lorsque les Cours d'assises siégent dans une grande ville, la plupart de ces inconvénients s'amoindrissent ou s'effacent plus ou moins complétement. Le jury, plus libre et moins obsédé, n'est plus l'objet de récusations incessantes ; cela est surtout vrai à Paris ; là, outre que les influences individuelles sont forcément restreintes, l'exercice quotidien des fonctions de juré établit une éducation qui ne saurait existér ailleurs. Mais en quelque lieu que le jury fonctionne, il subit, nous l'avons déjà dit, l'influence de l'atmosphère politique au milieu de laquelle il vit. Que le temps soit calme, la sécurité complète et le pouvoir solidement établi, le jury est aussi ferme qu'il peut l'être, il fera au besoin acte d'énergie. Mais que le ciel se couvre de nuages, que la tempête gronde à l'horizon, son courage disparaît, il tremble pour lui-même, et flotte incertain au gré des vents et du flot popu-

laire qui le poussent en sens contraires. La répression est alors compromise, et la société livrée sans défense, au moment suprême où elle devrait réunir toutes ses forces pour lutter contre la tempête ou conjurer l'orage qui menace de l'assaillir. Utile en tous temps, le concours de la justice est essentiel dans les moments de trouble, pour raffermir la société ébranlée; or, c'est précisément dans les circonstances critiques que le jury faiblit, et ne sait plus accorder à la société une protection réellement efficace.

209. On ne s'étonnera pas, après cela, qu'on ait de tout temps cherché à restreindre les attributions des Cours d'assises, pour étendre le plus possible celles des tribunaux correctionnels. Devant cette juridiction, la justice est plus rapide, plus sûre, et partant plus efficace. Le but poursuivi s'atteint, au surplus, par des moyens excessivement simples. Un bon nombre d'infractions se composent d'éléments multiples et complexes : réunis en faisceau, ils constituent un crime; scindés et divisés, ils restent dans la classe des délits. Les vols, les abus de confiance domestique, les coups et blessures graves, rentrent plus particulièrement dans cette catégorie. En faisant abstraction de la domesticité, de l'incapacité de travail, des circonstances qui aggravent le vol, on se trouve en présence d'un délit, que les tribunaux correctionnels retiennent en général sans la moindre difficulté. Ce procédé, aussi simple qu'expéditif, trouve toujours sa justification dans les faits de la cause.

Un vol qualifié, sans importance ni gravité, est commis par un individu dont les antécédents sont irréprochables, et qui n'a pas compris toute la portée de l'acte auquel il se livre; s'il doit subir l'épreuve des assises, il attendra pendant trois ou quatre mois le moment de la réunion du jury, et aura peut-être expié son méfait avant de comparaître devant ses juges. Quelle que soit la conclusion d'une pareille affaire, elle laisse des regrets. Une condamnation peut entraîner une peine hors de proportion avec l'infraction; un acquittement laisse la société désarmée, en lui refusant la satisfaction qu'elle est en droit d'attendre. Si au contraire, l'infraction reste dans la classe des délits, une solution prompte et équitable conserve au fait son véritable caractère et concilie tous les intérêts (1).

_____

(1) C'est ce que dans le langage des parquets on appelle _correctionnaliser_ ;

210. Lorsque la discussion orale et publique est arrivée à son terme, le président de la Cour clôt les débats, résume les principaux moyens invoqués au soutien de l'accusation et de la défense, pose au jury les questions qui résultent tant de l'acte d'accusation que des débats, lui rappelle l'importance de sa mission et l'invite à rentrer dans la salle des délibérations. Le jury, qui jusque-là était presque muet, recouvre sa liberté d'action et passe à l'état de corps judiciaire délibérant; il porte son attention sur l'ensemble et les détails de l'affaire, et donne une solution spéciale sur chaque chef d'accusation. La réunion de toutes les décisions forme ce que l'on appelle le verdict ou la déclaration du jury.

Livré à lui-même, le jury acquiert une grande liberté d'allures et de mouvements; il peut réclamer les pièces à conviction (1), une grande partie de la procédure, et se livrer sur le tout, s'il le juge convenable, à un nouvel examen. La délibération, qui est de droit (2), n'a pas de limite, et chacun sait par expérience que le jury reste fréquemment de longues heures avant d'avoir pu arrêter une décision quelconque. La délibération porte sur tout ce qui est compris dans l'affaire; elle prépare le vote. Le crime est-il constant? l'accusé ou les accusés traduits devant la Cour sont-ils les auteurs de ce crime? leur culpabilité est-elle suffisamment établie? Telles sont les questions que le jury doit d'abord se poser. Ces points une fois élucidés, il passe, s'il y a lieu, aux détails, examine et apprécie tous les faits qui influent sur la criminalité, en la modifiant en plus ou en moins; il épuise enfin la série des questions qui lui sont posées, et arrive à celle des cir-

le mot peut n'être pas très académique, mais il est fort expressif. Il est de tradition dans les parquets qu'on correctionnalise le plus possible, ce qui est conforme aux instructions de la chancellerie. Au début de cette étude, nous avons discuté cette question fort importante, indiqué les moyens qui nous paraissaient les plus sûrs pour atteindre ce but; il serait dès lors superflu d'insister plus longtemps sur ce point.

(1) Dans le cours des débats, on doit représenter à l'accusé et aux témoins les pièces à conviction (art. 329, inst. crim.). L'art. 341 veut que l'on remette au jury les *pièces du procès* autres que les déclarations des témoins. Les pièces à conviction sont évidemment des pièces du procès.

(2) V. le décret du 6 mars 1848, art. 5, et *infrà*, n° 221, les détails que nous donnons sur ce point.

constances atténuantes, qui, sans lui être spécialement posée, n'en est pas moins, d'après une disposition formelle de la loi, l'objet des investigations du jury dans toute affaire criminelle (1).

211. Tout corps délibérant a besoin d'un guide, d'un modérateur; dans l'espèce, c'est le sort qui le désigne, et subsidiairement le jury, si le premier sorti décline, pour un motif quelconque, l'honneur que le hasard aveugle lui décerne. Le chef du jury dirige la discussion et la délibération, indique les questions à résoudre, reçoit les votes, dépouille le scrutin et en consigne le résultat en marge de la question.

Tant que dure la délibération, le jury est presque captif; les issues de la salle sont gardées par la force publique, et nul ne peut entrer ou sortir sans un ordre exprès. Aucune influence étrangère ne doit peser sur la délibération; c'est dans ce but qu'on cherche à éviter tout contact avec l'extérieur. C'est au président qu'il appartient de faire respecter ces salutaires prohibitions, et de ne lever ces barrières que dans des circonstances exceptionnelles et en vertu d'un ordre écrit émané de lui.

Personnellement, il est soumis à la même réserve; bien qu'on lui ait contesté le droit d'user d'une prérogative qu'il peut accorder à autrui, la pratique de tous les jours fait justice de ces rigueurs exagérées (2): le président peut être réclamé par les jurés. De graves difficultés surgissent, le jury n'est pas en état de les résoudre; à qui s'adresser, sinon au président? Sur la demande écrite du chef du jury, il doit se rendre à leur invitation.

Il va sans dire que le président n'a pas à s'expliquer *sur le fait*, mais uniquement sur les difficultés matérielles résultant du vote, de la combinaison des questions et des complications qui en résultent. Le jury, étranger aux formes légales,

---

(1) V. les art. 336 et suivants du C. d'inst. crim., dont nous résumons ici les points les plus saillants.

(2) Cette manière de procéder est fondée sur une jurisprudence qui ne s'est jamais démentie : il suffit que le président soit appelé par le jury. On a même posé en principe que, du moment où le président pénétrait dans la salle des délibérations, il avait été appelé par le jury pour lui donner des éclaircissements (V. Dall *l. cit.*, n.ᵒˢ 3035 et suivants].

ne comprend pas toujours l'utilité respective des différentes questions; il se perdrait dans un dédale, si l'organe de la loi ne lui tendait une main secourable.

212. Lorsque le jury a rempli sa tâche et résolu toutes les questions qui lui sont posées, il rentre en séance et fait connaître à la Cour, par l'organe de son chef, le résultat de la délibération. Le verdict, signé par le chef du jury, est remis au président, qui, après vérification, le signe et le fait signer par le greffier (1).

Si cet examen rapide fait apercevoir quelque irrégularité, le jury est renvoyé dans la salle de ses délibérations pour rectifier les erreurs ou faire disparaître les contradictions qui se sont glissées dans son verdict. La solution n'est définitivement acquise avec ses imperfections que lorsqu'elle a été lue en audience publique, par le greffier, en présence de la Cour, du jury et de l'accusé.

Fréquemment les cours d'assises sont forcées de recourir à cet expédient, pour conjurer des nullités qui réfléchiraient sur leurs arrêts : que les questions soient nombreuses et compliquées; qu'une réponse sur un point dispense de répondre sur un autre, que certaines questions subsidiaires soient résolues mal à propos, ou que deux questions impliquant contradiction reçoivent une réponse identique; dans tous ces cas, il peut y avoir lieu pour le jury de rectifier son œuvre, pour qu'il y ait harmonie complète entre ses différentes parties. Comme il est difficile de poser en cette matière un principe absolu, ou même une règle tant soit peu générale, qu'en outre, tout ceci ne touche qu'indirectement à notre sujet, nous renvoyons aux ouvrages spéciaux où l'on trouvera les détails que nous ne pouvons consigner ici (2).

213. Le verdict du jury est le régulateur de tout ce qui s'ensuit: négatif, il équivaut à un acquittement; affirmatif, il sert de base à la condamnation. L'intensité de la condamnation est en raison directe de la sévérité du verdict. Le jury peut toujours, il est vrai, faire subir à une accusation de pro-

---

(1) V. les art. **341**, **343**, **348** et **349** du C. d'inst. crim. Comp. art. **412** et **413** du C. de brum.

(2) V. le répertoire de MM. Dalloz, vo *Inst. crim.*, n° 3280, ainsi que les autorités et les arrêts cités.

fondes modifications; les circonstances aggravantes et atténuantes sont de puissants leviers qui le servent admirable-
ment; en écartant les unes et admettant les autres, il arrive
infailliblement à son but. Les rares accusations qui ne subissent pas cette double influence sont exposées à un échec si,
après l'admission des circonstances atténuantes, le jury considère la peine comme trop rigoureuse (1).

Il est facile de s'expliquer, après cela, pourquoi la Cour
d'assises, juridiction essentiellement criminelle, prononce si
souvent des peines correctionnelles, si peu en harmonie avec
le titre primitif de l'accusation. Bien que, en principe (2), on
ne renvoie devant les assises que les faits qualifiés crimes,
une fois saisi d'une poursuite, le jury doit statuer définitivement, quelques modifications qu'elle puisse subir. Si un crime
se transforme en délit, si des coups et blessures graves pouvaient dégénérer en violences légères, la Cour d'assises n'en
devrait pas moins juger, et appliquer au besoin l'art. 605
du Code des délits et des peines; sa plénitude de juridiction
lui fait un devoir de régler définitivement les infractions qui
lui ont été régulièrement déférées.

214. De plus amples détails seraient ici superflus. En traitant des circonstances atténuantes, nous avons expliqué ce
mécanisme assez simple, fait connaître ses conséquences et
exposé les droits et devoirs respectifs du jury et de la Cour;
il suffira de s'y reporter (3). Nous n'aurions du jury qu'une
idée incomplète, si nous n'insistions d'une manière toute
particulière sur le vote, ce rouage si important de l'institution, et qui a subi depuis l'origine de si nombreuses modifications. Examinons donc en peu de mots l'histoire de la législation sur ce point: nous comprendrons plus facilement,
après cela, en quoi la loi qui nous régit aujourd'hui se rapproche ou s'éloigne de celles qui l'ont précédée.

(1) Cela arrive fréquemment dans les accusations d'infanticide, lorsque
le président ne juge pas convenable de poser la question subsidiaire d'homicide par imprudence. Une peine trop sévère favorise souvent l'impunité.

(2) Cette règle souffre exception au cas de connexité. Un délit connexe à
un crime est attiré devant la juridiction supérieure (V. les art. 226 et 227
du Code d'instr. crim.).

(3) V ci-dessus, nos 20 et suivants, 29, 30, etc.

215. Lorsque le jury fut introduit en France, on se trouvait en présence de la législation anglaise, qui exigeait l'unanimité pour former un verdict ; l'imitation ne fut pas poussée dans ses dernières limites, on comprit qu'avec notre esprit naturellement porté à la controverse, une décision unanimement acceptée serait chose fort rare, et on se départit de cette rigueur. A vrai dire, ce fut peut-être un peu pour la forme ; au lieu de douze voix, on en exigea dix : c'était la majorité de plus des trois quarts. Trois voix tenaces et persistantes suffisaient pour assurer un acquittement ; c'est ce qui résulte clairement de la loi du 16-29 septembre 1791, tit. VII, art. 28, reproduit par l'art. 405 du Code de brumaire.

Dans sa sollicitude, le législateur va plus loin ; il suppose qu'une condamnation peut être le résultat d'un entraînement fâcheux et irréfléchi, et autorise le tribunal, si tel est son sentiment unanime, à décider que les trois jurés adjoints se réuniront aux douze premiers pour donner une nouvelle déclaration aux quatre cinquièmes des voix (1).

(1) D'après le C. de brum. (V. art. 337 à 340 et 415), le jury n'était régulièrement complet que par la présence simultanée de 15 jurés, 12 qui composaient le jury de jugement, et 3 adjoints, exceptionnellement appelés dans le cas prévu par l'art. 415. Le Code de l'an IV innovait en ce point. Sous l'empire de la loi de 1791 (tit. VI, art. 25), 12 jurés suffisaient, comme aujourd'hui (art. 400, C. inst. crim.), pour la formation du tableau ; et si cette loi parlait des 3 adjoints, c'était bien plus un conseil qu'un ordre impératif. Ces trois adjoints, également tirés au sort, avaient une place distincte, suivaient les débats sans y prendre part, et ne prêtaient le serment requis de tous les jurés qu'au moment où leur intervention devenait nécessaire (l. 1791, 2e part., tit. VIII, art. 27-28). Leur utilité, on le voit, était fort restreinte : aussi, on comprend sans peine que, pour alléger un fardeau déjà fort lourd, le tribunal criminel recourût fort rarement à un pareil moyen. C'est peut-être pour ce motif que le C. de brum. rendit cette adjonction obligatoire. En l'absence des jurés adjoints, le droit du tribunal criminel n'en subsistait pas moins ; seulement, s'il voulait en user, il devait, comme cela se pratique aujourd'hui (art. 352, C. inst. crim.), renvoyer l'affaire à une autre session. Ce procédé est plus rationnel ; il respecte les susceptibilités de chacun, et n'exige pas des mêmes personnes un trop grand sacrifice de leurs convictions. Pour la légalité de cette mesure, on avait toujours exigé le sentiment unanime des juges. Une loi récente (9 juin 1853) se contente de la majorité. Nous eussions préféré le maintien de l'ancienne disposition. Une aussi grave résolution ne peut être fondée que sur l'évidence ; une contradic-

216. Ces garanties ne tardèrent pas à être jugées insuffisantes; on voulut pousser l'imitation anglaise jusque dans
ses dernières limites. La loi du 19 fructidor an v (art. 33)
exigea que le verdict du jury, soit pour, soit contre, fût rendu
à l'unanimité. Le législateur comprit cependant que toute
chose a ses limites, qu'on ne pouvait condamner les jurés à
une séquestration perpétuelle ; elle prescrivit donc que si, au
bout de vingt-quatre heures de délibération, le jury n'était
pas d'accord, il déciderait à la pluralité des suffrages ; on rentrait ainsi dans la seule règle raisonnable, celle de la majorité.

Cette loi n'ayant pas abrogé l'art. 415 du Code des délits et
des peines, si la Cour estimait que le jury, tout en observant
les formes, s'était trompé au fond, l'adjonction des trois jurés
suppléants devenait nécessaire, et il fallait affronter une nouvelle délibération de vingt-quatre heures, avec la perspective, après ce délai, d'une condamnation à la simple majorité, facile à réaliser vu le nombre impair des jurés.

Ces deux hypothèses n'étaient pas les seules à prévoir; on
s'en aperçut bien vite : le jury, malgré les longueurs de la
délibération, pouvait rester divisé en deux camps parfaitement égaux, sans qu'il y eût possibilité de former une majorité quelconque. Comment sortir de cette impasse? La loi du
8 frimaire an vi y pourvut en ordonnant que, en pareil cas,
lorsque tous les délais étaient expirés, si le partage subsistait
toujours, le doute profiterait à l'accusé, qui serait acquitté
comme si la décision du jury lui eût été favorable (1).

217. La législation impériale revint sur ce point à des idées
plus saines : entre deux opinions, dont une doit forcément
prévaloir, elle préféra celle du plus grand nombre : la majorité simple fut donc érigée en règle générale. Des scrupules
difficiles à comprendre firent introduire une exception pour
le cas où la déclaration du jury, sur le fait principal, n'était

---

tion un peu sérieuse implique le doute, qui milite en faveur du *statu quo*. Le
verdict peut être, au surplus, l'œuvre de l'unanimité du jury : ce n'était
donc pas trop d'exiger, pour le suspendre, l'unanimité dans la Cour.

(1) On appliquait cet axiome vulgaire : *Le doute, c'est l'acquittement*. D'a-
près la loi de 1791 (tit. viii, art. 25), si les magistrats étaient en désaccord
sur la peine à prononcer, l'avis le plus doux prévalait.

prise qu'à la simple majorité. La Cour était alors appelée comme le jury à délibérer sur le fait principal, et ses votes, joints à ceux précédemment émis par le jury, formaient une nouvelle majorité favorable ou défavorable à l'accusé.

On dirait que le législateur de 1808 a voulu reproduire, en la modifiant, la disposition de l'art. 415 du Code de brumaire et transformer accidentellement les magistrats en jurés adjoints. Quelle que soit la valeur de cette conjecture, elle ne doit pas moins nous servir de guide dans l'interprétation de l'article 351 du Code d'inst. crim., plus clair au fond qu'en la forme. Les juges, momentanément transformés en jurés, délibèrent et votent comme eux (1). Si parmi les magistrats trois seulement se joignaient à la majorité du jury, rien n'était changé. Le verdict, appuyé par neuf voix contre huit, sortait son plein et entier effet. Si quatre magistrats adoptaient l'avis de la minorité du jury, les rôles étaient intervertis et la majorité changée. Pour que l'opinion de la minorité du jury l'emportât, il fallait que les cinq membres de la Cour, ou tout au moins quatre, fussent de son avis.

218. Une fois lancé dans cette voie, on comprit bien vite que la part faite à l'opinion de la Cour était insuffisante, que même la simple majorité devait être prise en plus sérieuse considération, et faire surgir au moins un doute grave sur la culpabilité de l'accusé. Il était difficile d'accorder une moindre importance à une minorité compacte jointe à une majorité si éclairée. On songea donc à donner à cette idée une consécration législative : tel fut le but de la loi du 25 juin 1824 ; elle veut que, dans tous les cas, l'avis favorable à l'accusé l'emporte quand il est partagé par la majorité de la Cour. Cette solution, quelque raisonnable qu'elle parût être, consacrait une anomalie singulière : la minorité faisait loi à la majorité, et la Cour devenait en même temps juge du droit et du fait.

219. Ces dispositions, si anodines en apparence, modifiaient donc profondément l'institution du jury : elles supprimaient la séparation tranchée qui doit exister entre le droit et le fait,

---

(1) Les magistrats délibéraient entre eux, comme le dit la loi du 25 juin 1824. Le verdict, une fois formé, était définitivement acquis, et les juges seulement appelés à se ranger à l'une des deux opinions émises.

la Cour et le jury. Ces deux parties du même tout, dont la sphère d'action est si différente, finissaient par se rencontrer sur le même terrain, discuter et décider le même fait. Les usages, les traditions, l'essence même du jury répugnaient également à une pareille extension. Une autre conséquence non moins grave découlait de cet état de choses, le *déplacement de la responsabilité*. Le jury cessait d'être le juge unique et exclusif du fait ; il lui était toujours loisible d'abdiquer sa responsabilité pour y substituer celle de la Cour. Qu'une affaire soit délicate et difficile, que la pénalité paraisse trop forte, le jury décide à la simple majorité, et force la Cour à intervenir dans un débat auquel elle doit rester étrangère.

De nombreuses réclamations élevées contre cette innovation furent enfin entendues ; la loi du 4 mars 1831 y fit droit en abrogeant expressément l'art. 351 du Code d'instruction criminelle. En 1832, il disparaissait de l'édition officielle, et si depuis une voix isolée s'est fait entendre dans son intérêt, au sein des assemblées législatives, elle est restée sans écho (1).

220. La révolution de 1830 fut pour le jury le point de départ d'une ère nouvelle : la tendance marquée de le transformer en institution politique se dessine de plus en plus ; tous les jours on étend le cercle de ses attributions, en lui déférant un bon nombre d'infractions précédemment jugées par les tribunaux correctionnels. En statuant sur tout ce qui, de près ou de loin, touchait à la politique, il se figurait assez facilement qu'il y avait quelque chose de politique dans sa mission, et se laissait aller à ne plus juger d'après les règles strictes de la justice et de l'équité. Tout contribuait à l'entretenir dans cette fâcheuse illusion ; il était tiré du corps électoral, corps politique par excellence, et voyait à sa barre, dans toutes les affaires politiques un peu graves, les chefs de partis dont il était habitué à subir la direction et l'influence. On ne lui épargnait aucune séduction ; on lui parlait de ses lumières, de son indépendance et de son omnipotence. Toutes ces flatteries chatouillaient agréablement son oreille et le poussaient sur la pente glissante de l'arbitraire. La propen-

(1) Dans la discussion de la loi du 9 septembre 1835. Voy. Dall., Répert., v° *Inst. crim.*, n. 3275.

sion était d'autant plus forte, que son verdict échappait à toute censure, et n'avait d'autre contrôle que les cris d'une conscience facile à apaiser.

Pour rompre avec le passé, pour briser des traditions si fâcheuses, il fallait une violente commotion qui déplaçât ou annulât les influences et renouvelât complétement l'institution. Ce fut un des bienfaits de la révolution de 1848 ; ce jury nouveau, inexpérimenté, souvent même ignorant, fit, malgré les circonstances critiques dans lesquelles il dut se mouvoir, mieux que son devancier, et prépara, en outre, les voies au jury plus intelligent qui fonctionne depuis 1853.

221. La majorité, ce puissant moyen d'action sur le jury, subit pendant la même période différentes modifications. La loi du 4 mars 1831 (art. 3) abandonna le système du Code d'instruction criminelle et exigea la majorité de plus de sept voix. Le jury statuait alors à huit voix contre quatre ; cinq jurés favorables assuraient un acquittement ; c'était en définitive la minorité qui faisait la loi. Augmenter la majorité du jury, c'est affaiblir la répression et assurer l'impunité à un bon nombre de coupables. On s'en aperçut bien vite, au milieu des désordres et des agitations qui suivirent 1830 ; aussi songea-t-on de bonne heure à revenir sur cette mesure.

Les lois de septembre 1835, si violemment attaquées pendant fort longtemps, introduisirent de profondes modifications dans l'organisation du jury ; elles rétablirent la majorité simple, et posèrent le principe ultérieurement développé du vote au scrutin secret (1). On espérait par ce moyen rassurer les faibles, les timides, et mettre un terme aux influences fâcheuses qui s'exerçaient en chambre du conseil. Pour être logique, et atteindre plus sûrement ce but, il aurait fallu aller plus loin et supprimer la délibération. Le jury doit former son opinion sur les débats ; quels éclaircissements peut-il attendre d'une discussion en chambre du conseil ? Ce qu'il a de mieux à faire en pareil cas, c'est de mettre un terme à sa mission en votant immédiatement (2) ; mais l'habitude de

_____

(1) V. deux lois du 9 septembre 1835 ; — une ordonnance royale, à la même date, sur le vote du jury, et la loi du 13 mai 1836 sur le même sujet.

(2) C'est en se plaçant à ce point de vue que M. Rauter a pu dire, dans son *Traité de droit criminel* (t. 2, n° 788), que « la *délibération paraît être contre la*

discuter, le désir de briller et même de dominer fit maintenir cet antique usage et partant les influences qu'on voulait démolir. — Dans la discussion, un homme tenace, expérimenté, et sachant un peu manier la parole, peut presque toujours peser sur le verdict, l'inspirer ou même le dicter. Partiellement abrogées en 1848, les lois de septembre sont encore en vigueur en plus d'un point, et spécialement sur ce qui a trait au scrutin secret dont nous allons nous occuper plus particulièrement.

222. La révolution de 1848, pour imprimer sa personnalité au jury, le lança de plus en plus dans la voie politique; ses attributions furent encore étendues; des faits sans gravité ni importance, prévus par les lois électorales, sur les clubs, etc., lui furent déférés sous le vain prétexte qu'ils touchaient à la politique. En réalité, chaque parti désirait, sans s'exposer à un danger réel, conserver et maintenir son influence, même par des moyens peu avouables. Pour atteindre ce but, il fallait énerver l'action de la justice et la rendre à peu près impuissante; les révolutions entravent presque toujours le progrès; les vérités les plus simples sont remises en question; le principe d'autorité perd son prestige et s'affaiblit, le désordre reparaît à la surface et triomphe au milieu des incertitudes générales.

Le jury soumis à toutes ces influences ne peut, quand il tremble pour lui-même, tenir d'une main ferme la balance de la justice. Si à ces causes qui tiennent à l'essence même du jury, on joint celles qui résultent des modifications fréquentes apportées à la majorité, on verra qu'il était difficile, pour ne

nature du jury.» V. aussi Dall. loco cit., n° 3007. Si la délibération est contre la nature du jury, elle est au moins conforme à l'histoire de l'institution. La loi de 1791 (tit. 7, art. 21-23) et le C. de brum. (art. 383, 385, 386) renvoyaient le jury en la chambre du conseil, pour délibérer; la loi n'eût-elle pas donné de plus amples explications, que son but n'aurait pu être douteux, puisque, à cette époque, le jury, comme nous le dirons tout à-l'heure, votait en présence des magistrats. Les lois subséquentes s'étant servies de la même expression (art. 342, C. inst. crim., ordonn. précitée de 1835), on ne pouvait lui donner un autre sens; aussi, en pratique, la délibération et la discussion avaient lieu sans difficulté, avant même que le gouvernement provisoire eût songé à le déclarer. « La discussion dans le sein de l'assemblée du jury avant le vote est de droit, » dit le décret du 6 mars 1848, art. 5.

pas dire impossible, que ce jury fonctionnât d'une manière bien satisfaisante.

223. Mais revenons à la majorité et constatons les variations survenues après 1848. Un des premiers actes du gouvernement provisoire fut d'élever la majorité de sept à neuf; c'était presque revenir au point de départ de l'institution. On reconnut bien vite qu'on avait fait de la philanthropie à contre-sens, et que ces modifications n'avaient d'autre résultat que d'assurer une fâcheuse impunité à un grand nombre de coupables. Aussi, quelques mois après, fit-on un pas en arrière, en revenant au principe de la loi de 1831, c'est-à-dire à la majorité de plus de sept voix (1). Cet état de choses a subsisté jusqu'à la loi du 4 juin 1853, qui a remis en vigueur le principe posé par le Code d'instruction criminelle, la majorité simple, dont la raison et le bon sens veulent qu'on ne se départe que très-difficilement.

224. Cette rénovation du jury était la conséquence de modifications profondes survenues dans l'organisation politique en 1851 et 1852. L'Empire avait restauré l'ordre. Un pouvoir respecté imprimait au dedans comme au dehors une direction unique aux forces vitales de la société française : tout était rentré dans le devoir.

La législation sur le jury se ressentit immédiatement de ce changement; le but de ses efforts fut d'enlever au jury tout caractère politique, et de le réduire aux simples proportions d'une institution judiciaire. Pour empêcher toute méprise et ne laisser aucune place aux illusions, on commença par lui enlever les délits politiques (2). On le replaçait ainsi sous l'empire du principe essentiellement raisonnable édicté par le Code d'instruction criminelle; le grand criminel seul lui était dévolu; les infractions punies de moindres peines relevaient de juridictions inférieures.

La loi du 4 juin 1853 compléta cette réforme, en établissant une ligne de démarcation tranchée entre les listes électorales et celles du jury. Il n'y a plus entre elles rien de commun : conditions d'aptitude, de capacité, jusqu'aux fonction-

(1) V. le décret du 6 mars 1848 et la loi du 18 octobre 1848.

(2) V. les décrets rendus par le Prince-Président, alors qu'il était investi de tous les pouvoirs; 31 décembre 1851, 17 et 25 février 1852.

naires chargés de les dresser, tout est différent; l'électeur
exerce un droit, le juge remplit un devoir; en modifiant la
loi politique, on ne modifie plus par voie de conséquence la
loi judiciaire, tout est distinct et séparé (1). Dégagé des influences extérieures, des considérations politiques, et recruté
d'une manière plus convenable, le jury doit faire de la bonne
et loyale justice. Si dans ces conditions il ne réussit pas complétement, il faut, comme nous le disions au début de cette
étude (2), désespérer de l'institution et reconnaître qu'elle
porte en elle-même un vice originel, qui tient à son essence
et dont on ne peut pas la dépouiller.

225. Jusqu'ici nous avons spécialement parlé du jury de
jugement; mais nul n'ignore que pendant assez longtemps,
le jury d'accusation fonctionnait parallèlement au jury de
jugement, investi des attributions conférées en 1808 aux Cours
impériales. Sa mission se bornait à décider s'il y avait ou non
des charges suffisantes pour mettre en accusation et renvoyer
devant le jury de jugement. C'est à ce rôle modeste qu'il doit
sans doute d'avoir échappé aux modifications incessantes dont
le jury était le point de mire.

D'après la loi de 1791 comme d'après le Code de brumaire (3),
le jury d'accusation, composé de huit membres seulement,
délibérait à la simple majorité. La loi déjà plusieurs fois citée,
du 19 fructidor an v, ne lui fut jamais applicable, et si quelques doutes surgirent sur ce point, ils furent promptement
dissipés par la loi du 8 frimaire an vi, qui rappela sous ce
rapport l'exécution du Code de brumaire.

Le jury d'accusation, comme le jury de jugement, statuant

_____

(1) V. l'exposé des motifs de la loi de 1853 (Dall., *Répert.*, v° *Inst. crim.*
p. 341 en note); voy. aussi, dans le même Recueil (p. 328 en note), l'exposé
des motifs du Code de 1808, où l'on indique la plupart des idées que nous
venons de rappeler. L'ouvrage de MM. Dalloz renferme une foule de documents précieux, qu'on a souvent de la peine à trouver ailleurs ; c'est pour ce
motif que nous le citons si souvent.

(2) V. *suprà*, n°s 3-9 et suivants.

(3) V. L. 1791, part. 2, tit 1, art. 27; — C. de brum., art. 209 et 243.
Le partage profitait à l'accusé (art. 241). Cet argument, en faveur de la
simple majorité, a bien quelque valeur ; il doit d'autant plus être apprécié
qu'à l'époque dont nous parlons, alors que tout changeait à vue d'œil, ce
principe est resté ferme, stable, et n'a subi aucune modification.

sur la déclaration orale des témoins (1), c'était un motif de plus pour qu'il ne se renfermât pas strictement dans la sphère de ses attributions, et qu'il exigeât des preuves, alors que la loi se contentait *de présomptions* (2). Supprimé par le Code de 1808, il n'a excité ni sympathies ni regrets.

226. Arrivons maintenant au vote, et voyons comment il s'est effectué, aux différentes époques dont nous venons de parler.

Les principes posés par la loi de 1791, développés par le Code de brumaire, sont restés en vigueur jusqu'à l'époque où ils ont fait place à la législation impériale. Voici en résumé comment on procédait sous l'empire de ces deux lois (3). Le jury, après la clôture des débats et la position des questions, rentrait dans la salle de ses délibérations, discutait et résolvait les différents chefs d'accusation, épuisait, en un mot, la série des questions qui lui étaient posées : cela fait, le président était averti, et commettait un juge qui se rendait avec le commissaire du pouvoir exécutif en la chambre du conseil, pour recevoir les votes.

Cette opération fort compliquée était un véritable mélange de vote public et de vote secret. Chaque juré successivement appelé déclarait à haute voix son opinion, et déposait ensuite dans une urne *ad hoc* une boule blanche ou noire suivant qu'il était favorable ou défavorable à l'accusé. Le chef du jury votait le premier, et restait ensuite en chambre du conseil avec les magistrats, pour contrôler au besoin la sincérité de l'opération.

227. Le fait est-il constant ? L'accusé est-il convaincu ? Son

---

(1) V. L. 1791, l. c., art. 16 et 20; C. de brum., art. 238.

(2) Tout ce qui a trait au jury d'accusation avait, en 1848, un intérêt d'actualité, ce qui n'existe plus aujourd'hui. Il était alors question de rétablir cette institution et de remettre en vigueur la plupart des dispositions du Code des délits et des peines. Sa valeur intrinsèque, l'utilité et l'opportunité de cette restauration, devaient donc être l'objet d'un sérieux examen. Déjà condamné par l'expérience, il était difficile qu'après avoir succombé une première fois, au milieu de l'indifférence générale, il recouvrât assez de sympathies pour être remis à flot. Ces critiques et beaucoup d'autres que nous lui adressions dans notre travail précité de 1848 devaient faire maintenir l'abrogation prononcée contre lui.

(3) V. loi de 1791, tit. 7, art. 19 à 34; — C. de brum., art. 386 et suiv.

intention est-elle mauvaise? Telles étaient les questions générales et préalables qui devaient tout d'abord être résolues (1). Tout juré qui ne répondait pas affirmativement à ces trois questions acquittait, et n'avait plus de réponse à fournir. Du moment où trois voix se prononçaient en ce sens, tout était fini, il devenait inutile de passer outre. Si sur ces questions préliminaires le vote était défavorable à l'accusé, on passait aux autres questions, qui complétaient ou modifiaient la criminalité, en procédant toujours de la même manière.

Chaque juré, après avoir fait connaître son opinion de vive voix, reçoit du magistrat une boule pour exprimer son vote, et la dépose dans la boîte représentant son opinion. Pour éviter les erreurs et méprises si faciles au milieu de ces complications législatives, les boîtes étaient disposées de manière à ne donner accès qu'aux boules destinées à y être déposées. Le vote s'effectuait d'une manière continue, chaque juré successivement appelé donnait une solution sur toutes les questions posées. Or, comme pour chaque question, il fallait nécessairement deux boîtes, on voit que le législateur ne visait guère à la simplicité, et compliquait en pure perte des dispositions sans utilité réelle, en présence des procédés employés pour constater le vote. Confiée à d'autres qu'à des magistrats, l'exécution de ces mesures eût suscité des embarras sans nombre.

228. Le législateur de 1808 fut aussi sobre de détails que son devancier avait été prolixe et verbeux. Les droits et devoirs du jury, sous ce rapport, sont rappelés en quelques mots très-courts. Les jurés délibèrent sur les différents chefs d'accusation, discutent s'ils le jugent convenable, et votent ensuite comme bon leur semble. Le Code n'ayant tracé aucune règle spéciale, édicté aucun principe auquel le jury dût se soumettre, tout était abandonné à son appréciation et à ses inspirations. Il pouvait donc voter de vive voix, voter même au scrutin secret, si tel était son bon plaisir ; nul n'avait à s'enquérir du procédé par lui adopté ; du moment où la loi ne lui adressait aucune injonction, il restait libre d'employer le moyen

---

(1) Toutes ces questions sont aujourd'hui renfermées dans ces simples expressions : *L'accusé est-il coupable ?* etc. S'il y a doute sur l'intention, le fait ou son auteur, la culpabilité n'est pas établie, et la réponse du jury doit être négative.

14

que la conscience lui suggérait pour assurer la sincérité du vote. Eût-il ostensiblement fait connaître ce moyen, que son verdict aurait échappé à toute critique ; tandis que, aujourd'hui, il en serait autrement, s'il résultait de la déclaration du jury qu'on a voté autrement qu'au scrutin secret (1).

229. La loi du 9 septembre 1835, en prescrivant le vote au scrutin secret, ne voulut pas trancher immédiatement les questions délicates que ce mode de procéder faisait surgir. Avant de prononcer définitivement, le législateur désirait que l'expérience vînt à son aide ; c'est dans ce but qu'il investit le pouvoir exécutif du droit de trancher provisoirement toutes ces difficultés, se réservant de statuer ensuite, en parfaite connaissance de cause, lorsque le moment serait venu.

La délégation conférée à l'autorité royale fut remplie sans retard, l'ordonnance réglementaire parut en même temps que la loi. Presque toutes les questions agitées recevaient une solution qui, bientôt après, servit de base à la loi du 13 mai 1836, aujourd'hui encore en vigueur. Mettons en relief les prescriptions de l'ordonnance, nous verrons ensuite en quoi elle fut modifiée par la loi nouvelle.

230. D'après le règlement d'administration publique, le vote s'effectuait au scrutin secret, par bulletins écrits et individuels, d'abord, sur le fait principal, puis sur les faits accessoires qui complètent ou modifient la criminalité ; le discernement, la provocation, la défense légitime, et, au besoin, les circonstances atténuantes étaient l'objet de votes réitérés et successifs. Toute réponse défavorable à l'accusé devait, alors, comme aujourd'hui, être résolue à la simple majorité. Si le jury se trouve également divisé, ce partage, qui atteste un doute sérieux, profite, en général, à l'accusé : nous disons en général, parce que, d'après un texte formel (2), les circonstan-

---

(1) V. les articles 342, 343, 344 et 345 du Code de 1808, comparés avec les nouveaux articles rectifiés par les lois du 9 sept. 1835, et du 13 mai 1836, auxquelles nous arrivons immédiatement.

(2) V. les art. 341 et 347 du C. d'instr. crim., modifiés par la loi du 28 avril 1832. Depuis lors, le principe est resté le même, sauf que la majorité, ainsi qu'il a été dit, a plusieurs fois varié. La loi du 18 octobre 1848, tout en exigeant la majorité de plus de sept voix pour le fait principal, se contentait de la simple majorité pour les circonstances atténuantes.

ces atténuantes ne sont acquises que lorsqu'elles sont appuyées par la majorité du jury. Les bulletins blancs étaient réputés contenir une réponse négative à la question posée : sur le fait principal et les circonstances accessoires le bulletin blanc profitait à l'accusé ; sur les faits d'excuse, de provocation, comme sur les circonstances atténuantes, le bulletin blanc lui était défavorable. Les bulletins illisibles, dont l'ordonnance ne parlait pas, devaient évidemment être considérés comme des bulletins blancs et subir le même sort.

231. Cette ordonnance fut l'objet de critiques, qui toutes n'étaient pas dénuées de fondement. Ainsi, donner aux billets blancs une double signification, les considérer suivant les circonstances, comme favorables ou défavorables à l'accusé, c'était s'attacher à une logique qui de prime abord peut paraître exacte, mais qui n'est ni juste ni raisonnable. Un billet blanc témoigne toujours une certaine incertitude; il ne suppose ni parti pris, ni opinion arrêtée; c'est, à proprement parler, le *non liquet* des Romains. Il semble, dès lors, qu'en raison de ce doute, il doive dans tous les cas être considéré comme favorable à l'accusé. Il faut en dire autant des bulletins illisibles.

La loi du 13 mai 1836 reconnut la justesse de ces observations (1), et y fit droit, en décidant que les billets blancs seraient dans tous les cas favorables à l'accusé. Elle étendit cette solution aux bulletins illisibles, ou déclarés tels par la moitié au moins du jury de jugement. A part ces modifications et quelques autres de moindre importance (2), l'ordonnance fut transformée en loi par le législateur de 1836.

(1) V. la loi du 13 mai 1836, l'exposé des motifs et les points les plus saillants de la discussion dans le *Journal du droit criminel,* année 1836, p. 129.

(2) Ces deux dispositions législatives parlent également des circonstances atténuantes, l'ordonnance pour décider que, la culpabilité reconnue, *si un ou plusieurs jurés demandent que la question des circonstances atténuantes soit mise en délibération,* il sera fait à cet égard un tour de scrutin (art. 3). La loi veut que le chef du jury soit tenu de poser cette question toutes les fois que la culpabilité de l'accusé aura été reconnue (art. 1 *in fine*). Pour comprendre la portée de ces dispositions, il faut les rapprocher de l'art. 341 du C. d'inst. crim., réformé par la loi de 1832 : « En toute matière criminelle, y est-il dit...., le président... avertira le jury, à peine de nullité, que s'il pense à la

232. D'après cette loi, qui n'a pas cessé d'être en vigueur (1), le jury résolvait au scrutin secret toutes les questions qui lui étaient posées. Les réponses affirmatives, généralement contraires à l'accusé, doivent être prises à la majorité (c'est-à-dire, à sept contre cinq au moins), les réponses négatives, qui par contre sont habituellement favorables, profitent à l'accusé, quand même il n'existerait aucune majorité, c'est-à-dire, à six voix contre six voix (2). Ainsi, est-il coupable de vol? Le vol a-t-il été commis de nuit? avec escalade? avec effraction? etc., etc. Si le jury estime que le fait est constant, que les circonstances qui l'accompagnent sont suffisamment établies, sur chaque question il répondra : *oui, à la majorité;* sans pouvoir jamais faire connaître le chiffre de cette majorité. Est-il au contraire d'avis que, ni le fait, ni les circonstances aggravantes ne sont établies, il répond toujours *non,* sans rien ajouter, le partage étant favorable à l'accusé.

Si, au premier tour de scrutin, la réponse négative prévaut sur le fait principal, la délibération est terminée; les circonstances aggravantes n'ont de valeur que lorsque le fait principal auquel elles se rattachent est reconnu constant. Mais, après une réponse affirmative sur le fait principal, rien n'empêche qu'on ne réponde négativement sur les circonstances aggravantes. Le crime est alors plus ou moins modifié, suivant la nature des réponses, et leur combinaison avec le fait

majorité... qu'il existe des circonstances atténuantes en faveur d'un ou plusieurs des accusés reconnus coupables, il devra en faire mention... »

Cet article imposait une obligation au président de la cour; l'ordonnance de 1836 rappelait aux jurés que chacun d'eux avait le droit d'appeler l'attention du jury sur ce point; la loi de 1836 va plus loin : elle veut, pour éviter un oubli ou une méprise, que le chef du jury pose toujours cette question, sauf à n'exprimer le résultat de la délibération que si elle est affirmative.

(1) Dans le répert. de MM. Dall., v⁰ *Inst. crim.,* p. 341, on prétend le contraire, en se fondant sur le décret du 5 mars 1848. Ce décret ne dit rien de semblable, et une loi de cette nature ne saurait être abrogée par induction. Conf. cass. 6 avril 1848; Morin, *Journal du droit criminel,* n⁰ 4278.

(2) L'ancien art. 347 du C. d'inst. crim. disait bien : « La décision pour ou contre l'accusé se formera à la majorité à peine de nullité. » — Mais il ajoutait immédiatement : « En cas d'égalité de voix, l'avis favorable à l'accusé prévaudra. »

principal. Il peut même se transformer en délit; dans cette dernière hypothèse, si la compétence du jury subsiste, son pouvoir est quelque peu modifié; les circonstances atténuantes sortent de son domaine pour rentrer dans celui de la Cour.

233. S'agit-il d'un infanticide, d'un empoisonnement, d'un meurtre ou d'un assassinat, on procède de la même manière, le jury répond affirmativement ou négativement, suivant qu'il veut condamner ou acquitter. On peut même remarquer que les crimes les plus graves n'exigent d'ordinaire qu'un petit nombre de questions. L'infanticide (1), l'empoisonnement, le meurtre n'en nécessitent qu'une seule; l'assassinat en comporte deux ou trois, suivant qu'il est accompagné de préméditation et de guet-apens, ou de l'une de ces circonstances seulement.

234. Plusieurs crimes susceptibles de complications occasionnent un bon nombre de questions; nous citerons spécialement les coups et blessures suivis d'une mort plus ou moins prompte, les faux en écriture, différentes variétés du crime de fausse monnaie; mais surtout les vols. Les crimes de cette nature se compliquent de tant de circonstances, relativement aux personnes, aux choses et aux faits qui précèdent, accompagnent ou même suivent le vol, qu'on se trouve souvent en présence de questions dont le nombre seul effraie les plus intrépides. On comprend sans peine que dans les affaires de cette nature, le jury s'égare d'autant plus facilement, qu'il ne saisit pas toujours l'utilité et l'importance respective des questions, leur liaison intime et l'opportunité de répondre à telle ou telle, suivant qu'on a répondu affirmativement ou négativement à une autre question à laquelle elle se rattache.

Pour élucider ces points délicats, il faudrait entrer dans de longs détails, présenter et discuter de nombreuses hypothèses (2), qui nous éloigneraient de notre sujet. Il suffira, pour

---

(1) Nous avons déjà démontré (n° 71) que le législateur part d'un point inexact en assimilant l'infanticide à l'assassinat. — Dans quelques cas fort rares, cette observation pourrait s'appliquer à l'empoisonnement.

(2) Les questions subsidiaires et alternatives font surgir des complications et des écueils sans nombre. Plusieurs individus sont poursuivis pour avoir *ensemble et de complicité* commis un ou plusieurs crimes; il faut, pour chaque

le moment, d'avoir signalé l'écueil pour que chacun puisse se tenir sur ses gardes. Quant aux jurés, nous les invitons à recourir aux lumières du président de la Cour, qui aplanira immédiatement les difficultés, et empêchera, par ses sages conseils, que la discussion ne s'égare sur des questions devenues oiseuses ou inutiles.

235. Le jury doit purger l'accusation dont il est saisi ; dans ce but, il répondra, si cela est nécessaire, à toutes les questions posées, sans s'inquiéter de leur origine. Qu'elles résultent des débats ou de l'acte d'accusation, peu importe : cette distinction, sur laquelle nous allons dire quelques mots en passant, n'a d'intérêt qu'à un autre point de vue. Les questions résultant de l'acte d'accusation et les questions d'excuses légales, du moment où elles sont invoquées, sont forcément posées. Quant à celles résultant des débats, la loi

---

accusé et sur chaque chef d'accusation, poser une série de questions, d'abord comme auteur, puis comme complice. On peut rigoureusement, sans contradiction, résoudre affirmativement les deux séries de questions ; mais c'est à vrai dire du temps perdu. La qualité d'auteur absorbe celle de complice, sans compter qu'au point de vue de la peine, les résultats sont toujours les mêmes. — Les questions subsidiaires présentent plus de difficultés, leur utilité ne commence que lorsque la question principale a été négativement résolue. Répondre affirmativement à l'une et à l'autre, c'est s'exposer à une contradiction. Ainsi, à propos d'un infanticide, on peut poser la question subsidiaire d'homicide par imprudence ; si le jury résolvait affirmativement les deux questions, il y aurait contradiction ; on ne peut pas en même temps mourir victime d'un infanticide et d'un homicide par imprudence. Pour les coups et blessures, les alternatives sont plus nombreuses : les coups ont-ils occasionné la mort ? une incapacité de travail de plus de vingt jours ? de simples blessures ou même des violences légères ? Toutes ces questions peuvent à la rigueur être posées dans la même affaire, mais il est bien certain que quand on a résolu affirmativement la première ou la deuxième, les autres n'ont plus d'intérêt, et il est superflu ou même dangereux d'y répondre. Le crime absorbe le délit, et le délit la contravention. Les contradictions résultent parfois de circonstances difficiles à saisir ; l'assassinat, par exemple, lorsqu'il nécessite trois questions, expose à un danger de cette nature. Si, après avoir répondu négativement à la question de préméditation, on répondait affirmativement à celle de guet-apens, il y aurait contradiction. Le guet-apens contient en lui la préméditation, tandis que rien n'empêcherait, après avoir résolu affirmativement la question de préméditation, de répondre négativement à celle de guet-apens.

veut bien aussi qu'elles soient posées (1) ; mais comme en pareille matière il y a toujours une appréciation à faire, c'est au président d'abord, et en cas de contestation à la Cour, qu'il appartient de décider souverainement. Si le président refuse, l'accusé peut, en prenant des conclusions formelles, investir la Cour du droit de statuer ; mais il est peu probable que la Cour réforme la décision du président, en sorte que la question sera définitivement écartée (2).

(1) V. les art. 337, 338, 339 et 340 du C. d'inst. crim. Comp. l. du 16-29 sept. 1791, 2ᵉ part., tit. 7, art. 20 et 21 ; — C. de brum., art. 374 à 378.

(2) L'intérêt de cette discussion, le voici : L'article 360 du C. d'inst. crim., conforme à la loi de 1791 (part. 2, tit. 8, art. 4) et au Code de brum. (article 426), veut « qu'une personne légalement acquittée ne puisse être reprise ou accusée à raison du même fait. » La jurisprudence, interprétant cet article avec une rigueur peu conforme aux principes généraux du droit criminel, considère le mot *fait* comme synonyme d'accusation (V. Codes ann. Sirey-Gilbert sur l'art. 360), et décide qu'un individu acquitté aux assises pour un crime, peut être repris pour un délit, si le fait comporte cette double qualification. Montrons, par quelques exemples, le côté faible de cette interprétation. Un enfant nouveau-né est trouvé mort ; voilà le fait matériel. Quelle est la cause de cette mort ? Elle peut, en laissant de côté les événements dont nul ne répond, être le résultat d'un crime ou d'un délit. C'est ce *fait* qui sert de base à la poursuite, c'est lui qui doit être élucidé ; et rien de nouveau, sous ce rapport, ne saurait surgir du débat. Ce fait, une fois apprécié, on ne comprendrait pas qu'il pût ultérieurement servir de base à une nouvelle discussion. S'agit-il d'un défunt d'un âge plus avancé : le fait qui domine et sert de base à tout, c'est la mort ; le but des recherches de la justice, c'est d'en pénétrer la cause. L'agent est plus ou moins coupable, du moment où une imprudence suffit pour le rendre justiciable des tribunaux de répression. A-t-il eu une volonté criminelle dans toute l'étendue du mot, ou bien le bras plus lourd que la pensée ? a-t-il porté des coups et occasionné des ravages qui n'entraient pas dans l'intention de l'agent ? S'il n'y a que des coups, on se demande s'ils sont prémédités, s'ils ont entraîné une incapacité de travail plus ou moins prolongée, etc. Mais tout cela découle du même acte, du même *fait*, les coups portés dont les conséquences ont été plus ou moins graves. Vouloir devant le jury scinder le *fait*, juger une partie et réserver l'autre, c'est, ce semble, méconnaître le texte et l'esprit de la loi. Vainement objecterait-on les nécessités de la répression, il y a sur ce point erreur ou méprise. Lorsque, dans une affaire grave, qui tient sa conscience en suspens, le jury entrevoit un moyen de sortir d'embarras sans désarmer tout à fait la société, il le fait avec empressement ; mais si vous lui fermez

236. En principe, nous l'avons déjà dit, les réponses négatives sont favorables et les affirmatives défavorables à l'accusé ; mais cette règle n'est pas tellement absolue que les résultats inverses ne se produisent quelquefois. Les rôles sont alors complétement intervertis : les votes négatifs contraires à l'accusé, tandis que les votes affirmatifs lui profitent. Cette éventualité se produit quand on se trouve en présence d'excuses légales invoquées par l'accusé : était-il en état de légitime défense ? a-t-il été provoqué ? a-t-il reçu pour bonne la fausse-monnaie par lui remise en circulation (1)? Dans toutes ces hypothèses, les réponses affirmatives améliorent la position de l'accusé, tandis que les négatives l'aggravent. Aussi faut-il, dans un cas, la majorité pour résoudre la question contre l'accusé, tandis que dans l'autre elle n'est pas nécessaire, le partage lui étant favorable.

Chaque question, on le comprend sans peine, a un côté favorable et un côté défavorable à l'accusé ; pour marcher sûrement dans cette voie, il faut tout d'abord rechercher la solution qui profite à l'accusé et celle qui lui nuit ; sans ce fil conducteur, on risquerait fort de s'égarer.

237. De tout ce qui précède, on peut conclure d'une manière générale que le doute profite à l'accusé. Cette règle reçoit, au cas des circonstances atténuantes, une exception formellement prévue par la loi (2). Un individu poursuivi pour un crime quelconque est acquitté, si, sur le fait principal, il n'est déclaré coupable que par six voix. S'agit-il, au contraire, de circonstances atténuantes, ces mêmes voix sont impuissantes à lui en assurer le bénéfice. A quoi tient cette différence capitale, et sur quoi fonder des solutions en apparence si contradic-

---

cette issue, il n'hésite plus, il acquitte, plutôt que d'infliger une peine dont la rigueur lui paraît excessive. Montesquieu dit quelque part, dans son remarquable *Traité de l'Esprit des lois* : « L'impunité est souvent la conséquence « d'une sévérité excessive de la loi ; décrétez des peines qui dépassent la juste « mesure, et qui soient en opposition avec les mœurs , vous ne trouverez « point de juge pour les appliquer. » Cette idée fort juste, que le législateur ne doit jamais perdre de vue, donne la clef de beaucoup de décisions du jury.

(1) V. les art. 135, 321 et suivants, 327 et suivants du C. p... Comp. C. p. de 1791, part. 2, tit. 2, sect. 1, art. 3, 4, 5.

(2) V. l'art. 347 C. d'inst. crim., et ses modifications à la suite des lois de 1832, 1835 et 1836.

toires? En y réfléchissant attentivement, on finit par reconnaître qu'elles découlent du même principe. Un inculpé, dans quelque phase de la procédure qu'il se trouve, est réputé innocent ; il ne s'élève contre lui que des présomptions plus ou moins graves (1) : c'est la décision du jury, quand elle est contraire à l'accusé, qui établit la conviction. Si cette décision, sans être précisément favorable, témoigne de l'hésitation chez le jury, s'il y a partage, en un mot, le doute surnage de plus en plus, et confirme définitivement la présomption d'innocence qui prédominait au début de la poursuite.

Si le résultat inverse se produit, si le jury, pleinement convaincu, condamne, la position change du tout au tout ; l'accusé, reconnu coupable, demande un adoucissement à sa peine. Si la majorité se prononce en sa faveur, pas de difficulté ; s'il y a partage, il est douteux que l'accusé mérite quelque indulgence ; dans le doute, on maintient le *statu quo*, c'est-à-dire la culpabilité avec sa rigueur primitive. Il faut, en d'autres termes, que la majorité modifie ce que la majorité a consacré (2). Ainsi, l'analyse fait découvrir une affinité complète entre deux idées, qui de prime abord semblaient s'exclure.

238. Tout ce qui se passe dans l'assemblée du jury est couvert d'un voile impénétrable. La loi n'ayant organisé aucun contrôle, il y a présomption légale que tout s'est passé d'une manière régulière, qu'on a voté au scrutin secret, et successivement résolu les différentes questions posées. Vainement objecterait-on que le vote n'a pas été effectué de cette manière, que la délibération n'a pas duré le temps mo-

---

(1) Dans toutes les pièces de la procédure qui ont pour but de préciser la position des prévenus, on se sert toujours d'expressions plus ou moins vagues, *présomptions*, *indices suffisants*, *charges suffisantes*. L'acte d'accusation lui-même ne devrait pas employer un langage plus précis. — V. art. 231, inst. crim.

(2) Pendant longtemps, la majorité était la même, qu'il s'agit du fait principal ou des circonstances atténuantes. Le C. de 1832 (art. 344) exigeait, pour les deux cas, la majorité de plus de sept voix. La loi du 9 sept. 1835 se contenta de la simple majorité, qui, aujourd'hui encore, est suffisante en vertu de la loi du 9 juin 1853. Le législateur de 1848 a seul rompu avec les anciennes traditions ; il se contenta, pour les circonstances atténuantes, de la simple majorité, alors que sur le fait principal il exigeait les 2/3 ou les 3/4 des voix. (V. décret 6 mars, et surtout 13 oct. 1848.)

ral suffisant pour aller au scrutin sur toutes les questions :
du moment où la loi n'établit ni contrôle, ni nullité, le juge
a les mains liées et ne peut suppléer au silence du législateur. Toutes les prétentions élevées par les accusés devaient
donc se briser contre un obstacle de cette nature. La doctrine
et la jurisprudence n'ont jamais varié sur ce point (1).

Au début d'une session, les jurés votent assez régulièrement; mais aussitôt qu'ils ont acquis quelque expérience, ils
deviennent plus expéditifs et suppriment les votes superflus.
Aller au scrutin quand on se trouve en présence d'un crime
avoué, c'est presque faire outrage à la vérité : on vote par
acclamation sur le fait principal, sauf, s'il y a difficulté sur
les circonstances atténuantes, à rentrer immédiatement dans
la stricte légalité. Qu'on se trouve en présence de plusieurs
centaines de questions, comme cela arrive par malheur trop
souvent, le temps matériel, pour voter, absorberait la plus
grande partie d'une journée; forcément, dans ces cas, il faut
recourir à des procédés plus rapides. Cela explique et justifie,
dans certaines limites, les nombreuses entorses faites au texte
de la loi.

239. Une si grande latitude laissée au jury en chambre du
conseil n'est-elle pas de nature à inspirer de certaines craintes ? Le jury, il faut bien le reconnaître, est dépourvu d'expérience et de connaissances pratiques spéciales; l'abandonner à lui-même sans pilote ni gouvernail, c'est l'exposer à des
écueils contre lesquels il n'est nullement prémuni. Cela n'est
conforme ni à la logique ni à la raison. Notre législation moderne, à son point de départ, était moins imprévoyante sous
ce rapport : la délibération achevée, le jury cessait d'être
abandonné à lui-même; le vote s'effectuait en présence de
magistrats dont le concours assurait à l'opération un caractère de gravité et de sincérité qui lui fait aujourd'hui
défaut.

Si, sans sortir de notre législation, nous faisions une excur-
sion dans les lois qui régissent les colonies, nous constaterions

(1) V. Dall., vo *Inst. crim.*, nos 2996 et suiv. Ce mode de vote a été introduit, surtout dans l'intérêt des jurés ; il n'y a donc rien d'étonnant qu'ils
puissent, dans certains cas, s'en éloigner. Cette question, posée lors de la discussion de la loi de 1835, a été résolue dans ce sens (no 3010).

que, pour plusieurs d'entre elles, les simples particuliers ou
assesseurs, appelés à concourir au grand criminel à l'administration de la justice, font corps avec la Cour, délibèrent
avec elle et statuent sur le fait principal et ses circonstances,
comme sur l'application de la peine. Il y a, dans cet état de
choses qui régit plusieurs de nos colonies (1) depuis un bon
nombre d'années, un sujet d'étude et de réflexion dont on ne
s'est pas assez préoccupé jusqu'ici ; ne serait-il pas possible
d'en faire surgir un moyen de concilier l'institution du jury
avec nos habitudes et nos mœurs ? Sans revenir sur une question déjà examinée sous toutes ses faces, nous dirons qu'avec
des jurés ou assesseurs momentanément transformés en magistrats, siégeant et délibérant avec eux, nos critiques, privées
de leur base, se réduiraient à si peu de chose, qu'il serait difficile de les maintenir.

240. Revenons aux Cours d'assises et constatons, à l'aide des
documents officiels, leur importance respective. Nos 86 cours
d'assises jugent, en moyenne, chaque année 5,000 affaires environ. La statistique de 1850, dans sa partie rétrospective, établit que, de 1826 à 1850, il a été jugé 134,003 accusations de
toute nature ; ce qui donne, pour chaque année, un nombre
moyen de 5,350 accusations. Cette moyenne est presque
identiquement la même, au début comme au terme de cette
période de 25 ans (2) ; en 1826, 5,301 ; en 1850, 5,320. Cet
état de choses ne s'est pas sensiblement modifié depuis 1850.

(1) V. l'ordonn. royale du 24 septembre 1828, art. 67-77 et le tit. 4,
consacré aux assesseurs. Elle régit la Guadeloupe, la Martinique et même
l'île de la Réunion, en vertu de la loi du 22 juin 1835. Il serait curieux et
instructif, sous plus d'un rapport, de comparer la législation des colonies avec
celle de la métropole ; l'une mobile et progressive, parce qu'elle se fonde sur
des ordonnances ou des décrets ; l'autre, arrêtée dans ses développements, par
les formalités nombreuses et compliquées qui président à sa réformation
comme à sa confection. C'est, on le voit, l'éternel antagonisme entre le droit
honoraire et le droit civil. Il arrive souvent aujourd'hui, comme autrefois, que
la comparaison n'est pas en faveur du droit civil. — En Algérie, les cours
d'assises jugent sans l'assistance du jury, elles sont composées de 5 magistrats, juges ou conseillers. (Décret du 19 août 1854.)

(2) V. la statistique déjà si souvent citée de 1850, et principalement le
rapport (p. 3 et suivantes), dans lequel tous ces résultats sont analysés et
mis en relief.

En 1851, les cours d'assises étaient saisies de 5,287 accusations; de 5,340 en 1852 et de 5,440 en 1853; l'année 1854 dépasse encore ces chiffres (5,525). En 1855 et 1856, il s'est enfin manifesté de notables diminutions (1), dont nous désirons le maintien et le développement.

Si on se reporte à des époques antérieures, on trouvera sans peine des années où le nombre des affaires a dépassé 6,000, tandis qu'à quelques années d'intervalle il s'abaissait au-dessous de la moyenne. Il existe forcément, en pareille matière, de nombreuses et inévitables variations, résultant de circonstances diverses dont il n'est pas toujours facile de faire la part; il suffit même d'une surveillance plus active pour occasionner une augmentation, qui n'aurait sans cela aucune explication plausible. Telle est, à notre avis, la cause principale du surcroît d'affaires que nous avons constaté pendant le cours de ces dernières années; elles coïncident avec la création des commissaires de police cantonaux et l'établissement de nouvelles brigades de gendarmerie. Les moyens d'action étant plus nombreux, la répression devenait par là même plus sûre et plus efficace.

241. On demandera, sans doute, comment il se fait que le nombre des crimes soit resté stationnaire depuis plus de trente ans, alors que celui des délits s'est accru dans de si notables proportions? D'une part, la population augmente, tandis que, d'autre part, la criminalité diminue ou ne subit que de faibles oscillations? Plusieurs causes contribuent à ces résultats, qui paraissent, de prime abord, difficilement conciliables.

En étendant son influence salutaire, la civilisation adoucit les mœurs et contribue puissamment à réduire le nombre des grands crimes. Ces attentats horribles contre les personnes, qui répandent au loin l'épouvante et l'effroi, deviennent de jour en jour plus rares. Les crimes capitaux qui se commettent encore aujourd'hui ont bien plus pour mobile la haine, la vengeance, la jalousie, qu'une basse et vile cupidité. Les forfaits qui exigent la cruauté et la barbarie disparaissent peu à peu. Ceux, au contraire, pour lesquels l'habileté ou l'adresse

---

(1) En 1855, le nombre des affaires est de 4,798, et de 4,535 seulement en 1856. Pour ces années et pour toutes celles que nous citons, il suffit de se reporter soit aux comptes-rendus, soit au rapport qui les précède.

suffit, se multiplient outre mesure : c'est le trait caractéristique de l'époque. Les faux, les vols, les escroqueries, les filouteries, les tromperies de toute nature, en un mot, fournissent toujours les plus forts contingents dans les statistiques : on a donc dit, avec beaucoup de raison, que la criminalité se déplace ou se transforme, sans subir, en réalité, de bien profondes modifications (1).

Les malfaiteurs, organisés en bandes, s'installent dans les quartiers populeux ; audace, ruse, finesse et souplesse d'esprit, ils mettent tout en œuvre pour atteindre leur but. Ils tirent profit des imprudences et maladresses de chacun, et ne négligent rien pour arriver à leurs fins. Ils ont bien vite compris qu'il était plus lucratif et moins dangereux de s'enrichir à l'aide de ces procédés qu'en recourant à des crimes barbares, dont le succès est toujours douteux et les conséquences terribles, à quelque point de vue qu'on se place.

242. A cette cause s'en joignent d'autres dont l'influence est plus directe : les tribunaux correctionnels, qui, à l'origine, se renfermaient strictement dans les limites de leur compétence, se sont, depuis quelque temps, départis de cette rigueur mathématique, et consentent à juger une foule de méfaits qui, au point de vue légal, seraient de la compétence de la Cour d'assises. On atteint ce but, ainsi que nous l'avons déjà dit (2), en laissant de côté les circonstances aggravantes. La domesticité écartée, le vol ou l'abus de confiance rentrent dans la classe des simples délits ; il en est de même des nombreuses circonstances, qui élèvent plus ou moins le vol dans l'échelle des peines. Toutes les causes précédemment signalées (3) comme motif d'atténuation sont ici et à l'avance appréciées par les magistrats chargés du règlement de la compétence. Les objets volés n'ont qu'une mince valeur : l'auteur du crime est jeune, inexpérimenté, ses antécédents

---

(1) V. la statistique de 1850, et surtout le rapport (p. 3 et suivantes), qui recherche les causes de cette transformation et l'explique par les motifs que nous reproduisons. Il suffira, pour les infractions spécialement signalées, de comparer les chiffres actuels avec d'autres remontant à quelques années, et on verra la différence.

(2) V. supra, nos 19 et suivants.

(3) V. supra, no 21.

sont bons, sa famille honnête; dominé par une mauvaise pensée, il a succombé, mais le repentir ne s'est pas fait attendre, et il a immédiatement restitué les objets volés, ou volontairement secouru et largement indemnisé celui auquel il avait occasionné une blessure grave.

Le magistrat, qui fait toujours une large part à la faiblesse humaine, ne peut écarter tant de considérations si éminemment favorables, et retient une affaire dont la criminalité est plus apparente que réelle. Cela est si vrai, qu'il n'use pas souvent, vis-à-vis du prévenu, de toute la sévérité que la loi, ainsi tempérée, laisse à sa disposition.

Le nombre des crimes correctionnalisés est considérable; nous estimons qu'il n'est guère inférieur à celui dont les Cours d'assises sont définitivement saisies. Chaque parquet un peu important retient au moins autant de crimes qu'il en livre à la juridiction supérieure. Dans les départements où les affaires sont peu nombreuses et les Cours d'assises médiocrement occupées, on use moins de ce procédé pour ne pas réduire à rien un rôle déjà fort restreint. Si ces appréciations ne sont pas erronées, on voit que les chiffres officiels ne peuvent être pris à la lettre, quand il s'agit de déterminer d'une manière exacte le mouvement de la criminalité. Si on voulait sur ce point arriver à des résultats précis, il suffirait de consulter tous les parquets de France, on saurait alors au juste à quoi s'en tenir (1).

243. Tout cela, pendant fort longtemps, s'est effectué sans difficulté, la compétence étant en général réglée par ceux-là même qui devaient statuer au fond. La loi du 17 juillet 1856 a supprimé la chambre du conseil, et conféré ses attributions au juge d'instruction. Ce magistrat, livré à lui-même, aura-t-il une aussi grande liberté d'action? ne craindra-t-il pas de trop s'avancer, et de trouver à l'audience des censeurs et des contradicteurs? Nous avons déjà manifesté nos craintes sur ce point (2);

(1) Pour ma part, je puis dire que les parquets assez nombreux dont je connais les habitudes et les traditions se règlent d'après ces principes, qui ont au surplus, comme nous le disions il n'y a qu'un instant, l'approbation de la chancellerie.

(2) V. ce que nous avons dit en réfutant le système de la correctionnalisation fondé sur les circonstances atténuantes, n°s 29 et suivants.

fussent-elles exagérées, qu'elles suffiront pour maintenir plus d'un magistrat dans la stricte application de la loi; en sorte que le mouvement que nous signalons sera plus ou moins entravé.

La statistique aurait eu de la peine à faciliter la solution de cette difficulté; celle de 1856 récemment publiée est trop voisine de la promulgation de la loi, pour pouvoir être consultée avec fruit. Dans quelques années, l'influence de cette loi sera plus sensible; probablement même, n'aboutira-t-on qu'à des jurisprudences locales, fondées sur le caractère respectif des magistrats, leurs relations habituelles et la confiance que leur inspirent le ministère public et le juge d'instruction (1). Le moindre nuage modifiera les tendances et les dispositions, ce qui est aussi peu digne des magistrats que de la justice. Il faut aux décisions judiciaires d'autres bases que le caprice individuel. Appréciée à son véritable point de vue, la loi de 1856 (2) fournira un dernier et puissant argument en faveur des réformes que nous sollicitons. Nous serions même porté à croire qu'elle n'est que le prélude de dispositions nouvelles destinées à compléter la réforme, déjà commencée, de notre droit criminel.

244. Les affaires criminelles sont inégalement réparties entre nos 86 Cours d'assises, depuis celle de la Seine, qui juge de 6 à 7 cents accusations, jusqu'à celles qui, pauvres d'une

---

(1) Depuis que la loi de 1856 est en vigueur, je n'ai pas voulu me départir de mes anciennes habitudes; pour atteindre plus sûrement mon but et éviter de trop fréquents mécomptes, je consultais les membres du tribunal et présentais leur opinion. Ceux qui voulaient marcher le texte de la loi à la main disaient: « Va pour cette fois, mais que cela ne fasse pas jurispru- « dence. » Ceux qui tenaient plus à l'esprit qu'à la lettre répondaient: «Soyez « d'accord avec le juge d'instruction et nous ne nous occuperons pas de la « compétence.» Voilà qui peint parfaitement la position.

(2) Cette loi, il faut bien le dire, ne contient aucune idée nouvelle; elle re-produit, en les adoucissant, plusieurs des dispositions du Code du 3 bru-maire an IV relatives aux attributions du directeur du jury d'accusation. Les attributions du juge d'instruction et une partie de celles du ministère public étaient confondues en sa personne. Il était à peu près maître de la poursuite, déterminait la compétence, rédigeait même l'acte d'accusation et le soumet-tait au jury chargé de l'admettre ou de le rejeter. V. les art. 140 et suivants, 227 et 236, etc.

belle indigence, n'apportent qu'une obole à l'œuvre commune. Voilà des extrêmes fort éloignés; si on pouvait établir une moyenne, et répartir ce triste labeur entre tous les départements, chaque Cour d'assises aurait sur son rôle 60 et quelques affaires. Voici, d'après la statistique de 1833 (1), et en n'ayant égard qu'au nombre d'affaires, la position respective des différentes Cours : 4 Cours d'assises jugent moins de 20 accusations; — 9 en jugent de 20 à 30; — 19, de 30 à 40; — 11, de 41 à 50; — 13, de 51 à 60; — 11 autres, de 61 à 70; — 7, de 71 à 80; — 3, de 81 à 90; — 1 seule de 91 à 100; — 8 seulement dépassent ce dernier chiffre.

245. Laissons parler les chiffres, dont l'éloquence est toujours décisive.

	MOINS DE **20**. — **4**.				DE **41** A **50**. — **11**.	
1	Corrèze	10	26	Haute-Loire.		37
2	Hautes-Pyrénées.	13	27	Oise.		38
3	Hautes-Alpes.	14	28	Indre.		38
4	Pyrénées-Orientales.	18	29	Allier.		38
	DE **21** A **30**. — **9**.		30	Indre-et-Loire.		39
5	Aude.	23	31	Eure-et-Loir.		40
6	Landes.	23	32	Orne.		40
7	Ariége.	25		DE **41** A **50**. — **11**.		
8	Lozère.	26	33	Ardennes.		42
9	Doubs	27	34	Vendée.		43
10	Cher.	28	35	Ardèche.		45
11	Drôme.	28	36	Basses-Pyrénées.		45
12	Basses-Alpes.	28	37	Gard.		46
13	Creuse.	29	38	Loire.		47
	DE **31** A **40**. — **19**.		39	Loir-et-Cher.		48
			40	Charente.		49
14	Cantal.	31	41	Seine-et-Marne.		49
15	Ain.	32	42	Tarn.		49
16	Deux-Sèvres.	32	43	Côte-d'Or.		50
17	Tarn-et-Garonne.	33		DE **51** A **60**. — **13**.		
18	Pas-de-Calais.	34	44	Isère.		51
19	Aveyron.	36	45	Vienne.		52
20	Hérault.	36	46	Mayenne.		52
21	Nièvre.	36	47	Dordogne.		52
22	Jura.	37	48	Saône-et-Loire.		53
23	Lot.	37	49	Haute-Saône.		54
24	Haute-Vienne.	37	50	Gers.		55
25	Meuse.	37	51	Sarthe.		56
			52	Loiret.		56

(1) Nous choisissons cette année, qui, tout en dépassant la moyenne ordinaire (5,350), s'en éloigne fort peu (5,440).

53	Vaucluse.	59	71	Haut-Rhin.		77
54	Vosges.	59	72	Rhône.		77
55	Yonne.	59	73	Bas-Rhin.		79
56	Haute-Marne.	60	74	Somme.		80
	DE 61 A 70. — 11.			**DE 81 A 90. — 3.**		
57	Manche.	61	75	Eure.		84
58	Meurthe.	61	76	Seine-et-Oise.		85
59	Calvados.	62	77	Côtes-du-Nord.		90
60	Moselle.	63		**DE 91 A 100. — 1.**		
61	Morbihan.	64	78	Aisne.		97
62	Haute-Garonne.	65		**PLUS DE 100. — 8.**		
63	Lot-et-Garonne.	65				
64	Charente-Inférieure.	66	79	Finistère.		116
65	Var.	67	80	Marne.		119
66	Aube.	68	81	Loire-Inférieure.		133
67	Nord.	68	82	Corse (1).		142
	DE 71 A 80. — 7.		83	Ille-et-Vilaine.		146
			84	Bouches-du-Rhône.		149
68	Gironde.	72	85	Seine-Inférieure.		521
69	Puy-de-Dôme.	73	86	Seine (2).		668
70	Maine-et-Loire.	77				

La Cour d'assises de la Seine, on le voit, expédie à elle seule 1/8 environ de toutes les affaires criminelles. On comprend, dès lors, pourquoi, à la différence des autres Cours d'assises de l'Empire, elle est constamment à l'œuvre et s'applique sans relâche à réprimer les malfaiteurs qui se donnent rendez-vous dans la capitale de la France.

246. Si un instant on s'arrête sur ces chiffres pour apprécier leur valeur, en les comparant soit à la population, soit aux affaires civiles, on arrive à de curieux résultats. Il n'existe, on peut le dire, aucune corrélation entre le rôle civil et le

---

(1) Depuis que la Corse est l'objet de mesures exceptionnelles ayant pour but la répression du *banditisme*, en vertu d'un décret de 1852, le nombre des affaires a à peu près diminué de moitié : en 1856, il est tombé à 80 et il diminuera certainement encore, tant que ce régime salutaire sera maintenu.

(2) Le nombre des affaires dévolues à la Cour d'assises de la Seine a quelque peu diminué : en 1856 il s'est abaissé à 513. Ajoutons que les 8 cours d'assises qui comptaient plus de 100 affaires sur leur rôle, ont éprouvé de nombreuses diminutions; 3 seulement, celles de la Seine, de la Seine-Inférieure (106), des Bouches-du-Rhône (105), ont, malgré une notable diminution, dépassé le nombre de 100. Le département du Nord a seul subi une notable augmentation, de 68 à 115. Les autres modifications que nous pourrions signaler sont loin d'avoir la même importance.

rôle criminel. La Normandie, cette terre classique du procès, dont les Cours et tribunaux sont tant occupés, a des Cours d'assises relativement peu chargées. Le département de l'Isère, dont la population est considérable et le rôle civil important, est au-dessous de la moyenne pour les affaires criminelles. Le département de l'Ardèche se trouve dans une position presque identique.

Dans Vaucluse, au contraire, les rôles sont complétement renversés; une population riche, industrieuse, importante même eu égard au peu d'étendue du département, se fait remarquer par des habitudes anti-processives, tandis que sa Cour d'assises, par le nombre et l'importance des affaires dont elle est saisie, occupe un rang égal, et peut-être supérieur, à celui d'autres départements dont la population est presque double.

Il faut conclure de là que le développement de la criminalité tient à des circonstances locales, à des considérations tirées du caractère, du tempérament, des mœurs et usages de chaque pays. Les crimes de vol, nombreux partout, le seront plus encore dans telle ou telle localité ; ici les crimes de faux ; là les coups et blessures ; ailleurs, les attentats aux mœurs. Les grandes villes, qui offrent aux malfaiteurs un asile plus sûr et de plus grandes ressources pour exercer leur coupable industrie, ne peuvent servir de base à des appréciations de cette nature. Composées d'éléments hétérogènes sans cesse renouvelés, elles mettent en relief l'influence des agglomérations, l'influence d'un milieu corrupteur ou corrompu ; mais elles ne sauraient établir le niveau de la criminalité dans un département.

247· En rattachant les Cours d'assises aux Cours impériales dont elles ressortissent, on arrive à des résultats non moins précieux, résumés dans le tableau suivant :

1	Cour d'Agen	—	3 départements. Nombre des affaires.	157
2	— Aix	—	id.	—	244
3	— Amiens	—	id.	—	245
4	— Angers	—	id.	—	185
5	— Bastia	—	(Corse)	—	142
6	— Besançon	—	3 départements	—	119
7	— Bordeaux	—	id.	—	174

8	—	Bourges	—	*id.*	— 103
9	—	Caen	—	*id.*	— 163
10	—	Colmar	—	2 départements	— 159
11	—	Dijon	—	3 départements	— 163
12	—	Douai	—	2 départements	— 102
13	—	Grenoble	—	3 départements	— 93
14	—	Limoges	—	*id.*	— 76
15	—	Lyon	—	*id.*	— 156
16	—	Metz	—	2 départements	— 105
17	—	Montpellier	—	4 départements	— 115
18	—	Nancy	—	3 départements	— 157
19	—	Nîmes	—	4 départements	— 166
20	—	Orléans	—	3 départements	— 145
21	—	Paris	—	7 départements	— 1088
22	—	Pau	—	3 départements	— 81
23	—	Poitiers	—	4 départements	— 195
24	—	Rennes	—	5 départements	— 549
25	—	Riom	—	4 départements	— 180
26	—	Rouen	—	2 départements	— 239
27	—	Toulouse	—	4 départements	— 172

248. Ces documents, utiles d'une manière générale, acquièrent un véritable intérêt, lorsqu'on veut élucider la question fort délicate de la diminution du nombre des Cours d'assises. Une Cour d'assises par ressort de Cour impériale, telle est l'idée que caressent depuis longtemps d'excellents esprits. Examinons d'abord, pour pouvoir conclure ensuite en parfaite connaissance de cause.

Le nombre des affaires, disons-le immédiatement, ne saurait être opposé comme fin de non-recevoir. Certaines Cours d'assises en l'état, notamment celles de la Seine-Inférieure et des Bouches-du-Rhône, jugent séparément autant et plus d'accusations qu'on n'en expédie dans le ressort du plus grand nombre des Cours. Un petit nombre de ressorts, et spécialement ceux de Paris et de Rennes, susciteraient de sérieux embarras. Leur rôle criminel serait tellement chargé, que Rennes exigerait probablement une Cour d'assises permanente; et Paris, peut-être deux; à moins qu'on ne préférât établir en faveur de ces deux Cours des exceptions qui porteraient une rude atteinte à la règle.

En l'état de notre législation, cette réforme est prématurée;

elle se lie intimement à celles que nous proposons pour arriver à l'amélioration de notre droit criminel. Que le législateur augmente d'une manière notable la compétence des tribunaux correctionnels, qu'il diminue dans de larges proportions le fardeau des assises, et la difficulté sera à peu près résolue. Alors le rôle criminel, réduit de plus de moitié, loin d'être un obstacle, contribuera pour sa bonne part à la réalisation de ces projets ; pour qu'une Cour d'assises conservât quelque importance et un certain nombre d'affaires, il faudrait forcément étendre sa juridiction sur plusieurs départements. Les Cours impériales se présenteront alors comme le moyen le plus propre à tout concilier. Dans cet ordre d'idées tout se lie et s'enchaîne : il est difficile de séparer des réformes dont la connexité paraît évidente.

249. Ce premier obstacle écarté, il en surgit d'autres, tirés des jurés, des témoins et des frais de justice ; examinons à ce point de vue des objections déjà produites sous une autre forme, quand nous nous sommes occupé des tribunaux correctionnels (1). Les jurés ne sont pas rétribués, leur service est gratuit, ils n'ont droit qu'à une faible indemnité de déplacement. Les témoins sont payés, mais avec une parcimonie telle que ces missions essentiellement obligatoires sont onéreuses pour les uns comme pour les autres. En éloignant le siége des assises, on augmente les chances de dépenses: les sessions forcément prolongées imposeront aux jurés un fardeau de plus en plus lourd. On dira enfin que les frais de justice criminelle, déjà si considérables, subiront encore de notables augmentations.

250. Toutes ces objections n'ont pas la même valeur ; il faut les diviser pour répondre avec précision. Les intérêts du jury sont bien moins compromis qu'on ne paraît le croire. Les jurés auront sans doute de longues distances à parcourir, seront pendant plus longtemps distraits de leurs occupations; mais ces inconvénients sont compensés par d'incontestables avantages. Si les déplacements sont longs et onéreux, ils seront moins fréquents. Le concours de plusieurs départements pour la formation d'une liste unique donnera une grande latitude dans les choix : beaucoup seront appelés à figurer sur

(1) V. ci-dessus nos 147 et suivants.

la liste du jury, alors qu'un nombre assez restrein‘ finira par
y trouver place. Cette transformation offre un double avan-
tage: elle procurerait des jurés plus capables et plus intelligents ; la société serait mieux représentée, et le glaive de la
justice tenu par des mains fermes et énergiques. Le service
des assises, convenablement réparti entre toutes les personnes aptes à le faire, devient léger, si l'on tient compte des
chances que chacun a pour y échapper. Quant à ceux que
le sort aurait désignés, ils jouiraient, leur service effectué,
d'une exemption dont la durée pourrait, suivant les circonstances, être portée à 3 et même à 4 ou 5 ans (1).

Les dépenses même, si on y regarde de près, ne subiront
pas une sérieuse augmentation; quel que soit le lieu où se
tiennent les assises, elles sont, à peu de chose près, les mêmes.
Les frais de voyage augmentent seuls à raison de la distance ;
mais comme l'indemnité accordée aux jurés repose précisément sur la même base, elle représentera et au-delà le surcroît de dépense. Le jury paraît donc désintéressé dans la
question ; l'État seul reste en cause, puisqu'il supporte définitivement et sans recours la taxe allouée aux jurés (2). C'est
donc toujours une question de frais, qu'il faut mettre en balance avec les avantages résultant du système que nous
discutons.

251. L'institution aurait tout à gagner à l'adoption de
cette mesure, elle réveillerait dans le jury des éléments de
vitalité presque éteints, et lui assurerait peut-être une longue
existence. Ce qui perd le jury, il faut bien le dire, c'est sa déplorable faiblesse, et le ¯peu d'aptitude de la plupart de ses
membres. En constituant un jury d'élite on atténue dans de

(1) Pour donner à cette idée une formule générale, et capable de s'adapter à tous les cas, nous dirons : Adoptant le principe posé par la loi actuellement en vigueur (L. 4 juin 1853, art. 16) : que chaque département assurerait une exemption d'une année, ou plus exactement, d'un millésime
complet, en établissant comme extrême limite le délai de quatre années.

(2) D'après le décret du 18 juin 1811 (art. 35 et 91), il est alloué aux
jurés 2 fr. 50 c par myriamètre parcouru en allant et en revenant : la dépense n'est donc pas considérable; mais si on augmente d'une manière notable la distance en la portant dans plusieurs cas à 150 ou 200 kilomètres, il
pourrait en résulter une augmentation sensible.

larges proportions, si on ne les fait disparaître, les conséquences désastreuses de ce vice originel. Quelque élevé que
soit le niveau des connaissances dans un département, on
trouvera difficilement 1,000 ou 1,200 personnes (1) en état de
remplir convenablement les fonctions de juré; tandis qu'il
ne serait pas impossible d'en trouver 150 ou 200. Appeler
plusieurs départements à fournir leur contingent, c'est résoudre la difficulté de la manière la plus satisfaisante.

A quelque point de vue qu'on se place, cette épreuve doit
être décisive : elle relèvera le jury, lui donnera plus de fixité
et de stabilité, ou bien mettra à nu son impuissance et le fera
arriver plus promptement au terme fatal; à moins que le système des assesseurs, tel qu'il se pratique aux colonies, ne lui
offre après la tempête un port de refuge. Nos appréciations sur
le jury sont d'autant plus sincères, qu'elles ne sont pas pour
nous dépourvues d'amertume et de regret. On se sépare difficilement d'une illusion qu'on a longtemps caressée. Après
avoir, à une autre époque (2), offert au jury l'encens le plus
pur et le plus désintéressé, c'était celui de la jeunesse, nous
avons dû, mûri par l'expérience, briser notre idole et lui
adresser des critiques malheureusement trop fondées en justice et en raison.

Cette transformation, vers laquelle nous pouvons être conduits par la force des choses, représentera peut-être un jour
les derniers vestiges du jury. Elle pousserait alors sur notre
sol des racines d'autant plus profondes, qu'elle y aurait pris
naissance et serait en plus parfaite harmonie avec nos habitudes et notre caractère national.

(1) L'article 6 de la loi du 4 juin 1853 est ainsi conçu : « La liste an-
« nuelle est composée de 2,000 jurés pour le département de la Seine; de
« 500 pour les départements dont la population excède 300,000 habitants ;
« de 400 pour ceux dont la population est de 2 à 300,000 habitants ; de
« 300 pour ceux dont la population est inférieure à 200,000 habitants. » Par
suite de la dispense accordée à ceux qui ont fait le service, on voit qu'il faut
avoir à sa disposition à peu près trois fois autant de noms qu'en contient la liste.

(2) En 1848, loin de vouloir restreindre la compétence du jury, nous dé-
sirions, au contraire, élargir le cercle de ses attributions, en étendant sa
juridiction sur les affaires correctionnelles. Les abstractions théoriques,
quand elles n'ont pas pour contre-poids le salutaire contrôle de la pratique,
peuvent conduire bien loin.

252. Si nous poussions trop avant dans le champ si vaste des conjectures, nous risquerions fort de nous égarer; aussi avons-nous hâte de revenir sur nos pas, pour dire quelques mots encore de l'autre combinaison, qui offre, aux partisans du jury, une perspective plus séduisante. On faciliterait son succès, on le rendrait sûr et durable, en écartant certaines dispositions légales qui entravent sa marche, bien loin de favoriser son action. Nous voudrions spécialement que la liste du jury dans chaque ressort ne fût pas inutilement surchargée de tant de noms. C'est moins à la population qu'au nombre des affaires, qu'il faut demander la solution de cette difficulté. En adoptant, d'après la loi de 1827, le chiffre de 300 (1), on laisse aux chances du tirage une latitude très-suffisante. 144 jurés suffisent pour assurer le service ordinaire des assises : il en reste donc 156 pour faire face aux éventualités ; or les Cours d'assises, même les plus chargées, n'ont pas, que nous sachions, quatre sessions supplémentaires par an. Toutefois comme il ne faut pas être pris au dépourvu, la loi disposerait que les Cours d'assises dont le rôle comporterait annuellement deux sessions extraordinaires, auraient droit à une liste de 400 jurés; ce serait le maximum, exceptionnellement porté au triple, pour Paris, qui rarement peut être assujetti à la règle commune (2). Pourquoi enfler outre mesure une liste déjà si volumineuse? En principe, si les choix sont bons, cette abondance est inutile ; elle est dangereuse s'ils sont mauvais. Assurer le service et parer à toutes les éventualités, tel est l'unique but à poursuivre.

253. Dans ce système, le contingent serait réparti par département et arrondissement, au prorata de la population (3).

(1) V. l'art. 387 révisé par la loi du 2 mai 1827. Le nombre de 300 était alors général et absolu, sauf pour le département de la Seine, qui, sans motif bien plausible, avait une liste de 1,500. Il n'est pas inutile de remarquer qu'à Rome, dès l'origine, le nombre des *judices* était aussi de 300 également tirés d'un corps privilégié.

(2) La Cour d'assises de la Seine a deux sessions par mois et vingt-quatre par an, ce qui porte le nombre des jurés indispensables pour le service à 864 titulaires et 96 supplémentaires. En formant une liste de 1,200 dans un cas, et de 200 dans l'autre, on est d'autant plus sûr de satisfaire à toutes les exigences qu'il ne reste aucune place pour les sessions extraordinaires.

(3) Cette première division ne pourrait guère être effectuée qu'au minis-

Le canton cesserait d'être la base et le point de départ d'une sous-répartition. La plupart des cantons ruraux présentent trop peu de ressources pour offrir un contingent sérieux (1). Qu'on prenne autant que possible des jurés dans tous les cantons, rien de mieux; mais pourquoi vouloir tirer de chaque canton un nombre de jurés qu'il n'est pas en état de fournir?

Pour assurer à cette mesure son entière efficacité, il faudrait définitivement introduire, dans la commission, le procureur impérial, un des rares fonctionnaires en état par leur position de connaître tout le personnel de l'arrondissement. Le projet primitif de la loi de 1853 l'avait ainsi compris ; il est fâcheux que des scrupules mal fondés l'aient fait écarter du projet sanctionné par le législateur. Aussi n'est-ce pas sans étonnement qu'on lit dans cette loi une disposition qui serait une contradiction manifeste, si elle ne renfermait un *lapsus* législatif : le procureur impérial du chef-lieu judiciaire concourt au choix des jurés supplémentaires, alors qu'il est exclu de toute participation à la formation de la liste générale. Il faut enfin sortir de ces sentiers étroits, tracés par la routine, voir dans le ministère public le représentant de la société, et non l'adversaire ou l'antagoniste des accusés. Au surplus, en adoptant nos idées, le prétexte même disparaîtrait, les magistrats, membres de la commission, n'ayant plus qualité pour siéger aux assises.

254. L'objection capitale, il faut bien le dire, est celle tirée des témoins et de leurs taxes. Les frais de justice criminelle s'élèvent annuellement à près de 5 millions ; cette somme, si importante qu'elle soit, n'a rien d'exorbitant, si l'on remarque qu'elle représente les frais de toute nature, mis à la charge du ministre de la justice. Toutes les infractions fournissen leur contingent, depuis la plus infime contravention de po-

tère; elle serait valable pour cinq ans et même plus longtemps, si après un recensement le ministre ne jugeait pas une modification indispensable. Dans chaque département la répartition continuerait à avoir lieu par les soins des préfets.

(1) Une expérience de plus de dix ans prouve qu'un bon nombre de cantons sont hors d'état de fournir leur modeste contingent; aussi sont-ils dans une grande perplexité quand il s'agit de former la liste triple d'où s'extrait la liste générale.

lice, jusqu'au plus grand crime. Les témoins absorbent la plus grosse partie de ce budget. Ce n'est pas qu'ils soient largement rétribués, le tarif est fort économe des deniers publics ; mais le nombre est tel, que toutes ces petites dépenses réunies forment une somme considérable. Les seules affaires criminelles exigent l'audition de soixante-dix mille témoins environ. En Cour d'assises, le jury est d'une exigence excessive au point de vue de la preuve ; les moindres faits doivent être vérifiés et contrôlés. D'un autre côté, le débat étant essentiellement oral, les faits les plus minimes, si on veut en faire état dans la cause, doivent être attestés par des témoins.

Voilà bien des motifs pour appeler soit devant le juge d'instruction, soit devant la Cour d'assises, beaucoup plus de témoins qu'on n'en entendrait devant un tribunal correctionnel. Les témoins cités devant le juge d'instruction occasionnent en général peu de frais ; ceux au contraire qui comparaissent devant la Cour d'assises peuvent avoir de longues distances à parcourir, et toucher, malgré la parcimonie de la loi, des sommes relativement importantes. Bien qu'un bon tiers des témoins entendus dans l'information ne soit pas appelé devant le jury, le débat oral entraîne toujours beaucoup plus de dépenses que l'information écrite. Si toutes les affaires actuellement déférées aux Cours d'assises étaient jugées au chef-lieu de chaque cour impériale, il s'ensuivrait dans les frais de justice une augmentation qui suffirait à elle seule pour faire écarter cette mesure. On ne peut parler d'une réforme de cette nature qu'après avoir effectué dans le droit criminel les larges modifications que nous sollicitons. Ces deux mesures sont solidaires, il serait imprudent et téméraire de vouloir les diviser.

255. Bien qu'avancés par l'Etat, les frais de justice sont définitivement mis à la charge de la partie qui succombe : le Trésor public peut donc exercer son recours contre les condamnés. Mais tout le monde sait ce que vaut, en matière criminelle surtout, un recours de cette nature (1). Le plus

---

(1) Les condamnations prononcées au petit criminel se recouvrent plus facilement : cela tient à ce que, moins graves, elles sont souvent encourues par des personnes aisées : ce sont les juridictions inférieures qui fournissent la plus grande partie des sommes recouvrées par le trésor public.

souvent on se trouve en présence de gens sans aveu, dépourvus de ressources, sans feu ni lieu, ne possédant rien qui puisse
assurer ou garantir le recouvrement de ces avances. En pareille occurrence, les frais restent forcément à la charge de
l'Etat, qui les supporte comme une dette qui lui incombe, en
sa qualité de protecteur-né de tous les intérêts sociaux.

Les condamnés seraient-ils solvables et en état de payer,
qu'il n'y aurait pas lieu de procéder autrement et de se
montrer prodigue de la fortune d'autrui : quelque peu intéressante que soit la position des accusés, on ne doit pas les
accabler de frais, et les réduire à la misère. La fortune et
l'aisance sont de puissants moyens de sécurité et de stabilité,
il ne faut pas gratuitement enlever à la société une de ses
plus précieuses garanties. Un homme ruiné est bien exposé
à entrer dans la mauvaise voie, ou à persévérer, s'il y est déjà.
A ce point de vue, l'Etat doit se montrer aussi économe de la
fortune privée que de la fortune publique. Réduite à des
termes si précis, cette objection ne disparaîtra pas complète-
ment, même en présence d'un rôle moins chargé.

256. Terminons par une considération de nature à présenter cette réforme sous un nouveau jour, et propre à lui
concilier de nombreuses sympathies. On a dit bien souvent
que, si on examinait de près les circonscriptions et le rôle
respectif des Cours impériales, on se convaincrait sans peine
que leur nombre est supérieur aux exigences du service. En
étendant de plus en plus le cercle de leurs attributions, on
donne une nouvelle consistance à chaque Cour, et on diminue
la chance de réduction. On se contenterait alors de supprimer
quelques cours d'une importance très-restreinte, soit pour
le nombre des affaires, soit pour l'étendue du ressort ; par ce
moyen, les circonscriptions factices disparaîtraient, serviraient
d'appoint aux autres, et permettraient de répartir avec plus
de justice et d'équité l'ensemble des travaux judiciaires.

Dans cet ordre d'idées, on supprimerait fort peu de Cours
impériales, peut-être même les respecterait-on toutes, pour
ne pas trop éloigner dans chaque ressort le centre d'action
de la justice criminelle. Plus on examine de près et avec
attention cette difficulté, plus on trouve de motifs sérieux
pour l'étayer et la résoudre. Il faut reconnaître cependant
que c'est avant tout une question d'avenir, qu'il y a des préli-

minaires indispensables à remplir, et qu'on pourra, ces modifications effectuées, prononcer en parfaite connaissance de cause, décider enfin si cette réforme doit rester à l'état de théorie, ou passer dans le domaine des faits.

257. Arrivé au terme de cette étude, nous devrions peutêtre résumer et mettre en relief les résultats les plus saillants. Mais comme ce travail a déjà dépassé de beaucoup les limites que nous lui avions assignées, et qu'il n'est, au surplus, d'un bout à l'autre, qu'une longue conclusion, nous n'abuserons pas plus longtemps de la trop bienveillante attention des lecteurs de la *Revue*.

Nous eussions pu, sans doute, donner une plus grande extension à ces articles, traiter de la tentative, de la complicité et de beaucoup d'autres infractions prévues par le Code pénal ; nous aurions pu même, sortant du cercle tracé par nos Codes criminels, pénétrer dans la sphère des lois spéciales ; mais c'était entreprendre une œuvre beaucoup trop étendue et peu proportionnée à nos forces. Ce n'est pas, à vrai dire, sans regret, ni même sans esprit de retour, que nous abandonnons cet important sujet. Nous continuerons dans la suite à lui consacrer les trop rares loisirs que Thémis laisse à notre disposition ; heureux si les matériaux que nous parviendrons à recueillir pouvaient être de quelque utilité au législateur qui posera la base de l'imposant édifice que nous voudrions voir élever à notre droit criminel.

FERDINAND JACQUES,

Docteur en droit, procureur impérial à l'Argentière.

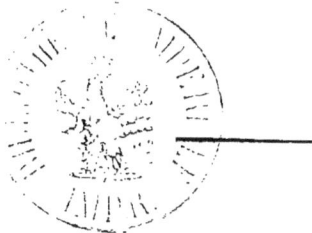

PARIS. — TYP. Vᵉ LACOUR, rue Soufflot, 18.